股东固有权研究

陈景伟——著

法律出版社
LAW PRESS·CHINA
——北京——

图书在版编目（CIP）数据

股东固有权研究 / 陈景伟著. -- 北京 : 法律出版社, 2022
ISBN 978-7-5197-5995-7

Ⅰ. ①股… Ⅱ. ①陈… Ⅲ. ①上市公司-股东-权利-研究-中国 Ⅳ. ①D922.291.914

中国版本图书馆 CIP 数据核字（2022）第 197803 号

股东固有权研究
GUDONG GUYOUQUAN YANJIU

陈景伟 著

策划编辑 似 玉
责任编辑 似 玉
装帧设计 臧晓飞

出版发行 法律出版社
编辑统筹 法律应用出版分社
责任校对 王晓萍 王语童
责任印制 刘晓伟
经 销 新华书店

开本 710 毫米×1000 毫米 1/16
印张 16.25 字数 233 千
版本 2022 年 10 月第 1 版
印次 2022 年 10 月第 1 次印刷
印刷 北京建宏印刷有限公司

地址：北京市丰台区莲花池西里 7 号（100073）
网址：www.lawpress.com.cn
投稿邮箱：info@lawpress.com.cn
举报盗版邮箱：jbwq@lawpress.com.cn
销售电话：010-83938349
客服电话：010-83938350
咨询电话：010-63939796

书号：ISBN 978-7-5197-5995-7
定价：66.00 元

前　言

关于公司法中的三种代理成本——控制股东对少数股东的代理成本、公司管理层对公司(全体股东)的代理成本以及公司(全体股东)对债权人的代理成本的各种探讨,一直是公司法学界、业界历久弥新的话题。其中,涉及第一种代理成本的著述更是汗牛充栋。这或许是因为控制股东与少数股东之间的利益冲突复杂难辨,法院在对其进行利益平衡的过程中难免顾此失彼;同时,一国或地区的法院能否有效平衡这些利益冲突,还会直接影响其能否吸引众多潜在投资者在此投资、创办公司的热情。

股东之间利益的异质性,是控制股东与少数股东之间产生利益冲突的根本原因。在自身利益最大化的内在动力驱使下,控制股东往往会通过资本多数决侵害少数股东的利益。而少数股东权益的合理救济,不仅需要立法与司法实践不断的经验总结,更需要通过不同的视角对其进行理论上的深入分析与探讨。我国《公司法》第20、22条以及最高人民法院《关于适用〈中华人民共和国公司法〉若干问题的规定(四)》(以下简称《公司法解释(四)》)第5条,确立了以股东(大)会决议内容或程序违反法律、行政法规及公司章程无效、撤销、不成立为主,以股东不得滥用权利损害其他股东利益作为兜底条款的少数股东司法救济体系。这些规定在某种程度上有利于遏制控制股东的滥权行为。但不可否认的是,现行公司制度规定的保护体系亦存在疏漏——在法律、法规、公司章程(章程的修改本身亦受多数决支配)未规定之处,少数股东仍面临难以获得救济的尴尬处境。而“股东不得滥用权利”的表述，因具有高度的概括性与抽象性，其功能难以在司法实践中得到充分、有效的发挥。

在此情形下，我国的裁判实践中已出现将受到资本多数决侵害的少数股东权益视为股东固有权，并以否定股东会决议效力的方式，对少数股东进行司法救济的典型案例。但是，由于缺乏对股东固有权理论的应有关注，特别是未能就股东固有权的形成及其理论基础、权利性质、存在形态等问题进行深入研究，致使学界、业界在认知上出现了诸多分歧。这不但减损了股东固有权制衡资本多数决滥用的正当性，而且其平衡控制股东与少数股东利益冲突的理论价值亦难以得到应有的彰显。故而，以股东固有权为视角，分析控制股东与少数股东的利益冲突与平衡的相关问题就具有理论意义与现实意义。

由于该研究领域中的参考文献较少，所以在写作过程中，笔者遭遇了常人难以想象的困难，因此进度异常缓慢。好在法律出版社的似玉编辑给予了充分的理解，使书稿在未受催促的情形下得以完成。此外，在写作过程中，温州大学法学院的学生，亦对书稿中的错误与不当之处提出了自己的意见。尽管笔者想尽力提高书稿的质量，但囿于自身力所不逮，加之时间相对有限，因此，文中有疏漏与错误之处在所难免，欢迎各位读者批评与指正！

陈景伟

2022 年 10 月于温州大学城

目录

引　论

一、选题背景

伯利(Berle)、米恩斯(Mens)在其制度经济学经典名著《现代公司与私有财产》中曾提出,公司股权的分散使得控制者集团(作为公司董事、高级经理的管理层)取得了对公司的实际控制权,而控制者与所有者之间利益的差异,使得前者即使拥有大量的公司股份,但他们也会为了中饱私囊牺牲公司的利益,而不是为公司创造利润。[1] 此处,两位学者对股权高度分散、所有权与经营权分离状态下管理层滥用权利的行为深感忧虑。事实上,晚近以来有关股权结构集中度的实证研究表明,只有对少数股东利益保护较为完备的国家才会存在分散的股权结构,股权结构在全球范围内都是相当集中的。[2] 例如,拉·波特(La Porta)等学者提供的 27 个较为富有的国家的大公司的所有权结构的数据结果表明,除极少数对股东利益保护很好的国家外,股权结构高度分散的大公司很少。[3]

---

〔1〕 参见[美]阿道夫·A. 伯利、[美]加德纳·C. 米恩斯:《现代公司与私有财产》,甘华鸣、罗锐韧、蔡如海译,商务印书馆 2005 年版,第 133 页。

〔2〕 See La Porta, Rafael, *Florencio Zopez-De-s: lemes and Andrei Shleifer*, Corporate Ownership around the World, Journal of Finance 54, 1999, p. 471 – 517.

〔3〕 参见张维迎:《理解公司——产权、激励与治理》,上海人民出版社 2014 年版,第 368 页。

亚历山大·汉密尔顿早就深刻地指出,授予多数全权,他们就会压迫少数。[1] 在股权结构集中的国家和地区,控制股东可以利用控制权实质性地支配公司。[2] 的确,由于公司股东之间的利益具有异质性的一面,控制股东为了实现自身利益的最大化,往往滥用对公司的支配权,损害中小股东特别是少数股东的利益。对于股份能够公开发行、自由交易的上市公司,少数股东可以通过二级市场将其持有的股份转让,即所谓的"用脚投票"(vote with free)。[3] 对于封闭式的公司,特别是人数较少、规模较小的有限公司而言,为了维持股东之间的信任关系,各国公司制度往往会通过自身的规定或授权公司章程,对股份的自由转让作出不同程度的限制。但是,控制股东亦能通过此种制度安排上的便利轻松锁定少数股东,对其实施各种压迫行为。有学者的相关数据表明,即使是在少数股东保护较为完善的美国,封闭式公司的各种"压迫"行为仍会使少数股东的股份价值产生35%的折价。[4] 相对于伯利、米恩斯两位学者所述公司(全体股东)与管理层之间的利益冲突而言,股权集中下的控制股东与少数股东之间的利益冲突更为根本。这是因为,公司制度已经存在诸如董事选举制度和董事义务制度等规则,这在很大程度上处理了第一个冲突,[5] 即股东拥有选举和更换董事的权利,这迫使他们履行忠

---

〔1〕 参见[美]乔万尼·萨托利:《民主新论》,冯克利、阎克文等译,东方出版社1993年版,第136页。

〔2〕 控制股东是指可以在实质上影响公司各项决策的股东。控制股东的划分有两种标准。一种是形式标准,即拥有公司50%以上股份的股东即为控制股东。但在股权较为分散的公司中,特别是在上市公司中,拥有30%甚至更少的股份亦能实现对公司的控制权。鉴于控股股东的具体的持股比例难以准确量化,加之此种标准忽略了股东可以通过控制权协议方式实现对公司控制等客观情形,因此,形式标准逐步被另一种标准——实质标准所取代。实质标准,是指只要在实际上能够对公司形成支配力的股东即为控制股东。按照该标准,只要股东在事实上对公司具有控制力,即可认定为控制股东。另外,形式控制权与实质控制权均具有时空性,即在具体的公司议案表决中,并非控制股东的小股东可能会拥有否决议案的权利,此时,该小股东具有在事实上"控制"公司的能力,可以被视为控制股东。鉴于实质标准更具合理性,故而,本书采用此标准。参见林少伟:《英国现代公司法》,中国法制出版社2015年版,第222页。

〔3〕 但是,这种少数股东的自我救济方式未免过于消极。对于有效的证券交易市场而言,控制股东滥权行为信息的披露与传递会造成该公司股票价格的下跌,少数股东如选择此时出售其股份,仍有可能造成其利益的损害。

〔4〕 See John C. Coates IV., *Fair Value as an Avoidable Rule of Corporate Law: Minority Discounts in Conflict Transaction*, 147, University of Pennsylvania Law Review, p. 1251 - 1254(1999).

〔5〕 参见黄辉:《现代公司法比较研究》(第2版),清华大学出版社2020年版,第242页。

诚与勤勉义务；同时，根据公司制度中较为完善的董事信义义务规则，也不难判断出以董事为主的公司管理层是否把自身的利益置身于全体股东利益之上。而股东之间的内部权益冲突，由于涉及全体股东整体利益的增进与少数股东利益的合理保护之间的平衡，其在规则设计与实践操作上难度更高，因而也就受到了更为持久的关注。

统计数据表明，我国大多数公司的股权均较为集中。[1] 因此，如何有效遏制控制股东的滥权行为，实现少数股东利益的合理保护一直是公司法学界、业界历久弥新的话题。《公司法》在一定程度上加强了对少数股东权益的保护。如《公司法》第22条第1款规定，公司股东（大）会、董事会的决议内容违反法律、行政法规的无效；第2款规定，股东（大）会、董事会会议召集程序、表决方式违反法律、行政法规、公司章程或决议内容违反公司章程的，股东可自决议做出之日起60日内申请法院撤销。该法第20条第1、2款规定，公司股东不得滥用股东权利损害公司或其他股东的利益，滥用权利给公司或其他股东造成损失的，应承担赔偿责任。[2] 针对少数股东容易被“锁定”的客观情形，《公司法》还赋予了异议股东股份收购请求权，以及特定情形下的司法解散公司之请求权。此外，《公司法解释（四）》第5条还规定了股东（大）会决议不成立的情形。

客观而言，上述公司制度条款对遏制多数决滥用、少数股东利益保护发挥了积极的作用。但无法否认的是，由于公司制度仅将股东（大）会决议无效、撤销、不成立限于违反“法律、行政法规”这一刚性、狭窄的范围内，致使现行法律、法规未规定之处，少数股东仍面临资本多数决滥用之侵害却难以获得救济的尴尬处境。公司股东不得滥用权利虽具有兜底条款的功能，但由

---

〔1〕 参见叶林：《股东权利及其实现机制》，载《扬州大学学报（人文社会科学版）》2013年第5期。

〔2〕 需要说明的是，滥用股东权利与滥用资本多数决的内涵与外延并不完全一致，前者除包括滥用多数决外，尚包含滥权谋私行为，诸如控制股东利用支配地位阻碍解聘不称职的董事以及纵容公司管理层实施侵害少数股东利益等。但在股权集中的国家或地区，公司的控制权掌握在控制股东手中，且在公司经营中重大事项一般均以股东（大）会决议作出，控制股东的滥权谋私行为多表现为多数决的滥用，故除非特别作出说明，本书将滥用多数决与滥用权利放在同一语境下使用。

于其语义过于抽象、模糊，根本无法在实践中产生实效。[1] 样本案例的分析也证实了这一点。在审判实践中，法院在认定股东是否“滥用”股东权利时，存在两种明显的倾向：强调行权的程序、股东自治；注重股东权利的外部界限。只要股东行权未有违反行权程序之情形且未超越其他外部限制，法院便不会认定其行权属于权利滥用。[2] 更为严重的是，为免受压迫，及时退出公司的异议股东的股份回购请求权，申请司法解散公司的权利，在制度设计上亦存在不足。《公司法》第 74 条规定的异议股东股份回购请求权，其适用条件较为严苛且偏离了“重大基础性交易”的中心；司法解散公司虽然可以使少数股东及时从公司抽身，但最高人民法院《关于适用〈中华人民共和国公司法〉若干问题的规定（二）》（以下简称《公司法解释（二）》）将司法解散的功能定位在“公司僵局”这一狭隘的事由范围内，其应有的少数股东司法救济功能在司法实践中难以得到正常的发挥。

《公司法》以“章程另有规定”之方式赋予公司股东广泛的自治权。如《公司法》第 42 条关于表决权的规定、第 71 条第 4 款关于股权转让的规定、第 75 条关于股东资格继承的规定等。立法赋予公司股东自治权的本意是弱化国家公权力对公司的过度管制，扩大公司的自主经营、释放公司活力，从而有利于公司整体利益目标的实现。但在缺乏与之相配套的、完善的少数股东保护制度的情形下，广泛的公司自治权往往为控制股东滥用资本多数决，以股东（大）会决议、修改章程等方式侵害少数股东利益打开方便之门。

鉴于我国现行公司制度难以实现对法律、法规规定之外的少数股东利益的周全保护，且在法律、法规规定的范围之内，法院在整体上仅注重股东行使权利的外部程序是否违法，而对于公司股东权利行使是否公平上呈现的保守态度，部分法院在少数股东权益纠纷案件的司法裁判中，开始能动地适用学界提出的股东固有权概念，对少数股东进行司法救济，即将受到侵害的少数

---

〔1〕 See Hui Huang, *Shareholder Derivate Litigation in China: Empirical Findings and Comparative Analysis*, 27 Banking and Finance Law Review, p. 619 - 625(2012).

〔2〕 参见楼秋然：《〈公司法〉第 20 条中“滥用股东权利”规定的理论与实践》，载《西部法学评论》2016 年第 3 期。

股东之权益理解为非经其本人同意,不得剥夺或者限制其股东固有权,从而以否定股东(大)会决议或者公司章程修正案之效力的方式来制衡控制股东滥用多数决。[1] 其中,较为典型的案例有:周某诉大丰市丰鹿建材有限公司股东权纠纷一案,[2]叶某、葛某诉平湖伟峰科技有限责任公司股东会决议效力纠纷一案,[3]滕某诉常熟市建发医药有限公司股东权一案。[4] 这些案例在一定程度上引发了学界、业界对股东固有权的热烈讨论。江苏省高级人民法院在《人民司法》上发表理论文章,初步探讨了股东固有权的相关问题。浙江省高级人民法院民二庭在其商事审判问题解答中则将股东的股权确认为股东的固有权。[5] 由此可见,股东固有权从理论到司法实践的应用引发了业界的持续关注。而与业界股东固有权的裁判实践相比,学界对股东固有权的讨论,仍停留在定义式的表述、具体类型划分以及划分标准等较为粗浅的层面上,缺乏深入、系统的理论探讨。这主要体现在:股东固有权的渊源、运作规则及其理论解释鲜有涉及,其权利性质仍有较大的分歧与争议,它的权利形态也需要以新的视角加以分析;而在法律规范适用层面,现有的股东权利救济路径与救济措施难以为股东固有权的保障提供强有力的公司制度支撑。整体而言,这些问题的存在,或无法在理论上为股东固有权提供正当性基础,或在实践中无法体现平衡公司整体利益与少数股东利益保护的价值。

因此,有必要对股东固有权的上述问题展开深入的理论研究,减少乃至

---

〔1〕 笔者通过万律(westlaw china)平台、无讼(itslaw.com)平台查询,近年来,在我国法院的裁判文书中涉及或适用股东固有权案例达16件。其中,股东会决议效力纠纷1件,盈余分配纠纷4件,股东知情权纠纷9件,股权转让纠纷2件。从股东固有权利益诉求的内容来看,其与美国判例法中的股东压迫、英国法中的不公平损害中的股东权益受损的内容是一致的。

〔2〕 笔者在官方数据库未能查到该案的编号。判决内容的报道,参见吴晓峰:《股东权不得依公司章程强行转让》,载《法制日报》2007年5月27日,第11版。

〔3〕 参见浙江省嘉兴市平湖区人民法院民事判决书,(2010)嘉平商初字第1114号。

〔4〕 需要注意的是,在该案的判决内容部分,并未出现"股东固有权"的措辞,但在报道的论证中出现了"根据公司法理,股东权的自由转让是股东固有的一项权利"的表达。参见孔维寅、王东辉:《常熟审结一股东权纠纷案确认:未经股东本人同意股权转让不能成立》,载《人民法院报》2007年2月17日,第7版。

〔5〕 《浙江省高级人民法院民事审判第二庭关于商事审判若干疑难问题解答》(浙法民二〔2010〕15号)问题11规定:"股东的股权作为一种固有权,非经股东本人授权或司法裁决,一般不得处分。"

消弭学界、业界在认知及适用上的困扰，分析并确定降低控制股东对少数股东代理成本的可行路径与方法，以期推动股东固有权理论在制衡资本多数决滥用的司法实践中日臻完善。[1]

二、研究内容

在引论部分的研究背景中已述及，我国属股权集中度较高的国家。因此，与公司股权分散所导致的公司管理层与公司（全体股东之间）的利益偏离的矛盾及其规制相比，有效制衡公司内部控制股东的滥权行为、实现少数股东的合理救济更具普遍性和现实意义。由于现行公司制度难以实现对少数股东的周全保护，股东固有权理论在司法实践中逐步得到适用，但是，学界对股东固有权的现有理论研究尚存在缺憾：从内部来说，由于缺乏正确的理论指引，对固有权的探讨存在不够深入系统，解释力不足的问题；就外部而言，股东固有权无法与当前学界主流的理论——控制股东“信义义务”这一救济路径形成有效的衔接，且未能反思并解决现行公司制度对（少数）股东救济措施不敷适用等现实问题。

因此，本书拟以股东固有权的起源为切入点考察其发展历程、运行规则，并以公司契约理论对固有权进行解释，明确股东固有权的契约化形成机制，结合英、美等国公司法判例的发展趋势，重新厘定股东固有权的权利性质。同时，具体分析股东固有权的“标准类型”，试图消减学界对股东固有权类型化的分歧。此外，本书还把视角转向股东固有权的外部，从比较法的视角对股东固有权的救济路径与救济措施进行具体分析，对我国股东固有权救济措施的完善提供合理的建议。为实现上述诸种研究目的，本书将按照以下思路展开探讨。

第一，考察股东固有权的内涵与基本规则。欲对股东固有权进行研究，

---

[1] 代理成本新制度是经济学中使用的概念，后引入公司法理论中。它是指当 A 的利益的增加有赖于 B 的行为时，前者就是委托人，后者就是受托人。在股东（大）会决议时，少数股东为委托人、控制股东为受托人。因此，经济学家所谓的“代理关系”与法学领域中的“代理关系”相比，前者指代的范围要宽泛得多。鉴于公司法学界在对公司内部关系分析时，亦常常使用“代理成本”一词，故本书沿用此说法。参见[美]保罗·戴维斯：《英国公司法精要》，樊云慧译，法律出版社 2007 年版，第 126 页。

首先需要解决的是正确理解股东固有权的内涵与运作规则。因为只有这样才能对其进行合理的理论解释,即以公司契约论为理论依据,进而从内部、外部对股东固有权展开进一步的探讨。无论是从内部对股东固有权的权利性质进行分析、对股东固有权的权利形态进行考察,抑或从外部对审视股东固有权救济路径与救济措施的合理选择,均需以此为理论依据进行深入探讨。同时,也只有正确理解股东固有权的起源、发展与规则,才能消弭学界、业界对股东固有权的种种误读与分歧,深化其对股东固有权的理性认知。

第二,对股东固有权进行理论解释。现有的股东固有权研究,或以法定权利为视角,或以个体权利为视角对其进行分析。但这些分析方法均存在解释力不足、难以为股东固有权提供正当性基础的问题。本书从公司契约理论的视角对其进行诠释,即公司是由各类契约组成的组合体,这种契约是由不完全契约、关系契约所组成的各种正式契约与非正式契约的整体。正如季卫东教授在为美国学者麦克尼尔(Macneil)《新社会契约论》所做的代译序中所指出的那样,通过对关系契约的分析、论证,可以将现代契约法理论中不包括的契约形式,如公司法等契约关系重新纳入考量的视域。换句话说,关系契约论可以为我们理解、把握股东固有权提供较为科学、合理的理论解释框架。

第三,明确股东固有权的权利性质。按照股东固有权的既有理论,国内学界对股东固有权的性质多持法定权利说或具体私权说。本书则以公司契约理论的视角,提出公司契约理论中的"契约"乃是一个长期契约或者持续性契约。这种持续性契约的存在,使股东形成了某种期待:未来的交换将会发生,并通过现有关系的动力以部分可预见的模式发生。[1] 亦即,在持续性契约中,公司股东之间基于契约而形成合理期待;同时,这种期待随着公司经营的发展变化而不断调整。实证研究也印证了该学者论断的正确性:晚近以

〔1〕 参见[美]Lan R. 麦克尼尔:《新社会契约论》,雷喜宁、潘勤译,中国政法大学出版社 2004 年版,第 7 ~ 8 页。

来,美国法院对少数股东遭受"压迫"而进行救济的判断准则,经历了由早期的无歧视地公平对待股东,到善意地为了公司的整体利益不得损害股东利益,再到股东对公司经营的合理预期不受实质性挫败的变迁。而英国成文法中不公平损害救济,亦是将判例确认是否违反股东之间的契约(公司章程、股东协议等)作为判断股东行为是否存在"不公平"性的标准。在具有合伙性质的封闭式公司,法院通过判例法上的衡平原则,将股东之间的契约扩大到股东之间的共识或默契。换句话说,英国的判例实践亦是以控制股东是否违反契约,造成少数股东合理期待的实质落空来确定是否对少数股东实施救济。

第四,对股东固有权的权利形态进行探讨。也许是受"权利法定"惯式思维的影响,我国学界均以公司制度规定的股东权利为范围,讨论、划分股东固有权类型。我国在 1993 年颁布了《公司法》,其间虽经多次修订,但与西方发达资本主义国家的公司制度相比,仍有不小的差距。具体表现在,该法难以对复杂多变的公司实践作出安排,更难以对股东权利进行周全的设置。产权界定的清晰化使得公司负外部性或者第三方效应的逐步弱化,为股东之间自由缔结契约提供了良好的外部环境。[1] 公司制度所应做的,是尊重股东的缔约自由,允许他们自行设定彼此之间的权利、义务。故而,以法定股东权利为基础对固有权进行划分是不准确的。但《公司法》自有其存在的价值与意义,这就是在股东之间的契约未能约定之处或者意欲约定但协商的交易成本过于高昂时,《公司法》为股东提供标准化的"契约条款",以起到补充契约漏洞或降低股东间协商成本的目的。通过此种视角,对股东固有权的具体权利形态进行探讨,分析股东各种法定权利的利弊得失也许更具现实意义。

第五,具体分析股东固有权的救济路径、救济措施。合理的救济路径与

---

〔1〕 简单而言,负外部性是指当事方之间的行为可能给第三方造成的损失,因此学界也称为"第三方效应"。但在产权界定逐步由可能转化成为现实的当下,公司负外部性正在逐步减弱,如法人人格否认制度赋予债权人去追究滥用公司独立地位和股东有限责任的公司股东个人责任,这样,公司股东损害债权人利益的滥权行为就会减少。

全面、充分的司法救济措施，有利于股东固有权、股东合理期待的实现或救济。因此，通过对英美法系、大陆法系代表国家之少数股东司法救济路径的比较考察与分析，有利于在理论上论证我国司法救济路径的不足与改进之处；同时，多元化的救济措施有利于法院为（少数）股东提供周全的司法救济。因此，有必要对我国现有的司法救济措施类型进行梳理，指出其存在的不足，并提出赋予现有救济措施应有的制度功能，并通过立法确认新的司法救济措施。

第六，在对上述问题进行充分讨论的基础上，针对股东固有权理论的完善提出整体改进方案。在方法论层面，应赋予公司股东缔约的自由，并尊重他们之间达成的契约，在契约未能约定或缔约成本过高时，则由公司制度为股东提供契约的标准化条款或进行漏洞补充，或由司法将股东之间的默示契约（默契与允诺等）视为契约。通过契约化的方法，可将股东权利由立法规定拓展至股东之间的意定，以拓展其权利范围空间。在救济路径与判断规则方面，鉴于美国普通法中的“信义义务”原则是以不完全契约为立论基础的，因此，应在保留现有司法救济路径的基础上辅之以控制股东“信义义务”救济路径作为必要的补充。与之相适应的是，应以美国、英国判例法所确认的股东合理预期是否遭受实质性挫败作为违反“信义义务”的判断规则，以扩大对（少数）股东权益的救济范围。在股东固有权具体救济措施上，应对异议股东股份回购请求权的适用范围进行合理调整，使之更加切合该制度的立法初衷；在保持司法解散应对“公司僵局”的同时，恢复其应具有的少数股东司法救济功能；合理借鉴、引入英美法律行之有效的救济措施，如股东退出公司等，以实现对少数股东的周全救济。

三、研究意义

对股东固有权的理论研究，意义在于厘清该权利的性质，并在揭示其契约化生成机制、划定股东固有权的“标准类型”的基础上，指出该权利可行的救济路径，对相应的救济措施进行完善。具体而言，笔者试图进行以下几个方面的理论创新。

第一,重新厘定股东固有权的权利性质,即在本质上,股东固有权系股东基于公司契约而形成的股东合理期待。本书以公司契约理论为方法论对股东固有权进行分析,在通过对美国股东压迫救济的判例法所确认的,基于契约而产生的合理期待不受实质性挫败的标准,以及在英国不公平损害救济中违反股东之间缔结的正式契约或非正式契约(共识与默契等)或者衡平原则作为"不公平"性标准的基础上,主张股东固有权在本质上系基于公司契约而产生的、不受剥夺的股东合理期待。这可以使股东权益从原来的法定权利空间范围拓展到包含股东基于各种契约而形成的意定权益,从而为股东固有权制衡资本多数决提供正当性基础。

第二,按照公司契约理论的分析路径,揭示股东固有权的契约化生成机制。股东固有权——股东合理期待既可以基于公司制度提供的契约"标准条款"而产生,也可以基于股东之间的自由约定而产生。在公司制度提供的"标准契约"条款中,股东可以在授权性规范或者补充性规范的自治空间内,根据自身的需要"选出"契约条款;在股东间未作约定之处,包含"资本多数决"在内的公司制度条款就会成为"默示条款"补充股东契约条款的空白。而公司制度中的强制性规范,往往涉及股东义务与责任(如股东的信义义务),因此其应成为授权法院在(少数)股东利益受到侵害时,介入公司内部进行司法救济的依据。股东固有权的契约化生成机制,能够克服公司制度中股东权利的强制性规范或者将某些股东具体权利视为股东固有权的狭隘观念,使得"非经股东同意,不受公司章程或资本多数决剥夺的"股东固有权与资本多数决原则在公司契约理论的框架内融通无碍。

第三,为我国股东固有权司法救济的补充路径——课以股东信义义务指出较为可行的方法。在立法例上,德国联邦最高法院通过援引《德国民法典》第157条之合同当事方之间的诚信义务,以判例将其类推适用于公司股东之间——课以(控制)股东诚信义务救济权益受损的(少数)股东。故而,笔者认为,我国亦可通过《公司法》修订或最高人民法院的司法解释,在保留现有的法定救济路径的前提下,援引我国《民法典》第7条中的诚信原则,并将其适用到公司股东之间,确立便于股东进行利益保护的补充救济路径。[1] 显然,这种方法与仅仅提出应借鉴美国判例法中课以控制股东信义义务更具有可行性,因为在《民法典》的上述规定中,能够为(控制)股东承担信义义务提供应然法的支撑。

第四,对股东合理期待遭受实质性挫败后的(少数)股东救济措施提出了完善建议。针对我国现行公司制度的四种救济措施——股东(大)会决议的无效、可撤销、不存在,要求公司(控制)股东作为或不作为一定行为,赔偿损失以及解散公司,存在不敷适用的情形。特别是这些救济措施难以应对封闭式公司人合性基础丧失后,(少数)股东可能会遭受的持续性压制。在此情形下,通过公司立法或司法解释赋予解散公司以股东压迫救济功能,将股东退出公司作为一项独立的司法救济措施,才能对权益受损的(少数)股东提供较为周全的司法保护。

尽管可能存在上述理论上的创新,但是由于国内、外学者对股东固有权的理论探讨较少,参考文献较为匮乏,加之使用了公司契约理论的研究方法,因此,在对其论证的过程中,仍难免会出现不足甚至是错误之处:第一,股东固有权源于股东彼此之间对其权利、义务进行约定的公司章程,而公司章程在英、美等国的公司制度中被视为典型的公司契约。正是基于此种原因,本书以公司契约理论为方法论对股东固有权进行解释,并在此基础上揭示其契约化形成机制、厘清其权利性质,分析其救济路径与救济措施等。但是,由此也引发了另外一个问题,如何面对公司契约论自身的不足——从作为解释公司自身及内部各种关系、指引与规范公司制度设立与完善的方法论的角度来看,公司契约理论并非完美无缺。同时,本书的主旨在于论述股东固有权的相关问题,所以,无法对公司契约理论自身存在的诸多问题作出有针对性的回应。无疑,这使得股东固有权理论论证的严谨性受到一定程度的影响。第二,按照公司契约理论,本书将公司契约分为两种:股东之间缔结的正式契约与非正式契约。正式契约中又包含标准契约与特殊契约。前者包括公司法、

[1] 我国《民法典》第7条规定,民事主体从事民事活动,应当遵循诚信原则,秉持诚实,恪守承诺。

证券法等法律制度提供的公司契约“标准条款”,后者如股东协议、公司章程等。非正式契约包括商事惯例、股东间的共识或默契等。由于正式契约中的标准条款对股东合理期待的形成与保护具有根本性意义,笔者以专章对股东固有权的“标准条款”进行了探讨,但是,由于其本身涉及面广、内容极为丰富,对其进行论述时,仅能对相关问题作出一般性的分析,如深入展开探讨,则会出现股东权利内容的泛化倾向。因此,此种探讨远未达到充分与透彻的程度。

第一章　股东固有权的基本问题概述

契约论只是一种分析方法，它自始至终被应用于各种各样的理论和实践目的……任何契约论方法的权威性都来自以下假设：那就是，自由的人们将同意他们自己设定的规则，并必将从中获得福利。

——罗培新

在对股东固有权的诸项具体问题展开分析之前，需要对股东固有权的形成过程、判例规则进行分析。并以公司契约理论为方法论，揭示股东固有权的契约化机制，从而获得对股东固有权自身的整体性认知。这些认知有助于之后各章对股东固有权的权利性质、权利形态、救济路径与救济措施等相关问题展开进一步的探讨。

第一节　股东固有权的起源与形成

股东固有权研究以公司股东之固有权利为研究对象，而固有权利的含义，股东固有权起源、形成及其判例规则的理解，对正确认知股东固有权自身以及对其进行合理的理论解释至关重要。因此，有必要先对股东固有权的历史发展脉络进行简要的梳理与分析。

一、固有权利与股东固有权

(一)固有权利的含义考察

“固有权利”一词常见于法学、哲学等领域。在这些领域范围内,不同的历史条件、不同的研究者基于不同目的、从不同的角度审视固有权利,就可能赋予其不同的内涵,从而使其呈现不同的表达。因此,有必要梳理固有权利在各种语境中的含义,然后对其进行分析、归纳,以便于对股东固有权的整体性把握。

1. 权利哲学中的含义

古典哲学创始人康德认为,固有权利是一种先验的、从自由原则中直接推导而来的权利。[1] 沿此路径,后续的研究者认为,固有权利是个体基于人性而先天享有的自由。但是在自然状态下私人意志之间存在激烈的冲突,因此,人们需要通过缔结原始契约的方式将众多的私人意志联合起来,形成普遍意志,而服从普遍意志就是对个体意志的服从,即私人意志的实现。在一个由众多个体组成的共同体中,个体的固有权利通过缔约得到保障的状态可称为权利状态,是人们能够自由的共存之路。[2] 古典哲学将固有权利归结为个体的自由,并对作为自由的实现路径进行了揭示:通过缔结原始契约,使得个体意志之间联合形成普遍意志,并由自然状态向权利状态进行转化。将固有权利理解为基于人的本性而享有的自由,使固有权利显得过于抽象而变得难以把握,但古典权利哲学所揭示的,“原始契约”使个体的固有权利由自然状态向权利状态转化的个体权利实现机制,无疑具有合理性。

2. 法律辞典中的含义

按照较为权威的布莱克法律辞典的释义,固有权利(vested right)是指一

---

〔1〕 参见黄涛:《论康德权利演绎的基本结构》,载《人大法律评论》2014 年第 1 辑。

〔2〕 参见陈星宇:《通往固有权之路——论康德的原始契约概念》,西南政法大学 2015 年硕士学位论文,第 26 页。

种完全的、确定隶属于某人的、未经该人的同意不受削弱或剥夺的权利。[1]而贴近法律实务的美国法律辞典则将固有权利界定为:确定无疑之合法权利(完全确定的、未经权利人的许可不得剥夺的权利)。[2]虽然两部法律辞典均将固有权利解释为非经同意不受剥夺之权利,但是两者对固有权利的理解有所不同。美国法律辞典明确将其理解为“合法权利”,但这种“合法”之法究竟是一种实然法上的权利还是应然法(自然法)上的权利,则语焉不详。由此可见,两部法律辞典中对固有权利含义的界定,虽然揭示了其不可剥夺性的特征,但未能就为何个体的某些权利具有不可剥夺性作出解释。因此,仍有必要将研究视角转向部门法领域,对固有权利的内涵进行探究。

3. 部门法理论中的含义

美国有学者认为,固有权利的措辞既不在联邦宪法,亦不在州宪法中适用。固有权利常常用来描述基于财产或者基于契约而产生,在非经正当法律程序或未违反契约义务的普通条款下,不能在之后随意地被立法机构侵害的各种权利。例如,妻子有权期待从意外事件死亡的丈夫在生前处于变动中的财产中获得遗产份额。同时,在其丈夫死亡以后,她可以将继承所得的遗产为自己购置(改嫁的)嫁妆。……因此,从严格意义上来说,固有权利既不是财产,也不是契约本身。它代表了根据财产或者契约产生的权利、利益,这些权利或利益应当免受此后颁布的各种立法的侵害。也许是因为它代表一种(潜在的)补救的方案,该方案能否给予(实施)将取决于立法机构作出的审慎判断。……但在一般情形下,立法机构可以修改相关法律规则,但不得损害(权利人的)固有权利。[3]该学者结合美国法律的实践,从立法不得具有追溯性,即不得以事后的立法及其修改条款对此前的行为予以随意干涉的角度,指出固有权利不是财产、契约本身,而是基于财产或契约而产生的、随后的立法不得侵害的一种权利。众所周知,法律不得具有追溯性是现代法治的

---

〔1〕 See Bryan A. Garner, *Black's Law Dictionary* (*Editor in Chief*), West Publing Co., p. 1349 (1999).

〔2〕 参见周雅荣:《美国法律辞典》,文汇出版社 2014 年版,第 453 页。

〔3〕 See Emlin McClain, *Vested Rights and Retroactive Legislation*, Constitutional Law in the United States, p. 363 (1905).

基本要求(如出于伦理等因素的考量,某些国家的刑法典会采用"从旧且从轻"原则)。固有权利基于财产或契约而生的权利则为固有权利的来源指明了方向。

通过梳理固有权利的不同含义可知,在不同语境下,不同领域的学者对固有权利的内涵进行了不同角度的阐述:权利哲学提出了固有权利是由自然状态转变为权利状态的"原始契约"转化机制;法律辞典中的定义明确了股东固有权的不可剥夺性;而部门法理论则申明了股东固有权系基于财产或契约而产生。通过不同视角的解读,加深了我们对股东固有权内涵的理解。但是,这些描述是否形成了对股东固有权内涵的明确、具体的揭示,需要将其放在具体的公司裁判案例中,考察其起源与形成过程,才能作出较为合理的判断。

(二)股东固有权的起源与发展

1. 股东固有权的历史起源

相关文献资料表明,股东固有权是在美国州政府与商业公司之间签订特许状的基础上产生的。但是,该权利的形成也受到了英国人在与国王进行权利斗争过程中所形成意识的启蒙。因此,有必要对英国人权利斗争的过程与美国州政府颁发特许状的历程进行简要的梳理。

与其他任何欧洲国家的人相比,英国人素有强烈的权利感。正如美国联邦法院首席法官托马斯·哈钦森在1769年对马萨诸塞州陪审团成员所讲述的那样,仅仅是对"权利"一词的不加提及,就能以一种奇特的方式打击英国人。托马斯·哈钦森指出,英国人历来重视由普通法所包含的个人自由与财产权利等相关权利……这些权利的力量不仅取决于成文法的书面描述,它们的存在可以追溯到远古时代的习俗惯例与不成文法。因为中世纪的英国人普遍认为,法律不是制定的,而是在过去的习俗和先例中发现的。[1] 的确,在成文法出现以前,以习俗和惯例方式存在的习惯法无论是对国王特权的限

〔1〕 See Wood, Gordon S., *The Origins of Vested Rights in the Early Republic*, Virginia Law Review, p. 1423(1999).

制还是对民众权利的保护,均具有法律上的约束力。

但是,随着时间的推移,人们渐渐发现,国王在履行治理责任时经常侵犯他们的习惯权利。因此,英国人觉得有必要定期让国王以书面形式的法律承认他们的权利和自由。这些书面形式的法律从早期国王的加冕誓言、巡回审判庭的判例,甚至是皇家颁布的特许状,到国王在1215年的《大宪章》中对英国人习惯权利的承认,再到具有里程碑意义的1689年《权利法案》对英国人自由与权利的进一步确认。[1] 经过几个世纪的权利斗争与权利保护的历史实践,使得权利观念深深地根植于北美大陆殖民者的意识之中,在他们眼里,特许状已开始被视为英国国王与民众之间缔结的契约,而财产权非经其同意不受剥夺……

美国独立后,新生的国家想直接参与经济建设,而州政府想要做的似乎比它们所能做的更多。因为新的民选立法机构往往不愿意提高政府的税收,为州政府管理者们渴望做的一切埋单,所以这些州被迫回归到传统的、以私人获得财富的实践来实现公共目标——授予私人公司特许状,使其作为社团组织开办有益于公众的银行业、运输业、保险业或其他公司。同时,由于共和党对国家垄断特许权的厌恶,特许状的获得不再具有排他性而成为几乎人人均可享有的平等权利,这使得美国在短期内出现了令人称奇的公司数量。随着公司数量的激增,特许状逐步失去了很多早期的公共属性,越来越多地被视为私有财产,它们通过立法机构确认后,即被视为股东的固有权利而不得受到随意的更改。[2]

通过上述股东固有权形成过程的梳理可知,股东固有权的初步形成受到了英国人以自由权利与财产权利为基础的自然权利观的深刻影响。这种权利观在美国早期殖民地时期获得进一步发展,并具有明显的遏制州政府公权力无限扩张的功能。后来,股东固有权开始逐步适用在更加广泛的领域,而

---

〔1〕 See Wood, Gordon S., *The Origins of Vested Rights in the Early Republic*, Virginia Law Review, p. 1424 – 1429(1999).

〔2〕 See Wood, Gordon S., *The Origins of Vested Rights in the Early Republic*, Virginia Law Review, p. 1440 – 1441(1999).

此种范围的扩张是在美国法院一系列判例实践的推动下逐步完成的。

2. 股东固有权的初步发展

在美国法学界公认的、被视为奠定现代股东固有权形成基石的Dartmouth College v. Woodward一案中,首席大法官约翰·马歇尔声称:学院的章程是立法不能干预的,作为私人双方的(英国)国王与受托人之间的契约,尽管美国不再是英国皇家殖民地,但契约仍然有效。这里的"契约"仅涉及个体之间的财产权交易,不涉及州政府与国民之间的行政管理关系。因此,州政府以新的立法废除上述契约的行为,违反了联邦宪法关于不得损害契约义务的规定。[1]

该案系联邦最高法院最具典型意义的案例,因为它强调了对作为特许状的"契约"条款的遵守,从而限制了州政府的行政权力对私营企业,特别是对商事公司的干预。国内亦有学者对上述案例进行评价,并认为将特许状视为契约的行为在某种程度上已将契约的内涵泛化……特许状更多地体现了行政权利。[2] 的确,在美国州政府对特许状的授予,具有某一领域内的垄断或者特许经营的特权的性质。但是正如在股东固有权的起源中所描述的那样,美国建国后百业待兴,各州政府缺乏雄厚的财力进行基本建设。因此,只能通过授予民众特许状并由其开办公司来实现政府的公共目的。但此时的特许状已不再是垄断特权,而是一种众人皆可平等获得的经营权。从此角度而言,将特许状视为契约恰恰说明了公司由特许设立向准则设立的转变以及私法自治开始博兴的征兆。上述Dartmouth College一案则为这种转变与博兴提供了恰如其分的注脚。

在Winfree v. Riverside Cotton Mills一案中,出现了被诉公司是否有权根据(现行有效的)法典的规定,以多数股东的投票决议与其他公司合并的争议。异议股东主张,被告公司在法典颁布前已经设立,因此,合并的决议只能通过股东的一致表决通过而不是多数决通过方可执行。而法院则认为,授予

[1] Trustees of Dartmouth College v. Woodward, 17 U.S. (4 Wheat.) 518, 1819.

[2] 参见罗培新:《公司法的合同解释》,北京大学出版社2004年版,第43页。

该公司章程时,州政府保留了变更或修改公司章程的权力,并且行使这项权力不能被视为损害作为契约的公司章程行为。虽然州政府保留了变更、修改或废除公司章程的权力,但在法定限度范围内实施这些行为直接影响州政府与公司、州政府与股东、公司与股东以及股东彼此之间的关系。因此,州政府保留的权力使州能够通过任何立法,但不应对作为契约的公司章程授予权利的目的或对已法定化的权利造成实质性损害。[1]

Dartmouth College 一案,法院将公司特许状视为州政府与公司之间的契约,以判例法的方式确立了限制州政府公权力对公司内部事务肆意干涉的(全体)股东固有权利。而 Winfree 一案不但秉承了 Dartmouth College 一案所确立的基本立场,而且进一步将股东固有权的适用范围扩展到公司内部控制股东与少数股东之间,提出公司合并等重大事项的决议须经全体股东一致同意(unanimous)通过方可进行。这无疑为股东固有权由初步确立向现代判例规则的转变奠定了良好的基础。

二、股东固有权判例规则的形成

上述两则典型案例表明,股东固有权通过被视为公司各当事方契约的公司章程所确定的权利不得遭受实质性损害,从州政府与公司之间的相互博弈,到公司内部各股东之间的相互制衡,经判例法演化发展而逐步形成。但是,在上述判例中,并未形成现代公司法意义上内容明确的判例规则,即未经股东本人同意,不得剥夺或限制的股东权利。因此,仍需要通过对相关判例展开具体分析,以获得对股东固有权的准确把握。

(一)股东固有权判例规则的形成

在 Bechtold v. Coleman Realty Co. 一案中,作为被告的公司在其章程修正案中规定,公司股东不得将其持有的股份出售或转让给尚不是本公司股东的人,除非该股东按照其在公司中所持有的股份比例,以公司账簿上相应账

---

〔1〕 See W. A. F., *The Stockholder and Vested Rights in Virginia*, Virginia Law Review 42. 1, p. 110(1956).

面价值为基准价格,首先向公司或其他股东提出转让的报价。在该案件中,贝克托尔德(Bechtold)向法院起诉。法院认为,公司章程在全体股东之间具有财产权交易性质的契约,未经少数股东同意不得废止或变更。因此,法院判决公司股东根据资本多数决规则通过的上述关于禁止股东转让其公司股份的章程修正案决议无效。[1]

在 State ex rel. Cochran v. Penn-Beaver Oil Co. 一案中,作为被告的公司虽在其章程中明确规定,授权董事会自行决定在何种条件下,允许本公司股东查询公司账簿和会计凭证等财务资料的权利。州法院则认为,虽然公司有权对股东的查阅权进行限制,以免公司的正常商业行为受到干扰,但即使大多数股东决议通过公司章程,并以公司章程的规定对董事会进行上述授权,也不得剥夺其他股东的查阅权利,故而判令公司章程此项授权的相关规定无效。[2]

在 Stokes v. Continental Trust Co. 一案中,法院认为,原告斯托克斯(Stokes)作为国内公司的一名股东有权按照公司章程的规定,以其持股比例享有以筹资为目的而不是以公司资产购置或公司合并为目的的认购发行新股的一项固有权利,虽然他可以放弃此项权利,但未经其同意,此项权利不能被剥夺。[3]

通过上述三个典型判例的简要梳理,公司制度意义上的股东固有权的内涵与规则逐渐变得清晰:公司股东会以资本多数决通过决议,对被视为股东间"契约"的公司章程的相关条款进行修改或变更,如剥夺或限制其他股东基于公司章程而产生的固有权利,除非获得该股东的同意或全体股东一致同意,否则此项决议应归于无效。诚如学者所言,自资本多数决原则成为公司股东(大)会的议事规则以来,美国业界对多数决抱有疑虑,他们担心控制股东借此压迫少数股东,这反映在判例法中就是对于章程的重大修改,须经股东的一致同意。[4] 也正是在此意义上,股东固有权具有衡平公司内部股东

---

〔1〕 Bechtold v. Coleman Realty Co., 367 Pa. 208, 214, (79 A.2d 661, 664, 1951).

〔2〕 34 Del. 81, 87, 143A. 257, 259(1926).

〔3〕 Stokes v. Continental Trust Co., of city of New York, 186 N.Y. 285, 78 N.E. 1090(1906).

〔4〕 参见罗培新:《公司法的合同解释》,北京大学出版社 2004 年版,第 340 页。

之间的利益特别是制衡控制股东滥用资本多数决侵害少数股东权利的功能。前述我国的周岩(化名)诉大丰市丰鹿建材有限公司股东权纠纷一案,叶某、葛某诉平湖伟峰科技有限责任公司股东会决议效力纠纷一案,以及滕某诉常熟市建发医药有限公司股东权一案,法院均是在此意义上以原告的股东固有权受到侵害而对其实施司法救济的。透过美国判例法规则不难发现,股东固有权具有以下典型特征。

其一,股东固有权源自被视为股东间“契约”的公司章程。美国股东固有权判例规则的特征之一是,股东固有权均由作为“契约”的公司章程而设定。在其形成早期,公司特许状被视为州政府与公司之间不得随意变更的、私人之间的契约,这无疑促进了公司自治程度的不断提高、行政权利对公司内部事务干预的减少。之后,通过裁判实践逐步把视角转向公司内部,开始把公司章程视为公司股东之间的契约,股东之间的权利、义务安排均由该“契约”作出规定。这样一来我们可以说,股东固有权系股东基于缔结“契约”而生成的权利。

其二,股东固有权的具体内容可以由公司各当事方之间的“契约”约定。既然股东固有权系基于“契约”约定而生成,那么公司各股东之间可以通过契约的约定,自由地设定彼此间的各项权利、义务,并通过这些权利、义务的安排,促进股东自身权益的实现。由此可见,通过契约化的形成机制,可以将股东的各项权益特别是视为个体(股东)的自然权利转化为受到司法保护的各项股东权益。这样,股东的权利范围就由自然权利空间扩大至意定权利空间。

其三,股东固有权具有制衡多数决滥用的功能。如果将公司章程视为股东之间的契约,那么基于契约而设定的股东彼此间的权利、义务,就不应随意受到更改、剥夺,或者即使可以根据公司灵活经营的需要作出变更,也需要股东一致同意或由权利受到影响的股东同意,只有这样方符合契约程式的基本要求,否则股东投资于公司实现财富增值的基本目的就会落空。而股东固有权基于契约约定而生,又基于契约约定可更改、放弃的特征,恰好可以用以制衡控制股东的资本多数决滥用,因为后者常常凭借多数决的便利,侵害少数股东的权利。

其四,股东固有权以"一致同意"作为否认资本多数决滥用的正当性理由。资本多数决原则以其高效的比较优势成为世界各国现代公司制度中股东(大)会议事规则的基石。但如何在保持公司高效决策的同时合理制衡多数决滥用,实现少数股东的合理保护一直是业界颇为棘手的问题。而股东固有权的"契约"程式的基本要求是,以股东间一致同意或利益受损股东同意作为对股东权利、义务发生变更的前提。这样,股东固有权生成的契约化安排能够为其制衡多数决滥用、否认股东(大)会效力提供有效的法理支撑。

需要说明的是,上述美国判例法实践所形成的股东固有权规则与我国现有的股东固有权案例虽然均被运用于制衡多数决滥用,但于前者相比,后者存在以下不同之处:国内的裁判实践未将股东固有权置于股东间契约的框架内对其进行考量,忽略了股东之间基于"契约"对股东权利作出的自治性安排,造成公司股东的各项权利仅囿于法定的狭小范围内而无法扩大至法定股东权以外的意定权利,也就无法为股东固有权制衡多数决滥用提供妥当性说明。故而难以实现对股东利益的周全保护。

至此,本书拟对股东固有权作出初步的定义,即股东固有权,系基于公司契约约定而形成的、不受剥夺或限制的股东权利。当然,在本章及以后各章中的相关论述将会说明,这种定义既是对其内涵的揭示,也是为了行文及理解上的便利。

(二)对股东固有权判例规则的思考

通过对美国股东固有权相关判例的梳理及其规则产生原因的分析说明,似乎已经达到追根溯源且获得了对股东固有权内涵正确认知的目的。然而,当我们以更开阔的视野对美国股东固有权判例规则进一步审视和追问的时候,就会发现关于股东固有权的深层次、根本性问题仍然需要在理论上进一步探讨。这些问题主要包括以下几个方面。

其一,如何理解产生股东固有权"契约"的性质与意义。诚如前文分析的那样,股东固有权经早期 Dartmouth College 判例的发轫到一系列判例的形成,法院在相关判决中所采用的基本思路是,将特许状及公司章程视为相关当事方之间的契约,并在这些“契约”的框架内思考、实现对权益(可能)遭受损失的股东实施司法救济。但随之而来的问题是,这种契约是否能为实然法层面的真实契约而赋予当事方可强制执行的权利、义务?如果不是,那又如何对此类“契约”的性质作出合理的解释,这些契约与真实契约的区别有哪些,将其视为契约究竟有何种意义?

其二,如何确定产生股东固有权的“契约”的种类范围以及契约效力。股东固有权是基于契约而产生的一种权利,这种契约是否仅仅包括公司特许状及公司章程这两种形式?如果不是,能够产生股东固有权的契约,或者说能够产生相同效果的契约形式有哪些?这些不同形式的契约能否约定法定股东权利范围以外的权利、义务;这些不同形式的契约所确定的权利、义务是否具有不同的法律约束力。

其三,如何理解股东固有权的性质,以及“契约”对股东权利的自治约定与法定股东权利之间的关系。股东固有权是基于契约而产生的权利,那么如何正确看待这些权利与公司制度中法定股东权利之间的关系;除了股东之间基于契约自由约定的权利外,基于立法的规定而形成的股东权利能否产生股东固有权,其具有什么样的属性,又呈现何种形态。

其四,股东对“契约”的一致同意与多数决原则之间的冲突如何协调。股东固有权判例规则中“契约”约定的权利需要作出变更、剥夺,须经股东一致同意或权利受到侵害的股东同意,这种同意是否如真实的契约那样,需要作出实际的意思表示,这种意思表示是事先表示还是事后追认抑或适用其他机制;契约上的一致同意与公司制度中的多数决原则如何协调,以何种标准判断是否存在多数决滥用,是否可以适用契约上的一致同意规则来否认多数决的效力。

显然,对上述问题的不同理论阐释与回应,不仅关系到如何理解股东固有权的权利性质,以及将自然权利转化为意定权利的各种具体权利形态,而且关系到这些权益受到侵害后如何选择合适的救济路径,以及提供何种救济措施，甚至更关系到股东固有权理论自身是否具有存在的价值。[1]

事实上，20 世纪 70 年代，美国芝加哥大学经济分析法学派开始崛起。该学派所秉承的理论被称为法经济学理论，又被称为公司契约论。根据该理论，公司系各参与人之间设定权利和义务关系的明示和默示契约所组成的契约网，公司法的主要作用就在于减少契约机制的交易成本。[2] 换句话说，公司契约理论主要内容正是以不同形态的契约为视角，对包含股东权利在内的诸多问题展开法律分析。这样一来，上文所述及的产生股东固有权"契约"的性质、种类及其效力、契约的一致同意与多数决原则之间的冲突协调等问题，都可以在公司契约理论的框架内展开深入的分析。显然，以公司契约论为基础对股东固有权进行解释、说明，有助于对股东固有权上述问题形成较为理性的认知。

具体而言，股东固有权的判例规则与公司契约理论在基本理念、价值取向、分析方法等方面具有高度的一致性，这就决定了公司契约论对股东固有权进行理论解释的妥当性：其一，在基本理念上，公司契约论以自由主义经济为圭臬，主张减少政府的干预，通过司法性质的契约解决公司问题；而股东固有权的判例在形成之初便具有与政府机构博弈、反对政府立法对公司经营事务不正当干预并主张公司自治的鲜明特征；股东固有权诸多判例亦说明其形成本身即为股东间契约自治的产物。其二，在价值取向上，公司契约论以降低交易成本特别是降低公司内部各种代理成本，提高公司效率，实现公司整体利益最大化为目标；而股东固有权则是以如何制衡控制股东对少数股东的多数决滥用、维护少数股东利益为目标，亦即，后者具有同样的降低控制股东对少数股东的代理成本为诉求的目标。其三，在分析方法上，公司契约论主

---

〔1〕 有观点认为，股东固有权系实定法对股东权利进行设定的产物，它无法使公司适应复杂多变的市场环境，亦无法对公司内部各当事方的权利作出合理、妥当的安排，因此股东固有权是刚性的、僵硬的。参见罗培新：《公司法的合同解释》，北京大学出版社 2004 年版，第 340 ~ 346 页。另外，国外亦有学者对股东固有权的兴起与衰败进行了分析。本书认为，这些问题取决于如何理解不同时代所赋予的股东固有权内涵。请参见 Hovenkamp, *The Classical Corporation in Amercian Legal Thought*, 76 Georgetown Law Journal, p. 1601 – 1627(1988)。

〔2〕 参见黄辉：《现代公司法比较研究——国际经验及对中国的启示》（第 2 版），清华大学出版社 2020 年版，第 15 ~ 17 页。

张公司为一系列契约的联结，不但对契约的种类作出解释，而且对公司内部各当事方进行契约化的权利、义务配置；而股东固有权则强调，公司股东之间基于契约而形成的权利、义务，未经股东一致同意，不受剥夺或限制。

鉴于两者相同的公司契约视角，以及在基本理念、价值取向、分析方法上的趋同性，本书认为，直接以公司契约论的理论观点对股东固有权进行解释、分析具有合理性与可行性。当然，公司契约理论自身可能存在不足，对于这些问题，我们应秉持客观的态度对其予以扬弃。

第二节　股东固有权的理论解释

理论的价值首先在于对客观现实的解释，使得纷乱复杂的现象能够为我们所体察和认知……唯其如此，理论才能发挥规范客观现实的功能。公司契约理论的生命力取决于其解释现实的能力，而这种解释力又决定了该理论规范现实功能的强弱。[1] 因此，欲以公司契约论对股东固有权的基本理论问题作出妥当性解释，需要首先对公司契约论自身的发展脉络、基本观点进行梳理与说明，然后以公司契约论的视角，对股东固有权的相关问题展开分析，进而获得对股东固有权相关问题较为合理的认知。

一、公司契约理论的解读

公司契约理论是一个内容丰富且庞大的理论体系，因而在对其进行梳理与阐释时应当有助于对股东固有权上文述及问题的解读，从而有所侧重与选择。循此思路，笔者按照学界的一般理解，将公司契约理论分为前后相继的两个发展阶段，即新古典经济学视角下的公司契约理论和关系契约视角下的公司契约理论。同时基于行文的需要，对于前者本书称为公司新古典契约理论，对于后者则称为公司关系契约理论。

---

〔1〕 参见蔡立东：《公司自治论》，北京大学出版社 2006 年版，第 61 页。

(一)公司新古典契约理论

美国新制度经济学的奠基者科斯(Coase),在其公司契约理论开山之作《企业的性质》一文中指出,公司系市场价格机制的代替物,为一种契约的形式;通过公司这种契约的形式,允许权威调配资源,能够起到节约交易成本的功效。[1] 之后,随着其《社会成本问题》的发表,科斯主张的公司契约理论在经济学界、法学界逐渐受到广泛关注。一批新古典经济学学者,如阿尔钦(Alchian)、德姆塞茨(Demsetz)、詹森(Jensen)、麦克林(Meckling)等人,沿着科斯对公司契约的分析路径,以公司契约能够节约交易成本为立论基础,审视公司内部的各种关系,发展并完善了公司契约理论。[2]

1. 公司新古典契约理论的内容

公司新古典契约理论主张,公司为一系列书面或口头的、明确或暗含的契约的联合(nexus of contracts)。这些契约包括公司与原料及服务的供应者签订的供应契约,与人力资源提供者签订的雇佣契约,与银行等资本供应者签订的借贷契约,以及与商品或服务购买者签订的销售契约。[3] 公司契约理论主要分为两个学派,即委托代理学派与新制度经济学派。前者主要关注企业内部的结构及各种代理关系与成本;而后者则将研究重心放在契约与市场的关系上,即公司出现是因为其通过内部权威的资源调配可以节约交易成本,而市场与公司的边界就在于何者的交易成本更低。[4]

委托代理学派的学者们仍沿用既有的研究范式,秉承市场充分竞争、市场主体各当事方为理性人的基本假设,他们可以平等地享有充分的信息而且是在私利的驱使下实现个体利益最大化为目标。在他们看来,公司契约与市场中的一般契约并无本质的区别,只有通过最优的合约安排降低企业内部的

---

〔1〕 参见[美]罗纳德·H.科斯:《企业、市场与法律》,盛洪、陈郁译校,格致出版社2014年版,第37~40页。

〔2〕 交易成本,是指在市场主体进行交易过程中,获取交易信息、寻找交易对象、协商契约条款、契约的签订以及契约的履行或执行等一系列因交易而发生的成本。参见张维迎:《理解公司——产权、激励与治理》,上海人民出版社2014年版,第151~152页。

〔3〕 See Jensen & Meckling, *Theory of the Firm: Managerial Behavior, Agency Costs and Ownership Struture*, Journal of Financial Economics, p. 305-360(1976).

〔4〕 参见张维迎:《企业的企业家——契约理论》,上海人民出版社2015年版,第24页。

各种代理成本，才能实现公司盈利目标的最大化。[1] 新制度经济学派则对公司内契约有了较为深刻的理解。代表人物科斯认为，市场与公司均为资源的配置手段，但两者有明确的区分，市场主要是依靠价格机制实现对资源的调节，而公司则通过内部的权威实现对资源的分配。企业之所以出现，在于其能够减少市场分散定价的交易数量，进而减少交易费用。[2] 科斯的学生张五常(Cheung)则在此观点上更进一步指出市场与公司均为契约安排的形式，只不过市场的交易对象是一般的产品或者商品，而公司交易的对象则是生产要素(资本、劳动力等)。公司用要素市场代替产品或商品市场是因为前者比后者更有效率。[3]

总之，公司新古典契约理论的主要观点是：与市场中的契约相比，公司契约具有以下典型的特征，而这些特征使得公司较市场交易而言更富有效率，因此使得公司的存在具有合理性。

首先，公司契约在期限上与市场契约不同，公司契约属于长期契约而市场契约多属于短期契约。是否为长期契约不是以契约本身期限设定的长短为标准的，而是以契约所设定的权利、义务行使与履行之间的间隔为标准的。市场中的契约，因为大多数能够及时结清，钱货两讫，因而相较于公司契约而言属于短期契约；而公司契约则不然，公司中的契约，如前面所提到的借贷契约、原材料或服务的供应契约等，因其设定的权利、义务的行使与履行的时间间隔较长，故而属于长期契约。[4]

其次，公司契约在内容的完备程度上与市场契约不同，公司契约属于不完全契约而市场契约多属于完全契约。契约是否为完全契约取决于其内容的完备程度，即契约当事方能否就未来可能会出现的各种状况，以及每种状况下当事方的权利、义务及这些权利、义务的切实履行等条款作出周全的约定。如果能够对这些条款作出约定则为完全契约，反之则属于不完全契约。

〔1〕 参见罗培新：《公司法的合同解释》，北京大学出版社2004年版，第24页。

〔2〕 参见张维迎：《企业的企业家——契约理论》，上海人民出版社2015年版，第24页。

〔3〕 参见张维迎：《理解公司——产权、激励与治理》，上海人民出版社2014年版，第139页。

〔4〕 参见张维迎：《理解公司——产权、激励与治理》，上海人民出版社2014年版，第141～142页。

基于未来的不确定性,契约当事方很难对所有状况作出预测,或者即使能够作出预测,签约也需要付出高昂的协商谈判成本,就此而言,契约总是不完全的,因此完全契约或不完全契约的划分也总是相对而言的。相较于能够对权利、义务条款作出较为全面约定的短期契约而言,公司契约属于长期契约,契约各当事方很难就未来可能会出现的状况以及彼此间的权利作出全面、具体的约定,所以公司契约属于不完全契约。

最后,公司契约的执行机制与市场契约不同,公司契约存在科层制或者权威的契约执行机制,而市场契约主要依靠独立的第三方机构执行契约。市场契约因不存在公司内部的科层制,契约的执行是通过合约当事方之间的友好协商或者独立的第三方(如法院或仲裁机构)的裁判强制实施的。而公司契约则不然,公司契约通过公司内部的科层制或权威传达公司科层等级较高者的决策,推动契约的实际执行,从而实现对资源的有效配置。

那么,公司契约的长期性、不完全性,科层制的执行机制的特征如何使公司变得更有效率呢?这主要是因为公司契约可以大大降低契约的签署数量。在市场契约条件下,各个主体之间为达到生产或服务的目的,需以一个主体为中心,与其他契约主体一一签订合约,需要签署的契约数量用公式表示就是:$N(N-1)/2$。在现代化大生产的背景下,众多复杂产品的制造需要多重工序,这也就意味着要签署大量的契约才能满足需求。而在公司契约条件下,仅需要以公司为核心签约主体,分别与相关主体签署契约,此时的签约数量用公式表示是 $N-1$。这样就可以大大减少签约数量,降低交易成本。[1]

而契约的不完全性可以使各当事方仅就能够预料的状况达成一致,其他事项则留待将来根据客观情形作出进一步约定。其潜在的合理性在于,既然人们对未来客观状况难以作出预测或者即使能够作出预测,对契约条款约定时也会耗费高昂的缔约成本,倒不如保持其不完全性,将未能预见的事项根

---

〔1〕 参见张维迎:《理解公司——产权、激励与治理》,上海人民出版社2014年版,第140~152页。

据不断发展、变化的客观状况待时机成熟时再行约定，从而有利于降低交易成本。

公司的科层制亦降低了对各类资源特别是对人力资源调配的执行成本。公司在与人力资源的持有者——劳动者签订雇佣契约时，一般并不直接约定具体的工作内容，而是通过工作岗位大致划定一个业务执行的范围，并在该业务范围内以公司的科层制组织或权威传达对雇员的命令与决策，不但节约了公司契约的执行成本，而且减少了公司与劳动者之间在签订雇佣契约时，就具体工作内容的协商成本。

同时，新制度经济学还提出以界定产权的方式，解决外部性问题的方案，这就是著名的科斯定律。〔1〕该定律指出，在交易成本为零或交易成本很低时，只要对产权进行界定，无论将产权界定给哪一方，外部性问题即可以通过当事方的谈判予以解决。〔2〕科斯定律为契约各当事方，特别是公司契约当事方自由缔结彼此间的契约提供了有力的制度支撑。

2. 公司新古典契约理论的成就

总体而言，公司新古典契约论以经济学的理论为方法，审视公司本身及公司内部，指出了公司的契约属性，论证了公司具有降低交易成本、提高资源配置效率的功能，为公司的效率目标——公司整体利益最大化奠定了基础。具体而言，新古典经济学的公司契约理论的成就主要在于以下几个方面。

把经济学中的帕累托效率标准引入公司内部，〔3〕探讨如何设定合理的条款，使公司内部合约各方在获得自身预期收益的同时，又能够有效避免、减少其“怠惰”行为，以降低代理成本。〔4〕沿袭经济学的思维方式，当代西方多

〔1〕外部性是指某种行为会给交易双方之外的第三人带来受益或受损的影响，但此种受益或受损却未能得到相应的奖励或惩罚的状态。其中，前者称为正外部性，而后者称为负外部性。参见张维迎：《经济学原理》，西北大学出版社 2015 年版，第 302 页。

〔2〕参见张维迎：《经济学原理》，西北大学出版社 2015 年版，第 306 页。

〔3〕帕累托效率标准又称帕累托最优，是一种资源配置或社会制度的状态。在该状态下，一个人的处境变好的同时，没有其他人的处境因此而变差。但很多状态难以满足帕累托标准，因而，只能退而求其次采用卡尔多—希克斯标准，即如果存在一种状态，受益者的所得可以弥补受损者的损失，则此状态就可以称为卡尔多—希克斯改进。参见张维迎：《博弈与社会》，北京大学出版社 2013 年版，第 24 ~ 26 页。

〔4〕参见罗培新：《公司法的合同解释》，北京大学出版社 2004 年版，第 24 页。

数公司法学者多以如何有效降低代理成本为导向剖析公司内部的三种关系，即控制股东与少数股东关系，公司(全体股东)与管理层之间的关系，公司(全体股东)与债权人的关系。

公司新古典理论并不否认公司法律制度的作用，而是认为，在公司契约当事方自由缔结契约的前提下，可以将公司法律制度视为公司当事方之间契约的"标准条款"直接加以适用；在公司契约当事方出于各种原因，未能就相互间的权利、义务进行约定，或者即使能够约定，但谈判成本过高时，公司制度这种标准契约条款又能够发挥其查漏补缺的作用。换句话说，对公司的相关法律制度，都可以作为"默示条款"，纳入形态各异的公司契约之中。[1]

新制度经济学一改解决外部性问题的传统方法，提出以产权界定的方式解决契约外部性的问题，即科斯定律，从而为公司各当事方之间自由地缔结契约扫清了理论障碍。契约当事方出于自身利益最大化的考量，往往存在忽略甚至恶意损害第三方利益的情形，这就是契约的负外部性问题(在学界称为契约的涉他性)。公司契约的各当事方亦会出现此种情形。对于负外部性可以通过产权界定的方式解决。

该定律在实践中的典型例证是，因为英美法"刺破公司面纱"制度的存在，在出现公司内部各契约当事方即股东之间作出合约安排，存在故意损害公司债权人利益时，该制度将提起解开公司面纱诉讼的权利配置给债权人(将产权界定给债权人)，债权人借此可请求公司股东以个人财产对其损失承担赔偿责任。在此情形下，公司(全体股东)可以与管理层通过公司章程的方式授权董事会，其根据公司经营需要灵活确定公司的资本额，并自觉推行资本确定、资本维持与资本不变三项原则。"刺破公司面纱"的制度安排，说明通过产权界定能够较好地解决公司契约的负外部性问题。

3. 公司新古典契约理论的不足

在肯定公司新古典契约理论贡献的同时，我们也应该意识到，该理论在对公司本身及公司内部各种关系进行阐释与分析时，存在解释力不足的问

---

〔1〕 参见罗培新：《公司法的合同解释》，北京大学出版社 2004 年版，第 57 页。

题,因此公司新古典契约理论亦受到了学界的批评。

按照科斯的观点,市场通过价格机制来实现资源的配置,而公司则按照其内部组织的权威实现资源配置。公司本身具有通过减少市场契约的谈判次数与签约数量,并依靠组织内部独有的合约执行机制——科层制的权威降低交易成本的功能。正因其具有此等功能,所以公司得以产生。法国著名社会学家杜尔凯姆早期曾提出,在对某种社会现象进行解释时,应将引起该现象的原因与其所具有的功能进行区分。但新古典经济学公司契约论存在的严重缺陷就在于:以公司所具有的功能解释公司得以产生的原因,这就在方法论上出现了不合逻辑的目的论错误。[1] 其实,马克思主义的唯物史观表明,公司作为一种生产、服务组织,是人类社会分工的产物,是社会自然发展与进化的必然结果。因此,公司并非因为具有替代市场的功能就能"凭空"出现,它仍然是社会分工发展到一定阶段的必然产物。

公司新古典契约论以充分竞争的市场、主体之间信息对称及其平等的谈判能力等假定为前提,然而理论上的预设与客观现实却相去甚远。在互联网、大数据时代背景下以及全球经济快速发展的今天,在商业领域中的诸多弊端日益显现出来。这主要体现为契约主体之间的不平等性与信息的非对称性。不平等性不仅存在于传统契约法所关注的市场主体之间、商事组织与个体之间,而且体现在经济实力悬殊的各种组织内部,公司内部的科层组织以及对生产要素调配的决策权威的存在即是谈判能力不平等及信息偏在的例证。在此情形下,处于弱势的当事方在缔结契约时,只能在全部接受对方提出的条件或不订立契约之间进行选择,契约已沦为一方利用其经济优势对另一方的压迫;而信息的非对称性不但使缺乏分析能力的股东成为不公平契约条款的受害者,而且还使得拥有信息优势的股东采取有利于自身的机会主义行为,诱发股东的道德风险。[2]

同时,公司新古典契约论将公司本身及公司内部关系理解为一系列契约

[1] 参见罗培新:《公司法的合同解释》,北京大学出版社2004年版,第29~30页。

[2] 参见蔡立东:《公司自治论》,北京大学出版社2006年版,第64~65页。

的联结,存在解释力不足的问题。公司新古典契约理论中的委托代理学派仍以传统的孤立、个别的契约视角审视公司自身以及公司内部关系,就使得公司内部的一些关系,如股东之间的关系、公司(作为统一整体的全体股东)与管理层之间的关系难以纳入公司契约理论分析与探讨的视域范围。如何有效平衡控制股东与少数股东之间的利益关系正是公司法理论近年来持续关注的重点,各国公司制度亦秉承不同的理念与方法论,就如何促进公司整体利益实现与少数股东权益维护之间作出了不同的价值判断。在此背景下,关于股东之间的契约关系的理论解释与客观认知成为解开股东固有权诸多疑问的关键所在。同时,该理论中的制度经济学派虽然以公司契约的长期性与不完全性揭示了公司内部关系的特征,但由于公司新古典契约理论难以将契约关系真正深入公司内部,特别是股东之间、股东与管理层等各契约当事方之间,公司契约论的理论价值与意义无法充分、有效地发挥出来。

在很大程度上,公司新古典契约理论所遭遇的困境,是新古典契约所秉持的契约观在当代社会实践中所面临的困境的一个缩影。而对新古典契约理论局限性的克服,则是由美国著名契约法学者麦克尼尔的关系契约理论实现的。

(二)公司关系契约理论

公司关系契约理论继承了新古典契约理论的公司契约观及公司契约系长期契约、不完全契约等观点的合理因素,同时以关系契约观替代个别、孤立的新古典契约,以关系契约学说解释现代商业社会,第一次将契约的视角真正深入公司内部,如公司股东之间、公司与管理层之间。公司关系契约理论是对新古典契约理论的扬弃,它使得公司契约理论趋向成熟与完善,对美国产生重大影响,并体现在其公司法及相关经济政策中。[1]

1. 麦克尼尔的关系契约学说

麦克尼尔曾就读于美国哈佛大学法学院,师承著名契约法学家福勒

---

〔1〕 参见黄辉:《现代公司法比较研究——国际经验及其对中国的启示》(第2版),清华大学出版社2020年版,第17页。

(Fuller)。之后,其先后在弗吉尼亚大学等多所高校开设契约法课程。《新社会契约论》是其应邀在美国西北大学开设相关讲座时的作品。彼时,学者麦考来(Macaulay)对非契约关系及其实证数据的探究以及吉尔莫(Gilmore)《契约的死亡》一书的出版,使得传统的契约法在经济社会遭遇严重危机,而麦克尼尔的《新社会契约论》可以看作他试图使契约法摆脱这种尴尬困境的一种回应。[1] 可以说,麦克尼尔的关系契约学说对公司契约论的贡献与价值完全是其"无心"之作。

麦克尼尔认为,以美国契约法重述为代表的传统契约法,均以过去的意思表示为核心要素,这使得契约概念过于狭隘,无法满足现实经济社会的实际需要。因此,他从社会学的视角审视契约,强调契约根源的社会关系等基本属性,并对契约的概念进行了理论上的重构,认为契约系"规划未来交换的过程的当事方之间的各种关系"。[2] 这就极大地提升了契约在商业实践中的涵摄能力,使传统的契约法焕发生机。在此基础上,麦克尼尔提出了两种不同的契约形态,个别契约与关系契约。[3] 而关系契约学说的主要观点均在其对契约定义的理解以及个别契约与关系契约的对比中呈现。

公司新古典契约理论秉承的公司为一系列契约的联结的观点,为公司契约理论的发展奠定了基础。但是,新古典契约观以公司契约能够降低缔约成本来解释公司契约的本体存在,同时以传统的契约观分析公司关系,不但存在不合逻辑的目的论错误,而且无法真正将公司契约理念贯彻到公司内部。麦克尼尔的关系契约学说,通过重新界定并解释契约的概念,揭示关系契约具有基于分工与交换所形成的社会关系的属性,把公司组织视为关系性契约的典型——不但公司本身为契约的主体,而且公司还是契约关系体。这样,关系契约学说就将传统契约法理论中未曾包含或排除在外的契约形式,如公

---

〔1〕 参见[美]Lan R. 麦克尼尔:《新社会契约论》,雷喜宁、潘勤译,中国政法大学出版社2004年版,第1页。

〔2〕 参见[美]Lan R. 麦克尼尔:《新社会契约论》,雷喜宁、潘勤译,中国政法大学出版社2004年版,第4页。

〔3〕 参见[美]Lan R. 麦克尼尔:《新社会契约论》,雷喜宁、潘勤译,中国政法大学出版社2004年版,第3页。

司法、婚姻法、劳动法中的契约关系重新纳入契约法的视域,并在理论上予以整合并统一说明。关系契约学说为我们揭示了公司契约存在的客观性,即公司契约系复杂的社会关系契约的组成部分,是为满足商业社会诸多交易类型的经济理性需求而出现的法律形态,它本身可以用效益予以说明。[1] 关系契约学说的契约为"未来交换过程的社会关系"以及"公司系契约关系体"的主张,并第一次真正将公司契约关系深入公司内部各方当事人之间,如股东之间、公司与管理层之间,从而克服了新古典契约以孤立、个别的契约视角审视公司本身,以及将公司内部关系排除在契约关系之外的局限性。

同时,关系契约学说本身尚具有超越经济合理性的价值。麦克尼尔一贯强调契约的相互性并反对绝对的利己主义行为,其深层的法理在于:人的主体性既有选择的自由与能力,也有对选择客体的自觉与反思……这种使人摆脱孤立的主体性只有在一起营造的共同体中方能获得陶冶……因而主体的意思是自由只能在一定的情形下方可实现。[2] 这些契约团结的观念告诉我们,在被视为关系契约的公司内部的科层制与权威力量的存在以及信息的非对称性中,虽然在某种程度上与主体平等、契约自由相背离,但是身处"未来交换的过程"的关系契约之中,基于公司自身长期的、整体的财富最大化追求,公司契约各当事方的相互依赖及由此而形成的共同体理念会自发地生成克制利己主义、机会主义的理性力量。这样,关系契约理论的超越经济合理性的理念使得公司内部的科层制与权威力量的存在和主体平等、契约自由之间的理念冲突,在超越经济合理性仅仅从单个契约主体思考其利益最大化目标在统一体的层面上获得了妥当性解释。

2. 关系契约学说对公司契约理论的贡献

正如前文所述,麦克尼尔的关系契约学说以社会关系的视角,揭示了经济社会中的关系契约与新古典契约的种种不同,将公司本身涵摄其中并赋予

---

〔1〕 参见[美]Lan R. 麦克尼尔:《新社会契约论》,雷喜宁、潘勤译,中国政法大学出版社 2004 年版,第 10 页。

〔2〕 参见[美]Lan R. 麦克尼尔:《新社会契约论》,雷喜宁、潘勤译,中国政法大学出版社 2004 年版,第 10 页。

其超越经济理性的共同体理念。它不但丰富了公司契约理论的内容,而且使公司契约理论日趋成熟与完善。但关系契约学说对公司契约理论的意义并非仅限于对新古典契约观缺陷的克服,在笔者看来,关系契约学说对公司契约理论的贡献主要表现为以下几个方面。

关系契约学说的首要贡献在于,提出了包括公司契约在内的关系性契约并基于当事方非承诺所产生的利益。公司新古典契约理论将公司契约与市场契约作了区分,明确提出了公司契约的长期性、不完全性特征。麦克尼尔的关系契约观吸收了公司新古典契约理论的合理成分,并在关系契约的理论框架范围内,探究公司契约各当事方的合理诉求。总体而言,但凡有契约,必有某种利益涉及其中。例如,在契约法层面的契约中一般即存在互惠性的利益,这并不难理解。即使是政治哲学层面的社会契约,亦有某种利益涉及其中——民众以承认政治权威的合法性来获得对该权威权力的限制。公司契约亦不例外。麦克尼尔意识到包括公司契约在内的关系性契约的利益,将其导师福勒所首创的、契约中的依赖利益、偿还利益与期待利益进行了比较,即认为三者的关键点在利益的承诺上。偿还利益是从作出承诺而致富之后反悔的角度分析的,依赖利益是基于承诺的合理依赖提出的,而期待利益则等同于契约当事方提出的承诺。但是,麦克尼尔并不打算将这三者进行明确、细致地区分,而是打破各自界限,将三者融为一体。麦克尼尔进一步认为,基于关系性契约所产生的利益可以根植于契约的非承诺方面。譬如,一名企业的雇员多年来一直受雇于同一雇主并受到某种程度的优待,他就会自然而然地期待,在退休前的整个雇佣期间均能够享有这种待遇。[1] 换句话说,契约的长期性与不完全性使得处在关系性契约的各当事方之间能够获得有机的团结,并基于承诺甚至是非承诺地产生关于未来的交换过程的预期利益。

关系契约学说对公司契约理论的另一贡献是,分析、论证了公司契约中的非正式契约的形式。麦克尼尔关系契约学说继承了其导师福勒对于关系

---

〔1〕 参见[美]Lan R. 麦克尼尔:《新社会契约论》,雷喜宁、潘勤译,中国政法大学出版社2004年版,第48~50页。

性契约的下意识假设:一位心不在焉的教授一边看着书,一边从办公室出来向大厅走去,他会下意识地想到,通向大厅的走廊依然如故,故而不必对此费心思量。[1] 正是关系性契约中关于未来交换的计划的非全面性(不完全契约)促成了潜意识的形成,不完全契约的当事方出于对这种关系性(如事先约定的客观情形,经年累月形成的风俗习惯或商业惯例)契约的依赖或者信赖,已经觉得没有必要将自然而然存在的契约条款通过书面甚至是口头的方式予以表现,而个别性交易是缺乏这种随处可见的潜意识的。因此,契约的形态逐步从个别性交易需缔结正式契约的阶段,发展到关系性交易下的正式契约与大量非正式契约并存的阶段。通过对非正式契约类型的诠释,能够规范公司契约各当事方行为的契约种类,除了公司契约的约定、作为公司法律制度的"标准条款"外,还包括由长期历史演化而来的文化、社会习惯、商业惯例等形成的行为规范。[2] 这样一来,以习惯、商业惯例、口头约定,甚至是潜意识下的行为为表现形式的非正式契约,亦被纳入公司契约的范围,为公司契约当事方的自然权利转化为约定权利,进而为其制度上的保护提供了法理支撑。

关系契约学说的贡献还在于,进一步揭示了长期契约、不完全契约的"刻意留白"的即时性磋商的特征。前文已述及,由于签署条款完备契约的成本十分高昂,因此,各当事方在商业交易中往往将契约未及协商或"遗漏"之处留待客观情形变化时或发生时再行约定。但这种"刻意留白"在日益复杂的现代商事社会中具有重要意义,即持续性关系契约可以促进当事方的有机团结,这促使他们在实践中采用将许多契约条款暂时搁置一旁,留待商业实践的客观需要再进行临机性调整的普遍性做法。[3] 换句话说,关系性契约的有机团结性使得公司契约的缔结具有即时性,即契约内容具有适时磋商、灵活变更以适应商业社会实践诸多不确定性因素的特征。公司契约这种"刻意

---

〔1〕 参见[美]Lan R. 麦克尼尔:《新社会契约论》,雷喜宁、潘勤译,中国政法大学出版社 2004 年版,第 23 页。

〔2〕 参见张维迎:《理解公司——产权、激励与治理》,上海人民出版社 2014 年版,第 288 页。

〔3〕 参见[美]Lan R. 麦克尼尔:《新社会契约论》,雷喜宁、潘勤译,中国政法大学出版社 2004 年版,第 3 页。

留白”的磋商机制,可以对股东之间缔结的典型的不完全公司契约——公司章程的制定与修改进行解释与说明。

如果说公司新古典契约理论是从有降级交易成本功能的视角审视公司制度的话,那么,公司关系契约理论则通过关系契约的视角剖析公司内部关系,真正把公司制度——公司本身、公司内部股东之间、公司与管理层之间、管理层与员工之间的关系纳入契约的考察视域。

通过对公司新古典契约理论、关系契约理论各自的思想脉络、核心观点、理论贡献及潜在的不足进行简要梳理,我们可能已经获得了对公司契约论的整体性认知。但是在对股东固有权进行理论解释前,首先需要解决的是,如何看待公司契约论的本质。这是因为,只有获得对公司契约论的洞悉,才能以其为基础对股东固有权的相关问题作出较为合理的解释。

二、公司契约论的本质与价值

前文已述及,公司契约理论具有对公司本身以及公司内部股东权利、义务关系进行妥当性解释与评价的功能。但是,该功能在多大程度上得以发挥,取决于对公司契约理论自身的不同理解。亦即,公司契约论在本质上究竟是一种理解公司的方法论还是对公司本质的揭示。对此问题不同的回答,将直接决定公司契约理论解释公司、指导公司立法与司法的广度与深度。

(一)公司契约理论的方法论本质

季卫东教授在《关系契约论的启示》一文中,对麦克尼尔的关系契约理论赞誉有加。他在对科斯的公司契约理论能够降低交易成本的法经济学观点与关系契约理论中的公司本身系“契约关系体”的观点进行比较分析时,明确提出了关系契约理论是可以与企业组织方式放在一起讨论的观点。[1]

也许是受到此种观点的启发,公司法学界有学者以麦克尼尔的关系契约观为基础,认为公司的本质为公司各当事方之间的契约。[2] 也有学者以科

〔1〕 参见[美]Lan R. 麦克尼尔:《新社会契约论》,雷喜宁、潘勤译,中国政法大学出版社 2004 年版,第9页。

〔2〕 参见蔡立东:《公司自治论》,北京大学出版社 2006 年版,第57~84页。

斯为代表的新古典契约观为基础,主张公司被理解为公司各当事方约定权利、义务关系的明示或默示契约的组合体,因此,公司的本质系契约。[1] 与上述观点截然不同,有学者在对公司契约理论进行诠释时,认为其仅对公司提供了一种契约视角的解说,远没有构成对公司本质的追问。[2] 在该学者看来,公司契约理论更多的是一种帮助我们理解公司、解释公司的方法论。

上述学者不同的观点表明,不同学者基于不同的时代主题,采用不同的研究方法,秉承不同的学术立场,就会对公司的本质产生不同的理解。笔者认为,与目前关于公司的本质的其他各种学说(如法人拟制说理论、法人实在说理论)相比,将公司的本质归结为契约具有相当程度的合理性。

公司的奠基性制度——有限责任的立法确立,正是早期英国商业实践中公司各当事方以契约方式对股东责任进行限制逐步演化的产物。在有限责任制度确定以前,公司股东为了降低其自身的投资风险,往往以"财产授予契约"或公司章程的形式对外标明其承担有限责任的事实。而经营各类保险业务的保险公司更是积极与交易相对方通过契约的方式限制其经营风险。这些对股东责任进行限制的契约约定在商业实践中日积月累,最终促使1855年《英国有限公司法》的出台。[3] 有限责任制度顺应了投资者的意愿与社会经济发展的历史趋势,遂为世界各国公司制度逐步沿袭、继受。《英国有限公司法》吸纳契约约定而形成的商业惯例以构成公司奠基性制度的客观事实表明,将公司的本质定性为契约具有坚实的公司法史基础。

在现实的公司实践运作中,公司内部确实存在众多实然法层面的真实契约,即契约法或合同法意义上的契约。企业集团为适应激烈的市场竞争,以控制权协议的方式实施内部子公司之间横向联合或纵向联合,这种协议具有明显的契约属性。在有限公司中的股东协议、公司初始章程、股份有限公司的发起人协议等的协商与制定,均已被学界广泛接受为实然法上的契约。即

---

〔1〕 参见黄辉:《现代公司法比较研究:国际经验及对中国的启示》(第2版),清华大学出版社2020年版,第15~17页。

〔2〕 参见罗培新:《公司法的合同解释》,北京大学出版社2004年版,第31页。

〔3〕 参见[英]罗纳德·拉尔夫·费尔摩里:《现代公司法之历史渊源》,虞政平译,法律出版社2004年版,第29页。

使是股份公司上市时制定并公开发布的招股说明书，在性质上亦被视为向广大投资者发出的要约，如果投资者自愿按照招股说明书约定的条件与价格购买股票，即视为对要约的承诺而成为公司的股东。而在许多国家的公司制度中，如《英国2006年公司法》第17条已明确将协议作为公司宪章的组成部分。[1] 同时，公司对以董事为中心的管理层的聘任与委托亦是通过契约关系而建立的。[2] 可以说，仅仅是在公司内部，实然法层面的真实契约便不胜枚举。

将公司本质归结为契约最具说服力的是麦克尼尔所倡导的公司关系契约理论，该理论将关系契约的视角深入公司内部，使公司自身以及其内部各方主体的利益在契约的权利、义务框架内获得解释。亦即，公司关系契约理论以交换的社会关系为基础对契约的内涵进行了重新界定，以“未来的交换的过程”替代实然法层面中的单个或多个“承诺”组成契约的方式，将传统契约法理论并不包含的公司法、劳动法的契约形态容纳关系契约之中，从而使公司的各方利益主体之间的权利、义务可用关系契约进行解释与说明。

尽管将公司的本质归结为契约具备上述诸多理论的合理成分，与其将公司契约理论理解为公司的本质性解读，倒不如将其理解为一种解释、规范公司及其内部关系的方法论。有学者认为，之所以将其视为方法论，是因为该理论存在缺陷，难以对公司以及公司内部关系进行周全的解释。[3] 按照伽达默尔的观点，任何认知都难以做到完全正确，总是存在这样或那样的偏见，但是正是这些偏见激发了人类的求知欲望，从而使这些认知在争议与论辩中逐步完善。[4] 简言之，任何理论都可能存在缺陷，但这些缺陷并未妨碍其对

〔1〕 参见《英国2006年公司法》，葛伟军译，法律出版社2008年版，第10页。

〔2〕 需要说明的是，公司与以董事为中心的管理层之间的契约既有劳动合同性质的雇佣契约，如大多数的公司内部董事的聘任；亦有以财务、法律、管理等以专业技能的服务为内容的聘用契约，如上市公司的独立董事或外部董事的聘任。

〔3〕 对公司契约理论的批判主要有几点：无法以契约解释公司享有的独立人格等特权；将公司各参与方的关系理解为契约，与现实中的组织结构并不完全吻合；反对国家公权力的干预与“安然丑闻”等事件发生后各国加强对公司干预的趋势不符等。具体内容参见黄辉：《现代公司法比较研究：国际经验及对中国的启示》（第2版），清华大学出版社2020年版，第21页。另外，对公司契约理论的批判亦可参见叶林：《公司法研究》，中国人民大学出版社2008年版，第17～19页。对于这些批判，本书会在相关章节予以探讨，并在本书余论部分作出整体性的回应。

〔4〕 参见罗培新：《公司法的合同解释》，北京大学出版社2004年版，第29页。

某种客观实在进行本质性解读或揭示。

笔者认为,将公司契约理论解读为解释公司的方法论,主要是基于公司契约理论中的公司契约与契约法中的真实契约既有相同的因素,又存在诸多相似或不同之处的综合考量的结果,而正是这些相似但不同的因素构成了公司契约理论的方法论基础。

公司契约理论中的契约概念,是以公司参与方承担相关义务与订立真实契约的当事方所承担的契约法义务之间存在相似性为前提的,它与真实契约在性质上并不完全相同。根据契约法的理论,契约在法律上有着明确、严格的术语界定。如英、美契约法学者认为,契约系"两个以上当事人之间具有法律约束力之协议,或由一个以上当事人为一组具有法律拘束力之允诺"[1]。而公司契约则不然,虽然公司内部关系有许多实然法层面的契约,如有限公司股东之间协商一致的股东契约,但无论是新古典契约观中的公司契约还是关系契约观中的公司契约,如本章第二节所述的长期契约、不完全契约、关系契约,甚至是非正式契约等契约形态主要体现为学理上的概念,而非契约法中法定概念。[2]

在契约的内容层面,真实契约的权利、义务是建立在契约当事人之间的自由约定基础之上的,契约法不但对当事人契约约定内容具有条款补充的功能,而且还对契约的订立、效力等问题进行规定。而公司契约中的权利、义务,除部分体现为公司参与方的真实契约约定而受契约法调整外,更多地体现在以公司制度对公司各参与方提供的关于公司设立、运行以及彼此的权利、义务等问题的契约"标准条款"之中。在英、美公司制度中,法院还以判例法的形式让公司参与方承担基于共识、默契等因素而形成的默示契约的权利、义务,只不过这些权利、义务隐含于信任关系形成的特别形态契约——非

---

[1] 杨帧:《英美契约法论》,北京大学出版社 2007 年版,第 1 页。

[2] 非正式契约与正式契约是公司契约理论中的一对概念。前者指经长期的历史演化发展而形成的社会风俗与商业惯例,如当事方之间的默契;后者主要是指由国家颁布的公司法、证券法、劳动法、破产法等适用于所有公司的"标准条款"以及适用于不同公司的公司章程等。当然,这里的"标准条款"应理解为相关制度中的授权性规范及任意性规范。参见张维迎:《理解公司——产权、激励与治理》,上海人民出版社 2014 年版,第 288 ~289 页。

正式契约的条款之中。

在契约的执行层面,一个真实契约对契约当事方应具有契约法上的拘束力,即基于一致约定或允诺所形成的权利、义务在契约法上是能够获得强制执行的。而按照公司契约理论的观点,公司契约多属于不完全契约(如公司章程),公司各当事方或基于应对复杂多变的经营状况,或者无法对未来作出准确的判断,无法对相互间的权利、义务作出具体而明确的约定,因此难以获得契约法上的可执行性,而只能求助公司制度这一契约的标准条款获得权利救济(如英国公司法中的不公平损害救济条款)。在这些标准条款亦未作出明确规定时,部分判例法国家的司法机关,如美国法院通过让不完全契约当事方承担"信义义务"的方式,实现对受损权利的司法救济。

正是看到了真实契约与公司契约的上述区别,当代美国公司契约理论的旗手——伊斯特布鲁克(Fasterbrook)法官与费希尔(Fischel)教授曾坦言,公司中存在各种真实的与非真实的契约。[1] 美国国内秉持该理论的学者更是直言不讳地指出,与其说公司契约理论揭示了公司的本质,倒不如说其提供了一整套如何理解、诠释公司的方法。[2] 一言以蔽之,所谓公司契约理论,就是按照契约的思维方法,倡导减少国家权利的干预,扩大公司自治,鼓励公司各当事方以契约的方式约定彼此的权利、义务关系,或者将契约法以外的、不具有契约法执行效力的其他契约纳入权利、义务的框架范围内,考量各当事方之间利益关系的问题,就是公司契约的方法论。

需要补充说明的是,将公司契约理论视为分析公司及其内部关系、公司制度本身的方法论,可以避免契约法与公司法、证券法、破产法等实然法层面的制度在适用上冲突,避免引发不必要的理论争议。同时,公司契约与真实契约之间的诸多相似之处,恰好便于我们从契约的视角对公司自身及其内部关系、公司制度进行解释与分析,从而获得对这些契约的正确认知并用以指导公司立法、司法裁判以及相关的公司实践。

---

〔1〕 参见[美]弗兰克·伊斯特布鲁克、[美]丹尼尔·费希尔:《公司法的经济结构》,张建伟、罗培新译,北京大学出版社 2005 年版,第 15 页。

〔2〕 参见罗培新:《公司法的合同解释》,北京大学出版社 2004 年版,第 29 页。

（二）公司契约理论的方法论价值

将公司契约理论确定为诠释公司的方法论，就是以私法自治的理念为导向，审视公司自身及其内部各当事方之间的契约权利、义务关系，审视公司自治理念下各当事方自发形成的内部秩序与公司外部秩序之间的良性互动关系；进而分析何种公司契约的权利、义务安排能够降低公司内部的各种代理成本，提高公司运营效率，并在促进公司整体利益最大化的同时，实现公司各当事方的权益受到公平对待与合理保护。

1. 自由与秩序的统合

公司契约理论的自由价值观与私法上的契约自由紧密相连，而作为近代以来西方资本主义国家所倡扬的私法三原则之一的契约自由，曾与私有财产神圣不可侵犯、过错责任一起，对西方现代文明的发展与法治进步起到了巨大的推动作用。在错综复杂的当代商业实践中，由于受到诸如市场主体地位不平等、信息不对称等因素的影响，契约自由在一定程度上受到了限制。但契约自由所蕴含并倡导的司法自治理念，对确立与巩固市场经济在社会资源配置中的基础作用以及与此相适应的私法制度，特别是公司制度的合理建构与逐步完善具有重要的启发与引导作用。

近代经济学开山鼻祖亚当·斯密曾经深刻地指出，当事方最清楚其自身利益之所系，各方协商一致的结果，不仅实现了自身的利益，也促使社会整体利益得以实现。[1] 由于个体身处变动不居的社会之中且拥有不同的禀赋、知识、信息等要素，故而他们适应社会的方式及利益诉求呈现多样化差别。而自由的价值就在于，其能够促进个体在适应快速变化的社会的同时，能够追求各自的利益，并提供契机以确保他们对所拥有的要素能够实现利益最大化的运用及潜能的充分发挥。而正是在个体追求自己的利益的过程中，人与人之间会自然地形成自生自发的内部秩序。就此意义而言，自由不但赋予了

---

〔1〕 参见［美］亚当·斯密：《国民财富的性质与原因的研究》，郭大力、王亚南译，商务印书馆1972年版，第12～16页。

个体创造的能力,还赋予了社会进步的能力。[1] 而无数的实证研究也表明,个体只有在自由的环境中,才能够高水平地发挥其创造潜能,才能在实现自身利益最大化的同时,创造出更多的社会财富,推动人类文明的发展。

尽管存在诸如斯宾塞所主张的人类社会应适用"优胜劣汰"的达尔文主义极端自由思想,但是,大多数自由主义者均认为,自由并不是毫无限制的。在他们看来,自由是法律之下的自由,它不但与法律责任相联系,而且需要法律制度的保护。[2] 换句话说,自由的限度取决于作为人类社会秩序外部规则的法律制度对自由的干预程度。那么,如何在实践中准确把握外部秩序规则对于社会关系中人们在自由状态下追求自身利益所形成的内部规则进行干预的度量呢?在新自由主义大师哈耶克看来,作为外部秩序的法律制度虽然是人类社会必不可少的治理手段,但它不能替代内部秩序得以形成并维持的内部规则,否则根植于内部秩序之间的个人自由将会受到侵犯。[3] 而此观点正是哈耶克二元社会秩序观的核心内容。

这种自由主义的二元社会秩序观反映在公司领域内,就是公司契约理论所主张的公司自治,即公司经营管理更多地体现为公司契约各当事方之间的私人事务,他们利益的实现,应当交由市场力量的"看不见的手"决定,国家则应尽量减少对公司内部经营的干预。[4] 反映在法律层面,就是公司制度应更多地体现为任意性规范,允许公司契约的各当事方以契约的方式确定彼此间的权利、义务,同时还应以授权性规范赋予公司契约各当事方自由选择的空间。只有在公司自治无法发挥对各当事方事务的权利、义务的配置功能时,公司制度以强制性规范对公司内部事务进行干预才具有正当性。

---

〔1〕 参见[英]弗里德里希·奥古斯特·冯·哈耶克:《自由宪章》,杨玉生、冯兴元、陈茅等译,中国社会科学出版社2012年版,第44~80页。

〔2〕 参见[英]弗里德里希·奥古斯特·冯·哈耶克:《自由宪章》,杨玉生、冯兴元、陈茅等译,中国社会科学出版社2012年版,第6页。

〔3〕 参见邓正来:《社会秩序规则的二元观——哈耶克法律理论的研究》,载《北大法律评论》1999年第2期。

〔4〕 参见黄辉:《现代公司法比较研究:国际经验及对中国的启示》(第2版),清华大学出版社2020年版,第17页。

2. 效率与正义的平衡

前文已述及，自由主义哲学思想在私法制度层面的反映就是契约自由，这在秉承公司契约理论的学界、业界人士看来，契约自由就是通过公司契约当事方自由设定彼此间权利、义务以实现公司内部经营的自我安排与治理，即公司自治。由于公司自治是建立在充分尊重公司各当事方的意志与利益的基础之上，因此有利于促进公司经营效率的提高。

那么，为什么公司自治能够促进公司经营效率的提高呢？公司契约理论为我们揭示了公司运营效率提高的激励机制：通过自由缔约的方式，公司契约当事方以自由协商来安排公司经营过程中彼此间的权利、义务。由于这种权利、义务安排是他们自身自由意志的体现，遵守这种安排就是尊重他们各自的意志，从而在整体上有利于权利的行使与义务的履行。

更为重要的是，契约约定的内容对公司各当事方能够形成明确、稳定的预期，这种预期能够激发公司契约当事方为实现自身利益最大化而采取行动的积极性与创造性。其效果就是，公司契约在促进当事方自身利益、相对方利益的需求满足的同时，亦促进了公司效率的提高，从而在整体上有利于全体股东利益最大化及社会福祉的实现。实证经验亦表明，契约关系自由地安排当事方之间权利、义务关系，能够使他们获得明确的利益预期，这种利益预期往往能激发他们实现利益最大化目标的潜能。[1]

秉承公司契约理论的学者还认为，公司制度本身就是适用于所有的或者大部分公司的一种现成的“通用契约”。[2] 由于长期性、不完全性的属性特

---

〔1〕 一个众所周知的例证便是凤阳县小岗村的承包责任制。1978 年 11 月，该村 18 位村民共同签署了一份包干保证书。保证书对分田到户、各户上交公粮后的余粮归各户所有等的核心内容进行了约定。其结果是，1979 年小岗村粮食总产量为该村 1966 年至 1970 年粮食产量的总和。按照麦克尼尔的契约系未来交换过程的社会关系的定义，村民与小岗村之间签署的保证书无疑属于他们之间就彼此间权利、义务关系签署的一种契约。由于这种契约约定形成了村民明确的利益预期——上交定额公粮后的余粮归自己所有，因此村民种粮、提高产量的积极性得到充分的发挥，从而实现了粮食的大丰收，小岗村以及国家亦从中收益。但需要注意的是，小岗村包产到户更多地被视为我国推行经济体制改革的成功例证，而其间蕴含的契约精神以及基于契约权利、义务安排而形成的稳定的利益预期及其对契约当事方所形成的微观层面的激励功能，未能受到学界应有的重视。

〔2〕 参见张维迎：《理解公司——产权、激励与治理》，上海人民出版社 2014 年版，第 289 ~ 290 页。

征，以及契约当事方的“刻意留白”等因素的存在，公司契约虽然可以节约他们的缔约成本，但是也使各当事方基于自由协商而形成的契约条款往往存在种种漏洞，而公司制度恰好可以作为公司契约标准化备用条款，补充公司契约的漏洞。因此，公司制度的存在亦有利于降低公司契约的各当事方缔约成本，促进公司经营效率的提高。[1]

公司契约理论所倡导的公司自治，往往意味着以公司整体利益最大化为导向的一系列公司契约安排。这也引发了如何正确理解并处理股东内部之间的利益关系问题——公司经营管理效率的提高与少数股东权益合理保护的动态平衡。尊重公司自治，就是由公司股东通过契约化安排，或者由股东协商一致或由全体股东默认适用的资本多数决原则，确定公司的股份组成、治理架构，以及公司内部重大事项（如合并分立、增资减资、变更公司形式等）。无论是在股东协商一致基础上的重大决策，还是资本多数决原则的适用，均有利于提高公司的效率。

在提高公司效率、实现股东利益最大化的同时，也需要对少数股东利益进行合理救济，以实现法律的正义价值目标。这就涉及股东司法救济路径的选择以及救济措施的完善。就前者而言，目前世界各国的股东司法救济路径主要有三种模式：美国判例法中的“信义义务”救济路径，英国成文法中的“不公平”损害救济路径以及德国联邦最高法院在相关公司判例中利用类推技术，援引民法典关于团体法中成员之间的“诚信义务”救济路径。我国学界、业界主流意见均认为，应选择美国判例法所确定的“信义义务”救济路径。但是，以公司契约论的视角，此种救济路径的妥当性论证并不多见。

在秉持公司契约理论的学者看来，正是由于公司契约的长期性、不完全性的基本属性使其相对于一般的、内容较为全面的契约而言，存在诸多的空白或漏洞，需要法院课以公司股东“信义义务”以实现对公司契约的空白、漏洞的填补。亦即，公司制度通过“信义义务”规则赋予法院灵活的临时决断的裁判权，在股东申请救济时，法院将会思考在交易成本较少的情况下，各当

[1] 参见罗培新：《公司法的合同解释》，北京大学出版社 2004 年版，第 75 ~ 76 页。

事方即股东之间会选择何种契约条款。[1] 借此,法院判断出股东是否违反"信义义务",以实现对权利受到损害的股东的救济。换言之,按照公司契约论的解释,股东利益最大化与少数股东救济的合理平衡正是因为公司制度中的"信义义务"规则对公司股东之间契约的漏洞具有补充功能才实现的。

同时,不同类型的司法救济措施以及相同类型的司法救济措施的不同功能,对(少数)股东的利益的实现或保护的效果意义同样重大。这就需要一国的立法尽可能完备司法救济措施,以便于法院为利益受损的(少数)股东行使周全的救济。鉴于股东整体利益最大化与少数股东救济平衡是本书的核心问题之一,因此关于(少数)股东的司法救济的比较分析及相关问题的探讨,将在本书第四章中进一步展开分析。

正是由于公司契约理论蕴含自由与秩序、效率与公平的方法论价值,因此其能够顺应时代的发展趋势,还获得了美国公司法学界的青睐,并体现在公司制度与相关政策制定之中,进而有力地促进了美国公司治理结构的完善与公司效率的提升。[2] 公司契约理论在美国制度层面获得接受的事实表明,公司契约方法论的权威性来自其实践目的:自由的人们将同意他们之间自行商议的规则,并因此从中获得某种福利。[3]

三、股东固有权的公司契约论解释

通过对公司契约理论中的新古典契约理论,以及麦克尼尔的关系契约理论的梳理与分析,我们可以形成对公司契约理论的核心理念、价值取向、分析方法的整体认知。因此,下文将以公司契约理论的相关理论为基础,对股东固有权的相关问题进行诠释。

本章第一节对股东固有权的形成过程进行了考察与归纳,认为股东固有权系基于被视为股东之间契约的公司章程约定而生成的一种股东权利。但

---

〔1〕 参见罗培新:《公司法的合同解释》,北京大学出版社2004年版,第77页。

〔2〕 参见黄辉:《现代公司法比较研究:国际经验及对中国的启示》(第2版),清华大学出版社2020年版,第19~20页。

〔3〕 参见罗培新:《公司法的合同解释》,北京大学出版社2004年版,第20页。

是,对于股东固有权自身权利性质以及生成股东固有权的契约性质与种类的界定,契约的一致同意规则与公司法上的多数决原则之间的冲突与协调等问题仍需要理论上的回应及相应的深入分析。现在,笔者尝试对这些问题进行解释与说明。

其一,关于股东固有权自身的权利属性。在本章公司契约理论的解读及其本质分析部分已述及,缔结公司契约后,各当事方之间即以合约的权利、义务为基础形成了较为稳定的利益预期,结合股东固有权在典型案例中的形成过程可知,股东固有权系基于被视为股东之间契约的约定而形成的,公司章程在公司契约理论中又被视为标准的公司契约。因此,股东固有权应具有股东利益预期的属性。美国合同法学者科宾深刻地指出:“在法律体系中有一个被称为合同的部门,其为之努力的,乃是实现由允诺而产生的合理预期。”[1]因此,笔者将股东固有权的性质归结为基于公司契约的约定而产生的股东合理期待,只不过这些期待中的不少内容本属于股东的自然权利。但是,经过股东之间缔结的公司契约,转化为股东本应受到保护的约定权利,这就赋予了股东固有权不受非法剥夺的正当性。当然,此处对股东固有权性质的确定在很大程度上带有逻辑推演的成分,它需要通过相关判例的总结,来证明此种推演结果的合理性。

其二,关于生成股东固有权的契约的属性。公司契约理论的基本观点是,公司为一系列契约的联结。故而,产生股东固有权的契约,如公司章程自然被囊括在公司契约之中。只不过产生股东固有权的契约的缔结方仅限于股东,一般不涉及公司契约的其他当事方,如董事、经理等。既然产生股东固有权的契约属于公司契约,那么其与公司契约理论中的公司契约在属性上便具有相似性。亦即,产生股东固有权的契约具有长期性、不完全性的属性特征,正是这些属性特征,使股东之间基于契约而产生的合理预期的判断变得复杂起来。在第二章中,笔者将会以美国各级法院的相关判例进行说明,由

---

〔1〕[美]A. L. 科宾:《科宾论合同》(上册),王卫国等译,中国大百科全书出版社1997年版,第1页。

于公司运营的长期性，股东对公司投资时基于公司契约所产生的合理期待与经营过程中所产生的合理期待就会有很大的不同。

其三，关于股东固有权的权利生成来源。股东固有权系基于公司契约而产生的股东合理期待。那么，这种股东合理期待的生成显然与如何正确理解公司契约的种类密切相关。公司契约理论者认为，公司契约种类包括正式契约与非正式契约两大类。正式契约是指契约各当事方明确接受的权利、义务条款，非正式契约是指在商业交易往来过程中自然形成或经重复博弈形成的商事惯例。[1] 在笔者看来，这种正式契约与非正式契约的类型，在新古典契约理论与关系契约理论中是有所体现的。具体而言，正式契约包含股东之间基于协商、谈判而达成的股东契约，如股东协议、公司初始章程，又包括国家颁布的涉及股东权利、义务关系调整的法律制度这一标准契约条款。非正式契约主要是未形成正式契约条款的内容，如股东之间的交易习惯、共识、默契等。因此，股东固有权的生成方式包括股东之间自由协商而形成的正式契约条款，以及调整股东权利、义务相关法律制度的通用契约条款，在特殊情形下，甚至还包括非正式形式的契约条款。

其四，关于契约的一致同意规则与资本多数决原则之间的协调。如上所述，公司契约分为正式契约与非正式契约。在正式契约中，股东之间达成的股东协议、公司初始章程等契约是适用一致同意规则的；对于国家颁布的涉及股东权利、义务关系相关的法律制度，如公司制度、证券制度、破产制度中的“标准条款”，股东可以在任意性或授权性规范的范围内自由另行约定，如未能作出约定或法律制度不允许作出相应规定，则应视为默示接受这些标准化的契约条款，而多数决原则正是标准化契约条款。[2] 故而，股东出资创办

---

〔1〕 参见张维迎：《理解公司——产权、激励与治理》，上海人民出版社 2014 年版，第 206 ~ 238 页。

〔2〕 例如，我国《公司法》第 42 条规定，可通过公司章程另有规定的方式排除适用按照出资比例行使表决权。本书认为，只要不违反法律的强制效力性规定，股东之间完全可以用契约方式对表决权的行使作出特别约定，如约定各股东享有同等的表决权。这样可以防止控制股东以多数决对表决权的行使作出变更。但是对于人数众多的上市公司而言，一般投资者购买股票的行为，即视为对该上市公司公开的招股说明书、公司章程等法律文件所规定的相应规则的默认。

公司或加入公司时，未对股东表决权的行使方式作出特别约定，或者购买上市公司股票的行为，即视为接受多数决原则的默认。可见，在公司契约理论的框架内，多数决原则与契约一致同意具有内在的协调性。

通过对股东固有权基本问题的阐释，我们可以获得对该权利的性质、契约生成机制与类型，以及与资本多数决之间协调的不同程度的揭示。但是，这种阐释既不够详尽具体，也缺乏应有的理论深度。因此，在下文笔者将结合相关判例，专门对股东固有权的性质、股东固有权的类型展开深入的探讨。另外，公司契约理论的基本观点是公司契约的自由缔结以及在此基础上的公司自治。但以股东利益最大化为导向的公司契约安排，会出现控制股东利用公司契约的标准条款——资本多数决，损害其他股东特别是少数股东利益的情形。这种情形的存在，为国家以司法干预公司内部自治提供了理论上的支撑。

公司契约理论本身的基本观点亦受到了不少学者的质疑。如有学者认为，公司契约理论不能很好地解释公司享有永久续存等各种特权的问题，另外，将公司理解为各种形式的契约，与现实中的公司组织机构、运营模式并不是完全吻合等。[1] 由于这些棘手问题的存在，在以公司契约论为方法论对股东固有权展开相关分析与论述时，无疑会产生一定的消极影响，而这些缺憾只能在公司契约理论的进一步发展与争辩中逐步完善。

---

〔1〕 参见黄辉：《现代公司法比较研究：国际经验及对中国的启示》（第 2 版），清华大学出版社 2020 年版，第 21～22 页。

第二章　股东固有权的权利性质分析

每个人都有一套与生俱来的、确定的基本权利，尤其是人身自由和属于他所有的财产。非经他本人同意或因犯罪而接受法律的惩处，这些权利不可剥夺。

——[英]丹尼尔·汉南

在本书引论部分已述及，在我国公司案件的司法裁判实践中，已出现以侵害股东固有权利而否认股东会决议及相应的章程修正案效力，以实现对少数股东权益救济的案例。但由于学界对股东固有权的性质在理解上存在不足，引发了学界的较大争议，致使股东固有权在适用上有泛化倾向。故而，有必要在合理借鉴现有股东固有权性质学说的基础上，以新的视角讨论股东固有权的权利性质，减少对其理论认知上的分歧与争议，夯实其制衡多数决滥用的正当性基础，并促进其在裁判实践中的不断发展与日臻完善。

为达此目的，本书在前文首先追根溯源地考察了美国早期股东固有权的若干判例，揭示股东固有权系基于被视为契约的公司章程约定而形成的。之后，本书引入公司契约理论，并在对该理论的基本观点、方法论本质进行简要梳理与论证后，尝试性地对股东固有权的性质作出初步推断：股东固有权系基于公司契约的缔结而形成的股东合理期待权。但是，这种推断具有理论推演的特征，其正确与否尚需通过比较法的视角对相关国家的司法实践进行分析与检验后,才能得出令人信服的实证结论。

第一节　股东固有权性质的学说及评析

在对股东固有权的权利性质展开具体的探讨前,有必要先对目前学界存在的两种关于其性质的不同学说,即法定股东权说与股东私权说的基本观点进行梳理,以便在批判、借鉴两种学说的基础上,揭示股东固有权的真实属性。

一、法定股东权说及其评析

(一)法定股东权说的基本观点

法定股东权说主张股东固有权系法定的股东权利,而正是这种法定属性决定了固有权利的非经股东同意,不受剥夺的特质。法定股东权说的基本观点主要体现为相关公司法论著在涉及股东权利分类时,将其分为固有权与非固有权两种。例如,国内较早提出股东固有权的学者认为,固有权,又称法定股东权,是指公司法制度赋予股东的,不得以股东会决议或公司章程予以剥夺或限制的权利。[1] 也许是受到此种理论观点的深刻影响,此后著述凡涉及对股东权利进行分类的,大多存在类似的表述。但在法定股东权说内部,对固有权利又有两种不同理解。一种观点沿袭了上述股东固有权的概念性表述,仅强调固有权利的法定性,未进一步区分究竟是强制性规范,还是任意性或者授权性规范。如一种观点认为,固有权利系指根据《公司法》规定,不得以章程或股东会决议予以剥夺的权利。[2] 相似观点也认为,固有权系股东的不受剥夺的权利,即《公司法》赋予股东的、不得以公司章程或者股东(大)会决议剥夺或限制的权利。[3]

另一种观点则在法定股东权的基础上更进一步,将固有权利理解为授予

〔1〕 参见徐燕:《公司法原理》,法律出版社 1997 年版,第 220 页。
〔2〕 参见刘凯湘:《论股东权的性质与内容》,载《北京商学院学报》1998 年第 4 期。
〔3〕 参见赵旭东:《公司法学》(第 4 版),高等教育出版社 2015 年版,第 242 页。

股东权利的法律规范本身为强制性效力规范，因此该权利不受剥夺或限制。如刘俊海教授提出，固有权（vested right）是指，未经股东同意，不受股东（大）会决议或者公司章程剥夺或限制的法定权利；同时，其还进一步对固有权利的“法定性”作出解释，即若限制或剥夺股东的某项权利违反了强制性效力规定，则该项权利即为固有权利。[1] 从中不难发现，在该学者看来股东固有权属于公司制度规定的强制性效力规范。无独有偶，韩国学者李哲松教授也认为，固有权系未经持有相应权利的股东个别认可，即便是股东大会决议或公司章程也不能剥夺。该学者亦将赋予股东权利的制度规范解释为强行法规。[2]

上述学者将股东的固有权利属性界定为法定股东权利，或者具有强制性效力属性的法定股东权，其目的无非公司股东之间利益的异质性，以及股东在追求自身利益最大化过程中的天然利己倾向可能会损害其他股东利益，因此将股东固有权的属性归结为法定股东权或具有强制性效力的法定股东权，可以为法院否定资本多数决，对少数股东受损的权益提供救济等正当性理论基础。但是，法定股东权说仍存在可商榷之处。

（二）对法定股东权说的评析

按照法定股东权说，股东固有权系公司股东的法定权利，因此，此种权利理应受到包括《公司法》在内的相关法律制度的保护，甚至是强制性效力规范的保护，具有不受剥夺性。该学说意识到了公司制度中任意性规范、授权性规范和强制性规范的不同作用，强调以强制性规范对（少数）股东权益进行保护的必要性，因此法定股东权说在某种程度上具有其合理性的因素。但是，将股东的固有权利的性质解释为法定股东权或具有强制性效力的法定股东权利，则存在与股东固有权的发展和形成过程不符的问题。

前文已述及，美国股东固有权的发展历史表明，该权利的形成与被视为契约的公司章程密切相关。美国独立后，为防止州政府立法对公司经营的不当干预，法院将公司章程视作（全体）股东与州政府之间的契约，并认为基于

---

〔1〕 参见刘俊海：《股份有限公司股东权的保护》（修订本），法律出版社 2004 年版，第 55 页。
〔2〕 参见［韩］李哲松：《韩国公司法》，吴日焕译，中国政法大学出版社 2000 年版，第 222 页。

该契约约定的股东权利不因州立法变更、修改、废止而受到篡改或剥夺，Dartmouth College 一案即是其著例。在之后的股东固有权典型判例规则中，法院更多地将公司章程视为股东之间的契约，并从契约约定的权利、义务内容来看待股东之间的利益关系。从股东固有权的历史渊源与规则形成过程的简要回顾来看，股东固有权源自被视为公司股东之间的契约约定，在很大程度上，其属于公司(全体)股东自治的产物，而非国家立法机关对股东权利的理性预设，更非强制性效力规范赋予的产物。

国外公司法理论认为，法定股东权在多数情形下可以被限制甚至是剥夺。例如，《德国有限责任公司法》明确规定了股东所享有的各项法定权利，包括但不限于：召集、参加股东会的权利以及相应表决权、各类信息的查询权、年度利润分配请求权、转让或继承股份的权利、解散之诉的请求权、参与分配剩余财产的请求权等。这些权利虽为公司法明确规定的股东权利，但是由于德国公司制度亦受到公司契约理论的影响，因此，除非强制性规范作出特别规定外，公司契约可以对法定的股东权利进行扩大、限制甚至是排除。[1] 德国的公司制度理论告诉我们，在法律制度赋予的法定股东权与公司契约约定的股东权之间，虽然前者的权利为法定的，但后者往往具有优先适用的效力。

在国内，公司法多以章程“另有规定”的方式，对法定股东权利进行限制或排除。我国《公司法》的特色之一是，授权公司股东以公司章程的方式对其权利、义务进行特别约定。例如，《公司法》第 4 条虽对依法享有的资产收益、参与重大决策和选择管理者等诸多法定股东权利作出了规定，但《公司法》第 42 条又授权公司股东以章程“另有规定”的方式，确定是否按照出资比例行使表决权。由于上述资产收益、重大决策等法定股东权的行使均以股东参与股东(大)会，行使表决权为基本程序，因此，此种公司章程的表决权“另有规定”的方式，在实际效果上已经对法定股东权构成了排除或限制。

---

〔1〕 需要说明的是，在《德国有限责任公司法》中，受强制性规范保护的、公司契约不可予以限制或排除的股东权利，主要包括在公司契约中作出特别约定的权利，如特别股东权。参见[德]托马斯·莱塞尔、[德]吕迪格·法伊尔：《德国资合公司法》(第 6 版)，高旭军等译，法律出版社 2019 年版，第 572 页。

更为重要的是，如将股东固有权的性质归结为公司立法中强制性效力规范赋予的效果，即会出现立法机构在实践中对何者为固有权利进行研判，进而对其赋予强制性效力产生困扰。立法机构由于受有限理性的制约，其很难在复杂多变的公司实践中对股东固有权进行事先甄别，也就难以通过立法方式赋予股东固有权强制性效力，进而实现对股东的合理保护。诚如学者所质疑的那样，哪些股东权利应当为公司制度赋予强制效力，从而成为固有权？如将此问题留给立法机构来解决，那么其必须通过自身的预先判断，来替代公司各参与方在纷繁复杂的商业实践中自行设定权利结构。[1]

由此可见，将股东固有权的性质归结为法定股东权，抑或归结为法定股东权中受法律制度强制性效力规范保护的股东权利，不但与股东固有权的形成历史、判例规则不符，而且与各国公司制度的实践相互冲突，在理论上亦会使立法机构身处如何甄别股东固有权利的艰难困境。

二、股东私权说及其评析

（一）股东私权说的基本观点

也许是意识到了法定股东权学说的种种不足，近年来，部分学者试图以股东私权说来论证股东固有权制衡多数决的正当性基础。该学说主张，股东固有权具有股东个体私有权利属性，故而，其处分应经股东同意方符合公司自治的本意。

前文已提及，我国《公司法》的特点之一是以公司章程另有规定的方式赋予公司股东较为广泛的自治权，而股东私权说正是以私法自治为视角思考固有权利性质的。秉持该学说的学者认为，公司章程的另有规定实际涉及两个方面的内容：一是对公司内部事务进行规范；二是对股东的权利、义务进行规范。由于前者仅涉及公司内部的常规性事务，故而公司初始章程或者章程修正案对其另行规定均符合公司自治的要求。而后者由于涉及股东的私有权利，故而对此种权利的任何安排均是对股东私有权利的一种处分，除依照

〔1〕 参见罗培新：《公司法的合同解释》，北京大学出版社 2004 年版，第 239 页。

法律规定的程序予以限制或剥夺外(如司法查封或强制拍卖),应尊重股东的意志,方可契合私法自治的精神。亦即,如果将公司章程作为股东之间缔结的契约,那么公司的初始章程系经全体股东一致同意,因此另有规定系股东对其私有权利的处分;但章程修正案系由多数决作出,不具备全体股东合意的基础。所以,章程修正案中的另有规定对股东表决权、利润分配权等股东的私权并无约束力。否则,就会损害股东的固有权利。[1]

(二)对股东私权说的评析

不可否认的是,股东私权说以公司契约的视角审视股东固有权的性质,并将其置于公司契约框架内分析、论证股东固有权不受剥夺的正当性基础,其研究视角与论证方法均值得肯定。诚如前文所揭示的那样,股东固有权正是由股东之间通过公司契约的约定而形成的,它是私法自治的产物。故而就总体而言,该学说在某种程度上具有进步意义。但是,将股东的固有权利的性质理解为公司股东的具体私有权利,亦存在局限性——在公司实践层面会与多数决原则产生冲突,并导致股东固有权在裁判中的泛化倾向。

该学说会导致股东固有权在裁判实践中的泛化倾向。按照我国公司法学界的共识,股东出资后,公司取得法人财产权,股东依照公司相关制度及章程享有以资产收益、重大决策为中心的各种权利。在这一点上,各国公司法理论的基本观点与公司契约理论的观点具有不谋而合之处(新古典契约理论中的制度经济学派将股东权利分为两大类,即剩余索取权与剩余控制权)。如果按照上述学者的观点,将股东固有权解释为获得分配权、投票表决权等股东"私权",就意味着股东享有的各项权利均属于固有权利,因为股东的各项具体权利均是在股东收益权、表决权这些权利的基础上派生而成的;同时,股东(大)会对涉及公司经营重大事项进行决策时,必然会涉及股东的权利、义务的调整与重新配置。这就会造成股东固有权在裁判实践中的泛化倾向。浙江省高级人民法院民事审判第二庭发布的《关于商事审判若干疑难问题解答》(浙法民二〔2010〕15号)问题11中规定:"股东的股权作为一种固有权,

[1] 参见钱玉林:《公司章程"另有规定"检讨》,载《法学研究》2009年第2期。

非经股东本人授权或司法裁决,一般不得处分。”此种司法观点将股东权利等同于股东固有权,即是其泛化倾向的例证。

同时,股东私权说与多数决原则存在根本性矛盾。在各国的公司制度实践中,股东通过对公司重大事项的最终决定权来实施对公司的控制(尽管在股权较为分散的国家,如英、美两国的公司实践中,股东对公司的控制权已经弱化,甚至已经沦为名义上的控制者,但股东会仍保留了选举、任免董事的权利)。而股东权利的行使多是以召开股东(大)会、通过表决方式来实现的。虽然股东的利益容易加总,即均是以投资收益——获取分红或赚取利差为目标,但是不同股东在责任承担、风险偏好、盈利分配等方面存在诸多的不同。此种股东利益的异质性决定了股东很难在公司所有重大事项上均能获得一致意见。因此,各国公司法均采用能够降低决策成本、提高公司运作效率的资本多数决原则(人数较少的封闭式公司,如有限公司,除非股东对表决权作出特殊约定,否则视为接受多数决原则;而人数众多的公开公司,如上市公司只能以资本多数决作为公司决策的基本原则)。股东私权说以公司章程修正案系以多数决作出,欠缺股东之间的“合意”,从而否认对股东私权作出处分的股东(大)会的效力。这将导致股东(大)会决议凡是涉及股东私权(具体的股东权利)的,均需以股东一致同意为原则,而非以资本多数决为原则,这在事实上就否认了富有决策效率的资本多数决原则本身。

通过对上述股东固有权学说观点的梳理与评析,本书认为,尽管两种学说在某些角度、某些方面具有一定程度的可取性,但它们均存有明显的解释力不足,或与各国通行的公司实践明显不符或与现行公司制度存在明显的冲突,这种解释力上的不足使其难以有效地为股东固有权制衡多数决提供合理的正当性基础。

第二节　股东固有权的性质:股东合理期待

上述两种学说理论认知上的不足,促使我们将视角转向本书第一章在归纳股东固有权判例规则、梳理公司契约理论观点的基础上,对股东固有权属性作出的判断,即股东固有权在属性上可以理解为股东因缔结公司契约而形成的一种合理期待(reasonable expections)[1]。此种合理期待的内容源自公司契约的内容,而其不受股东会决议或公司章程及其修正案限制或剥夺的正当性就在于,股东会决议或者公司章程修正案的内容与股东基于公司契约而形成的期待出现了根本性的背离。[2] 此时,需要司法介入公司自治,对少数股东受损的权益进行救济。但是,此种判断是否符合公司实践,并获得司法裁判的支撑,只有在对相关国家的公司制度及司法判例进行考察、探讨后,方可得出较为合理的分析结果。

一、美国压迫行为救济中的合理期待

(一)压迫行为救济的早、中期标准

前文已述及,为实现自身利益的最大化甚至攫取不正当利益,公司控制股东往往滥用多数决,作出损害少数股东的合法权益的决议。但是,在不同类型的公司中,多数决滥用所造成的损害会有所不同。在人数众多的上市公司中,控制股东利用控股优势损害少数股东的利益,少数股东往往可以通过二级证券市场转让所持有的股份。此时,不仅损害少数股东权益的利空消息会导致公司的股价下跌,少数股东在转让股份时还会造成股票收益上的损失,但证券交易市场的存在毕竟为少数股东退出公司提供了较为便利的途径。

在众多的非上市公司特别是以有限公司为代表的封闭式公司中,由于不

---

〔1〕 有学者对"合理期待"进行了较为充分的考证,认为其涉及英美法中的诸多领域。合同法、保险法以及行政法中均涉及此概念。例如,除在本书第一章所引述的科宾关于合同中的合理期待外,在保险法中亦涉及此概念:合理期待是指保险合同应当根据被保险人的合理期待加以解释。同时,英美行政法亦发展出了合理期待的概念。参见张学文:《有限责任公司股东压制问题研究》,法律出版社2011年版,第51页。本书认为,保险法中的被保险人的合理期待产生于保险合同,本身即是合同法中的合理期待在特定种类合同中的表现。而行政法中的合理期待(legitimate expectation),似乎将其译为"合法期待"更加准确,但即使将其理解为合理期待,它仍然是以契约的路径考量行政机关行政行为的一种方法论。

〔2〕 需要说明的是,尽管公司章程被视为一种公司契约,但是,此种契约内容变更本身受到资本多数决原则的支配,而非一致同意。在此情形下,控制股东为实现利益最大化,往往会通过章程的修订,损害少数股东的利益。

存在可以自由转让股份的二级证券市场,公司章程基于股东间的信任关系,一般会对股权的转让作出不同程度的限制。在控制股东滥用多数决损害少数股东利益时,少数股东无法便利地转让其持有的股权,于是便形成了所谓的股东压迫。在该类公司的实际运作中,股东往往同时以管理人员的身份或以雇员的身份参与公司的实际经营,这使压迫行为不但涉及股东经济上的利益,而且还涉及股东作为管理者、雇员的身份。[1]

一直以来,面对封闭式公司存在的形式多样的股东压迫行为,各国法院均积极探索适合本国国情的路径与措施。但是,法院在对少数股东实施压迫救济的过程中,常常会面临的棘手问题是,如何认定压迫行为的存在。相关判例的实践表明,美国各级法院对于控制股东滥用权利所实施的压迫行为的认定,经历了由"机会平等""合理商业目的"等主观判断准则,到"股东合理预期"实质受挫的客观判断准则的演进过程。

在马萨诸塞州 Donahue v. Rodd Electrotype Co. 一案中,州最高法院以平等标准来判断压迫行为是否存在。[2] 在该案中,公司试图以确定的价格回购原控制股东、现已退休的罗德(Rodd)的股份。公司的少数股东多纳休(Donahue)要求公司以相同的价格收购其股份,但该公司拒绝了其出卖股份的请求。多纳休认为,公司的大多数现任董事均由罗德的子女担任,公司仅回购罗德股份的行为系对信义义务的违反,因此诉至法院。法院认为,封闭式公司的股东之间应负有最大善意及忠实义务,该等义务类似于合伙人之间在合伙经营期间所应承担的信义义务。故而,公司不能仅收购原股东罗德的股份,拒绝其他股东以同等价格出售其股份的请求。因而判令,罗德电铸公司(Rodd Electrotype Co.)或废除收购罗德股份的交易,或者以同等价格收购小股东多纳休的股份。经由该经典判例,马萨诸塞州最高法院创设了"机会平等"的一般规则,以防止控制股东对少数股东实施的压迫行为。[3]

---

〔1〕 参见罗培新:《公司法的合同解释》,北京大学出版社 2004 年版,第 97 ~ 98 页。

〔2〕 Donahue v. Rodd Electrotype Co., 328 N. E. 2d 505 (Mass. 1975).

〔3〕 参见王艺洁:《论美国封闭公司中控股股东的信义义务》,载《经济研究导刊》2011 年第 20 期。

在多纳休一案中,马萨诸塞州法院提出的控制股东应平等地对待少数股东,以及其应以同等价格出售其股份的裁判结果,本身具有一定的合理性。但是,能否由此判例确立可普遍适用于各种情形的控制股东与少数股东的实质平等规则,则不无疑问。因为,仅仅以控制股东实施的行为是否对少数股东施以"平等机会"来判断是否属于压迫,难以应对复杂多变的公司实践,从而使少数股东面临难以获得救济的尴尬境地;同时,过分强调对公司股东的平等对待往往与公司价值最大化目标并不一致。[1] 这一点在以下两则判例中可以得到证实。

同样发生在马萨诸塞州的 Wilkes v. Springside Nursing Home Inc. 一案,对多纳休一案所确立的"平等机会"规则进行了修正。[2] 在该案中,大股东在没有具体、合法的商业目的的情形下,对公司的少数派股东威尔克斯(Wilkes)不分红、不支付薪资,迫使他以低价出售股份。州最高法院认为,如对控制股东适用严格的信义义务标准,很有可能会对公司的商业决策及运行效率构成妨碍。因此,当少数股东认为控制股东违反信义义务时,后者可以其行为存在"合理商业目的"对此作出抗辩。除非少数股东能够举证证明,采用对其伤害更小的办法亦能达到与此相同的商业目的。最终,法院改变了多纳休一案所确立的"机会平等"规则,代之以"合理商业目的"规则来判断控制股东的行为是否存在压迫行为,以实现对少数股东的救济。[3]

威尔克斯一案改采用"合理商业目的"规则对受到控制股东压迫行为的少数股东进行救济,弥补了"平等机会"规则的缺憾。同时,该判例还意识到,对公司控制股东课以信义义务时,应顾及多数派股东所拥有的、在公司实践中能够体现的、被称为自私的所有权(selfish ownership)的权利。亦即,控制股东对公司的控制目的是实现自身利益的最大化,如其控制权的行使未对少数股东的利益造成损害,课以其信义义务就会对公司管理与决策的效率造

---

〔1〕 参见张维迎:《理解公司——产权、激励与治理》,上海人民出版社 2014 年版,第 354 页。

〔2〕 Wilkes v. Springside Nursing Home Inc., 353 N. E. 2d 675 (Mass. 1976).

〔3〕 参见王艺洁:《论美国封闭公司中控股股东的信义义务》,载《经济研究导刊》2011 年第 20 期。

成妨害。同时,法院基于威尔克斯在实际上已被剥夺工作机会的事实,还创造性地适用了“股东合理期待”原则,认为威尔克斯对于公司雇佣拥有合理的期待权。[1]

平等对待公司股东往往与公司利益最大化目标存在冲突,特拉华州 Singer v. Magnavox Co. 一案中即说明了这一点。[2] 在该案中,TMC 公司以每股 9 美元的价格收购了 Magnavox 公司 84% 的股份,从而成为 Magnavox 公司的控制股东。其后,TMC 欲将 Magnavox 公司与其新设的子公司进行长线合并,目的是使 Magnavox 公司转化为其全资子公司。因此,TMC 公司向 Magnavox 公司剩余的、持股 16% 的少数股东发出以每股 9 美元的评估价格收购其持有股份的请求。少数股东则认为,TMC 公司违反了控制股东的信义义务,遂提起诉讼,要求取消合并,并赔偿损失。州最高法院认为,合理评估价格并不构成对少数股东的合理对待。如果 TMC 公司将 Magnavox 公司与新设的子公司进行合并,无法说明合理的商业目的,那么,其目的就是排挤少数股东。[3]

客观而言,“合理商业目的”规则在控制股东实施的压迫行为特别是对于控制股东在“挤出式合并”过程中实施的压迫行为的规制是切中要害的,甚至在威尔克斯一案中,法院还注意到了对控制股东课以信义义务时,需合理维持控制股东行使控制权、公司利益的最大化与少数股东利益保护之间的平衡。

但在威尔克斯一案中的合理注意公司价值目标最大化的正确方向却没有在桑热(Singer)一案中得到坚持。以至于秉持公司契约理论的法经济学者看来,“合理商业目的”规则,在很多具体情形下对控制股东而言,难免有失公平。在桑热一案中,TMC 公司确实可能存在合理的商业目的:两个公司因其产品具有互补性,合并后可以降低成本从而产生更大的价值;[4] 同时,

---

[1] 参见王艺洁:《论美国封闭公司中控股股东的信义义务》,载《经济研究导刊》2011 年第 20 期。

[2] Singer v. Magnavox Co., 367 A. 2d 1349, 1358 (Del. Ch. 1976).

[3] 参见张维迎:《理解公司——产权、激励与治理》,上海人民出版社 2014 年版,第 358 页。

[4] 参见张维迎:《理解公司——产权、激励与治理》,上海人民出版社 2014 年版,第 359 页。

因为少数股东所持的股份得到了合理的价格评估，他们并未因公司合并受到损失。换言之，在桑热一案中，控制股东的收购行为完全符合经济学中的帕累托最优标准：控股股东实现了其自身利益的最大化，而少数股东的利益并未因此受到损失（以9美元的评估价格出售股份）。前文已述及，股东之间利益的异质性决定了公司股东之间的利益目标往往存在冲突。因此，在公司运营过程中，特别是公司重组并购过程中，要得到少数股东的支持与同意是非常困难的，故而，法院在审理控制股东实施压迫行为的案件中，需要审慎作出判断：在协商成本较低的情形下，股东之间事先会不会按照此种价格达成一致的安排。[1]

由此可见，在早期的控制股东滥用权利、实施压迫行为侵害少数股东利益的判例中，美国法院先后适用了多纳休一案确立的"平等机会"规则以及威尔克斯一案确立的"合理商业目的"规则，这些规则虽然在一定程度上实现了对少数股东的救济，但由于其过分强调对少数股东的周全保护而有意无意地忽略了控制股东的利益，使判决结果偏离了公司整体价值的最大化目标，容易抑制公司的经营活力与管理效率。

正是意识到各法院在上述判例中存在股东压迫判断上的偏离，威尔克斯一案之后的几年间，美国法院逐渐意识到并不是所有的少数股东被强制挤压出局（squeeze-out）的案件，控制股东均构成信义义务的违反。例如，在Leader v. Hycor一案中，[2]法院即认为公众公司大股东对少数股东"挤压"行为符合威尔克斯一案所确立的"合理商业目的"规则。因为，在该案中，公司重组不但具有合法的商业目的，而且作为原告的少数股东无法提供证据证明，公司存在更好的、对其损害更小的公司重组的替代方案。[3] 因此，深受公司契约理论影响并以公司整体效率与利益最大化为圭臬的美国各级法院，对如何维持公司整体效益与少数股东合理保护的平衡问题上进行了反思，并

---

〔1〕 参见张维迎：《理解公司——产权、激励与治理》，上海人民出版社2014年版，第359～360页。

〔2〕 Leader v. Hycor, 479 N. E. 2d 173 (Mass. 1985).

〔3〕 参见王艺洁：《论美国封闭公司中控股股东的信义义务》，载《经济研究导刊》2011年第20期。

在更多的压迫行为救济判例中开始了新标准的探索。

(二)压迫行为救济中的"合理期待"标准

其实,早在美国各州法院为股东压迫行为救济的标准展开探寻的多年前,美国第四巡回上诉法院的一项裁决中就已出现有关股东合理期待的表述:普通公司中的股东有权期待获得以定期分红为形式的投资收益,仅仅以扩大公司的经营规模而阻碍利益的分配,股东的合理期待权就会落空。[1] 但是,由于法院未以股东合理期待作为该案的裁判准则,因而未能引起学界、业界应有的关注。事实上,有些学者的研究表明,美国法院对股东合理期待标准的逐步接受,是因为受到了国外学者理论观点以及英国少数股东保护判例的启发。[2] 当然,美国学界、业界在接受该裁判准则的同时,还结合裁判实践逐步对其进行完善,从而使股东合理期待不仅包括加入公司时的股东合理期待,还包括公司经营期间的股东合理期待动态发展的全部过程。

1. 股东加入公司时的合理期待

澳大利亚学者在对英国、英联邦国家法院作出的解散公司及采取其他救济措施的裁决进行研究后认为,以股东合理期待来判断是否存在《英国公司法》所述的压迫行为是极为合适的,因为尽管股东合理期待存有各种不同的情形,但使用此种方法可以方便法院对与公司控制者发生的交易及相关行为事实进行考量。[3] 此后不久,英国上议院便在 Ebrahimi v. Wesbourne Galleries Ltd. 一案中正式确认了股东合理期待标准。[4] 美国的公司法专家赫奇奥尼尔(Hodge O'Neal)对埃布拉希米(Ebrahimi)一案所确立的合理期待标准推崇备至,并在其著作中主张以该项标准作为对少数股东进行救济的司法判断标准:股东之合理预期存在于公司成立之初,并在公司成立后所有股东同意的一系列契约中变化、发展,因而可以作为公平解决股东之间纠纷

---

〔1〕 Tower Hill-Connellsville Coke Co. v. Piedmont Coal Co., 64F. 2d 817 (4th Cir. 1933).

〔2〕 参见张学文:《有限责任公司股东压制问题研究》,法律出版社 2011 年版,第 51 页。

〔3〕 See Allen Afterman, *Statutory Protection Oppression Minority Shareholder: A Model for Reform*, Virginia Law Review, p. 55(1969).

〔4〕 Ebrahimi v. Wesbourne Galleries Ltd., [1972]492, 2W. L. R. 1289.

特别是封闭式公司股东间权益纠纷的正确方向。[1]

在上述学者的积极倡导之下，特别是受到英国埃布拉希米一案中股东之间的合理期待以及在威尔克斯一案中，威尔克斯基于其股东身份以及受公司雇佣的事实而享有相应合理期待权之裁判要旨的启发，美国部分法院开始将合理期待作为是否存在压迫行为的裁判准则。在 Topper v. Park Sheraton Pharmacy, Inc. 一案中，纽约州上诉法院首次确立了股东"合理期待"标准。[2]在该案中，托佩尔(Topper)主动放弃了其他公司提供的岗位，而将其大部分资金投到一家封闭式公司，不但成为该公司的股东，还获得了公司相应的职位。但好景不长，托佩尔加入该公司仅几个月，公司其他股东就迫使其离开工作岗位，不再向其发放薪资，同时也拒绝向其分配红利。托佩尔认为受到了公司控制股东的压迫，遂诉至法院，请求控制股东回购其持有的全部股权。法院认为，公司多数股东解雇少数股东的具体理由以及合理的商业目的与本案无涉。全体股东在托佩尔加入公司时，已经就其提供职位事宜达成一致意见。但该少数股东基于一致意见而形成的合理期待遭到控制股东行为的严重损害，从而构成排挤与压迫。同时，法院还认识到，在封闭式公司中，股东的合理期待并不总是体现在公司章程、股东协议或类似的书面契约中，也可以从非书面形式的口头约定，甚至是默契、共识及相关行为中推断出来，这就是为什么股东常期望参与公司的实际经营管理，并通过担任管理职位取得薪资的方式回收投资收益。这些期待构成了股东之间默示的契约条款，因此股东其后的行为需以此契约条款为依据进行评判。[3]

托佩尔一案的意义在于法院确立了以股东合理期待作为判断股东压迫行为是否存在的依据，从而实现了股东压迫行为救济从"机会平等""合理商业目的"的主观标准向"股东合理期待"的客观标准的转化。亦即，首先，法院应明确股东的合理期待的内容源自股东之间各种公司契约；其次，在区分

---

〔1〕 See Hodge O'Neal, *Squeeze-outs of Minority Shareholders: Expulsion or Oppression of Business Associates*, Callaghan & Co., p. 525(1975).

〔2〕 Topper v. Park Sheraton Pharmacy, Inc., 107 Misc. 2d 25, 433 N. Y. S. 2d 359 (1980).

〔3〕 参见张学文：《有限责任公司股东压制问题研究》，法律出版社 2011 年版，第 53～54 页。

封闭式公司与公众公司不同的基础上,提出封闭式公司的合理期待通常是基于股东之间非正式契约的默契、共识甚至是行为本身而产生的。正是这些不同表现形式的“契约条款”,构成了公司股东在经营中的行为准则,使法院在识别股东压迫行为时,具有相对客观、可衡量的标准,从而能够较好地维持公司整体价值最大化与少数股东利益合理保护之间的平衡。

但不可否认的是,托佩尔一案虽为法院提供了是否存在压迫行为的客观化标准,但在公司契约的框架内分析少数股东受到的损害有时难免失之宽泛。这一点在封闭式公司股东之间的非正式契约中体现得尤为明显:在以默契、共识甚至是单方行为构成的非正式契约中探究、研判股东的合理期待时,如何对股东单方的内心愿望与股东基于公司契约形成的合理预期作出明确的区分,对股东合理期待的损害达到何种程度时对其提供司法救济方为适当,在该案或者类似的判例中并未提及。因此,托佩尔一案后的几年间,股东合理预期准则并没有引起美国各州法院的广泛关注,此状态一直持续到纽约州法院审理的另一起股东压迫的案件后才发生了改变。

在纽约州 In re Kemp v. Beatley, Inc. 一案中,[1]州上诉法院坚持了控制股东压迫少数股东合理期待的客观标准。同时,该法院还对采用该标准可能会遇到的问题,特别是如何区分基于合意形成的合理期待与股东单方的愿望作出了积极回应。在该案中,两名少数股东曾在公司任职。他们离职后,公司随即改变了红利的分配政策,规定只有公司现任的股东可以得到红利。两名少数股东遂以受到其他股东压迫,无法获得相应的投资回报为由,请求法院解散公司。州上诉法院认为,封闭式公司的股东合理期待投资于公司时,能够获得相应的职位,这样他就可以分享公司收益、参与公司的管理。如其他股东(往往为控制股东)企图使这种合理期待落空,他们就觉得受到了压迫。因此,以是否受到压迫股东的合理期待作为判断被诉行为是否为压迫行为无疑是恰当的。[2] 在具体的股东压迫案件中,法院需要考量的是,公司的

〔1〕 In re Kemp v. Beatley, Inc., 473 N. E. 2d 1173 (N. Y. 1984).

〔2〕 参见张学文:《有限责任公司股东压制问题研究》,法律出版社 2011 年版,第 54 页。

控制股东是否知悉或应当知悉少数股东加入特定公司时的合理期待，不能仅仅因为少数股东加入公司时的主观愿望没有实现并因此产生失望，就认定多数股东的行为具有压迫性。只有在少数股东的期待系对于其投资、加入公司具有决定意义，且期待在当时的条件下来看具有合理性，则多数股东的行为使少数股东的期待落空的方构成压迫。因此，所谓的压迫行为，系指投资者投入资本成为公司股东时，其所拥有的合理期待遭到其他股东的实质性损害的行为。故而州上诉法院认为，被告的行为已造成原告的合理期待落空，构成了对原告的压迫。[1] 亦即，法院认为只有在股东加入时公司基于投资而拥有的，并通过与其他股东缔结的各种正式契约（如股东之间的协议等）或非正式契约（如单方允诺、默契、共识等）而形成的合理期待遭到实质性挫败才会构成压迫。这样，股东合理期待作为判断是否存在压迫行为的标准就变得较为明确、具体了。

由于肯普（In re Kemp）一案确认的，以少数股东基于公司契约而产生的合理预期是否遭到实质性挫败，作为判断控制股东是否违反信义义务并对少数股东实施司法救济的裁判准则，在某种程度上能够对少数股东进行合理保护的同时又兼顾公司多数股东的利益，亦有利于公司整体价值目标的最大化。因此，股东合理期待规则逐步获得美国司法界的广泛认同。在该案之后的几年间，越来越多的州法院逐步接受该标准，并将其适用于控制股东滥用权利对少数股东实施压迫的众多案件中。[2]

2. 股东在公司经营期间的合理期待

尽管如此，由托佩尔一案所开创，经肯普一案而被广泛接受的股东合理期待标准仍然存在不足，这就是：如果仅仅将股东合理预期的实质性挫败限定于股东加入公司时基于公司契约而产生的合理期待的落空，就会出现公司在长期经营过程中发生的客观条件的变化，以及由此而引发的股东预期的调整如何确定的问题。因为，按照公司契约论的观点，公司存续的长期性，决定

[1] Kemp, 473 N. E. 2d 1171 – 1173 (N. Y. 1984).

[2] See Balvik v. Sylvester, 411 N. W. 2d 383, 387(N. D. 1987); Davis v. Sheerin, 754 S. W. 2d 375, 381(Tex. App. 1988).

了公司股东在面对复杂多变的商业环境时,无法对未来所有的经营管理事务作出详尽、具体的安排,故而股东之间在缔结长期契约、不完全契约的同时,往往将公司经营过程中未作具体安排的事务留待发生时再作出安排以降低协商成本。

这样一来,以长期契约、不完全契约为基础而产生的,因客观条件发生变化后产生的股东合理期待将变得不易确认。我国学者罗培新教授将这种现象称为股东基于长期契约而产生系统性认知错误,即股东把现在的成本、效益与未来的成本、效益进行价值衡量时,容易犯低估经营风险的错误。因此,该学者将股东合理预期的基础置于关系契约之中进行分析,认为在关系契约中,股东应根据经营变化对契约条款适时变更,故而,他们之间的权利、义务实际上一直处于一种开放式的动态发展过程。[1] 如此一来,建立在关系契约基础上的股东合理期待,亦应随着契约条款的不断变更而不断进行调整才具有合理性。

北卡罗来纳州上诉法院在 Meiselman v. Meiselman 一案中,对在公司经营期间股东合理预期变化问题作出了富有意义的裁决。[2] 在该案中,州上诉法院首先重申了股东合理期待标准,认为初审法院以公司控制股东的行为为重心并应用"压制""权利滥用"等词语在法律适用上是不适当的,应以原告股东的权利为重心,考量股东的合理期待。[3] 同时法院还强调,股东的合理期待需通过考量公司参与方之间的全部关系方可确定,它既包括基于公司设立人之间的关系而形成的合理预期,也包括基于公司经营的变化而调整的合理预期,还包括基于公司参与人在履行公司职务过程中形成的合理预期。[4] 因为该案考量了公司为谋求长远发展而在经营过程中所作出的适应性调整,以及由此而引致的股东合理预期的变化,同时对这种变化的合理预期进行了确认,从而增强了股东合理预期标准在判断复杂多变的公司经营管

〔1〕 参见罗培新:《公司法的合同解释》,北京大学出版社 2004 年版,第 100~101 页。

〔2〕 Meiselman v. Meiselman, 309 N. C. 279, 307 S. E. 2d 551 (N. C. 1983).

〔3〕 参见杨署东:《合理期待原则下的美国股东权益救济制度及其启示》,载《法律科学(西北政法大学学报)》2012 年第 2 期。

〔4〕 参见罗培新:《公司法的合同解释》,北京大学出版社 2004 年版,第 104 页。

理过程中股东压迫行为是否存在的适应性。所以,自迈泽尔曼(Meiselman)一案后,股东合理预期标准开始在各州法院的裁判实践中得到更加广泛的适用。

经由托佩尔一案所创设,并通过肯普案、迈泽尔曼一案逐步完善的股东合理期待规则,就构成了较为客观、具体的评价控制股东是否存在滥用权利,压迫少数股东的标准体系。该评价标准体系包含了以下要素。

其一,股东合理期待系基于不同属性、不同形式的公司契约而产生的。本书第一章曾述及,20世纪80年代后,公司契约理论开始逐步成为主导美国公司制度实践的主流理论。而公司契约理论的基本观点之一便是与普通的契约相比,公司契约往往表现出长期性、不完全性等属性。同时,公司契约的形式在不同的公司组织中,也会呈现相应的变化。在股东人数较少、彼此之间存在信任关系的封闭式公司中,股东之间尽管存在缔结正式契约的情形,如公司章程、股东协议。但更多的情形是,出于股东彼此间的信任关系以及节约缔约成本的需要,他们往往以口头允诺,或者是基于商业惯例以及以公司经营中普遍的做法所形成的默契或共识的形式缔结非正式契约。通过对托佩尔一案以及肯普一案中不同法院的判词分析,我们不难得出,股东合理期待正是股东之间通过各类公司契约而生成的。

其二,股东的合理期待系判断是否存在股东压迫的客观性标准。通过考察股东压迫的判断规则的变迁可知,股东合理期待系法院判断是否存在公司股东滥用权利对其他股东实施压迫行为的一种客观标准。这是因为,股东之合理期待,要为其他股东所知悉或应当知悉,并获得他们明示或默示的同意。诚如学者所言,法院不会对股东单方的冀望或预期持赞同的立场,除非这些冀望或预期为其他股东所知悉或认可。[1] 换句话说,既然股东合理期待系由公司契约生成,那么该期待是否存在仍应在公司契约的框架内进行考量。与美国前期的“机会平等”标准、“合理商业目的”主观标准相比,股东合理期

---

〔1〕 See Steven Bahls, *Resolving Shareholder Dissension: Selection of the Appropriate Equitable Remedy*, Journal of Corporation Law, p. 325(1990).

待系方便举证、法院查知的客观标准。此标准不但有利于少数股东权益的司法救济,而且能够兼顾控制股东的权益,较好地实现了公司股东之间整体利益的平衡。

其三,股东合理期待能够覆盖公司经营管理过程中的各个阶段。在公众公司中,除少数发起人股东外,作为广大投资者的股东的合理期待在于获得股票的红利或者买卖股票所形成的利差。而在封闭式公司中,股东投资于公司的目的除获取股份的分红外,还希望能够谋取公司的职位,以便在获得薪酬这一变相的投资收益的同时,还能够得到以其技能、经验参与管理公司所带来的满足感。当然,参与公司经营管理还可以在一定程度上有利于维护其自身在公司中的各项利益。这些股东合理期待在学者看来,可以概括为投资动机之期待、投资回报方式之期待、参与公司治理之期待。[1] 同时,由于公司经营过程具有复杂多变的特征,公司股东对于其所缔结的公司契约的理解在不断发生调整,股东各方合意,亦由此不断发生变更。[2] 因此,股东的上述合理期待的具体内容,往往随着公司契约的调整呈现不断变化的特征。这就需要法院在具体的案件中,通过公司契约条款探究股东合理期待的具体内容。

正是经司法判例形成并逐步完善的股东合理期待规则,系判断股东压迫行为是否存在的、富有可操作性的客观化标准,所以,该规则逐步获得美国各州法院的认可并在裁判实践中得到了广泛的应用。据不完全统计,目前,股东合理期待规则在美国各州法院审理股东压迫行为救济的司法实践中,已成为最有影响力的判断准则。有 7 个州的最高法院、9 个州的初审法院已经采纳了合理期待规则作为判断压迫行为是否存在的标准,而没有对股东压迫作出明确规定的州也将合理期待规则作为判断是否违反信义义务的标准,还有 2 个州的公司法明确要求法院在对受压迫的股东进行司法救济时,需考虑股

〔1〕 参见张学文:《英美法中的股东合理期待原则》,载《比较法研究》2011 年第 4 期。
〔2〕 参见罗培新:《公司法的合同解释》,北京大学出版社 2004 年版,第 103 ~ 104 页。

东的合理期待。[1]

但是，部分美国学者对司法判例所确认的合理期待标准持保留态度。他们认为，在审理控制股东滥用权利对少数股东实施压迫（oppression）的众多判例中，要求法院考虑少数股东合理期待，这实际上赋予了少数股东过多的权利。这些学者还认为，少数股东的此种权利往往会使规模较小的公司卷入高成本的诉讼中。[2] 尽管学界对股东合理期待标准仍存在不同的观点，该标准自身也绝非完美无缺，但目前其已成为美国多数州公司制度认可的、判断权利滥用或压迫行为是否存在的客观标准。[3]

需要补充说明的是股东压迫与股东信义义务之间的关系问题。通过上述判例的梳理不难发现，股东压迫实际上描述了公司控制股东在违反信义义务、滥用多数决原则侵害公司少数股东利益时，由于封闭式公司缺乏有效的股份退出机制，少数股东面临着无法及时退出公司的窘境。在本质上，股东压迫与控制股东违反信义义务均是侵害少数股东利益的行为。有所不同的是，股东压迫往往体现为控制股东违反信义义务，侵害少数股东权益的各种行为后所引致的效果。

二、英国不公平损害救济之"不公平"的内涵

前文已述及，美国法院在判断控制股东是否存在滥用权利、实施股东压迫行为进而确定是否对少数股东进行救济的诸多判例中，经历了从"机会平等""合理商业目的"的主观标准，到"股东合理期待"客观标准的转变过程。而英国成文公司法及公司裁判实践对少数股东的救济则经历了股东欺诈、股东压迫到股东的"不公平"损害救济的发展历程。同时，英国法院的判例实践的发展还表明，法院对于少数股东的救济标准，亦经历了从主观标准到在

---

〔1〕 See Hodge O'Neal, Robert Thompson, *O'Neal and Thompson's Oppression of Minority Shareholders and LLC Members*(*Rev. 2d.*), Thomsom/West, p. 105(2004).

〔2〕 See Cynthia Grandfield, *The Reasonable Expectations of Minority Shareholders in Closely Held Corporations*: *The Morality of Small Businesses*, Depaul Business Law Journal, p. 387 – 388(2002).

〔3〕 See John H. Matheson, R. Kevin Maler, *A Simple Statutory Solution to Minority Oppression in the Close Held Business*, 91 Minnesota Law Review 657, p. 668 – 669(2007).

公司契约内考量股东合理期待是否实质性受挫的客观标准的转变。

(一)不公平损害制度确立前的裁判实践

事实上,1843 年 Foss v. Harbottle 一案不仅仅确立了股东派生诉讼制度与公司资本多数决原则,该案还曾一度使公司少数股东通过诉讼寻求司法救济的权利限制在十分狭窄的范围内,即只有在符合极少数例外的情形下,英国法院才会允许公司股东通过诉讼的方式保障其本人及公司的权利。在此种情形下,少数股东在权益受损后难以通过诉讼方式获得应有的救济。此种情形一直延续到詹金斯(Jenkins)委员会在改革公司法时,主张以"不公平损害"取代"股东压迫"后才发生改观。[1] 在此期间,1948 年《英国公司法》确认以"压迫"概念代替解散公司的救济措施之前,《英国公司法》并未明确对何种情形下少数股东可以通过诉讼寻求救济;同时,与美国法院在股东压迫行为救济中采用的"机会平等""合理商业目的"等标准不同,英国法院在处理少数股东救济的案件时,往往是通过"欺诈""压榨""公平与正义"等抽象概念直接作为其裁判准则的。

据英国公司法学者的考证,尽管在 1948 年之前少数股东通过诉讼寻求权益救济的途径受到 Foss 规则的影响,但在裁判实践中,法院仍将一些案件作为该规则的例外,允许少数股东通过诉讼寻求救济——特别是这些案件涉及行为越权或非法、应以特别或非常决议方可确认以及小股东遭受欺诈等领域时。[2] 其中,对前两种案件公司立法多有明确规定,在裁判实践中亦不难认定,故而早期英国的相关判例,基本是围绕控制股东是否实施了"欺诈"行为进而决定是否对少数股东进行救济展开分析、论证的。

早期较为典型的少数股东欺诈案件是 1919 年 Brown v. British Grinding Wheel Company 一案。在该案中,公司因业务扩张需要注入更多的资本。公司控制股东愿意提供更多的资本金,但前提是能够获得少数股东的股份。因少数股东不愿转让其股份退出公司,多数股东便修改了公司章程细则,使多

〔1〕 参见林少伟:《英国现代公司法》,中国法制出版社 2015 年版,第 244 页。

〔2〕 参见[英]丹尼斯·吉南:《公司法》,朱羿锟等译,法律出版社 2005 年版,第 238 ~ 239 页。

数股东能够依据章程细则，强制性地收购少数股东的股份。少数股东遂提起诉讼。法院认为，修改章程细则并非为了公司的利益，故（控制股东）对章程细则的修改须受到限制。[1] 在该案中，公司控制股东通过资本多数决的方式滥用权利，实施了“排挤”少数股东的行为。在法院看来，这种以实现个人利益为目的而恶意地排挤少数股东的行为就构成了欺诈。透过该案可知，在英国早期的公司裁判实践中，法官已经注意到了公司控制股东利益的实现与少数股东合理保护两者之间的平衡。

另一起典型的欺诈小股东的案件，是发生在 1976 年的 Clemens v. Clemens Bross Co. , Ltd. 一案。一个小型的家族公司实际股本为 2000 英镑，原告持有其 45% 的股份，原告的姑姑持有其 55% 的股份，原告的姑姑同时还兼任公司的董事。公司董事会提出拟增加 1650 股具有表决权的普通股的计划，其中 800 股为公司其他四位董事持有，850 股为公司长期雇员的利益并以信托的方式持有。原告认为这将会使其本人持有的股份减至 25% 以下，因此反对该项计划，但该方案仍获得了股东会决议的通过。原告以该项决议压制少数股东为由向法院申请撤销。被告认为，在股东会上，股东有权考虑自身的利益，并善意地以有利于公司的任何方式进行表决。法院认为，原告的姑姑无权随意地行使其大股东的表决权，虽然难以通过诸如善意地为了公司整体利益进行表决、欺诈少数股东等概念，抽象出限制股东表决权的一般的法律原则，但是无论股东以何种方式行使表决权均应符合公平之意，尤其是在特定情形下以特定方式行使表决权会造成不公正时。[2]

显然，在该案中，如按照欺诈标准对公司多数股东行使表决权的目的进行判断，则很难对控制股东是否存在滥用表决权的行为作出判断。因为增发股份的计划能够使公司董事及公司的长期雇员持有公司的股份并因此获取收益，进而对董事与雇员产生激励作用，有利于增进公司整体价值目标。但增发股份的计划背后，隐藏着被告难以为他人察觉的个人目的：完全控制公

---

〔1〕 参见［英］丹尼斯·吉南：《公司法》，朱羿锟等译，法律出版社 2005 年版，第 240 页。
〔2〕 参见［英］丹尼斯·吉南：《公司法》，朱羿锟等译，法律出版社 2005 年版，第 241 页。

司,并剥夺原告拥有的45%消极控制权。正是因为该案的复杂性与特殊性,法官放弃使用“欺诈”的概念,认为控制股东行使表决权通过增股计划决议的行为对少数股东是不公平的,从而支持了原告撤销决议的诉请。

通过上述判例不难看出,虽然早期英国法院可以“例外地”对少数股东遭受的“欺诈”实施司法救济,但是,对于“欺诈”行为的认定,却并未形成较为一致的裁判标准。当公司控制股东采取损害少数股东权益的行为时,法院可以通过判例的方式,使后者获得较为合理的救济,这也体现了英国法院在处理公司纠纷时灵活、务实的裁判风格。

此外,英国成文公司法亦对少数股东权益保护进行了积极的探索。根据1929年《英国公司法》第168条规定,立法赋予少数股东在特殊情形下,请求法院基于“公平与正义”解散公司的权利。但该项救济措施过于“刚硬”:解散公司不但对社会经济发展造成负面影响,而且还会导致其他股东无法继续经营,使公司的整体价值受到减损,少数股东亦深受其害。这些原因使解散公司的救济措施在公司实践中极少为法院适用。[1]

为改变此种不利局面,1948年在对《英国公司法》进行修订时,英国Cohen委员会认为,应以“压迫”替代解散公司的救济措施,最终,Cohen委员会的意见在公司立法中得到了体现。1948年《英国公司法》第210条规定,当少数股东受到大股东压迫时,可通过诉讼的方式获得救济。但是,该项规定在实践中的效果却差强人意。[2] 但由于该项规定是建立在1929年公司所确立的“公平与正义”解散公司制度的基础上,股东如欲提起压迫行为救济之诉,需满足衡平法上解散公司的条件,但以股东压迫为由提起诉讼的案件通常不具备这些条件。同时,法院无法对“压迫”一词的含义准确界定。因此,压迫行为救济在裁判实践中往往受到限制,少数股东很难据此规定获得救济。[3] 统计数据表明,该制度自确立到修改的30多年间,仅有两个诉

---

〔1〕 参见林少伟:《英国现代公司法》,中国法制出版社2015年版,第245页。

〔2〕 L. S. Sealy, *Cases and Material in Company Law*, 7th ed., Butterworths, 2001, p. 517.

〔3〕 参见林少伟:《英国现代公司法》,中国法制出版社2015年版,第245~246页。

讼成功的案例。[1] 这就使1948年《英国公司法》第210条规定的股东压迫救济制度被1985年《英国公司法》修订时所确立的"不公平损害"救济制度所替代。

通过对英国不公平损害制度确立前公司裁判实践的梳理与分析可知,法院通过判例法确认的"欺诈"或者通过立法规定股东"压迫"救济制度,在某种程度上实现了对少数股东权益的维护。但就整体而言,由于英国早期公司立法在救济路径的漫长探索,特别是没有发展出较为明确、具体的股东压迫救济判断标准,致使少数股东权益在受到控制股东侵害时,仍难以获得有效的保护。此种尴尬的局面一直到1985年不公平损害制度正式确立,特别是法院以股东合理期待是否受到实质性挫败作为控制股东是否存在滥用权利的判断标准时,才发生了明显的转变。

(二)不公平损害救济中"不公平"的确定

1962年,詹金斯委员会建议对1948年《英国公司法》第210条进行全面地反思和检讨,并主张以"不公平损害"代替"压迫"的概念,提出相应的配套改革措施。最终,该建议为1985年的《英国公司法》所采纳,这便是第459条确立的不公平损害制度。根据第459条第1款的规定,公司成员在以下情况下可以向法院提出申请,即当公司事务已经或者正在以一种不公平损害的方式对公司部分成员(至少包括他自己)的利益进行执行,或公司之实际或被提议的作为或不作为将要对公司某些成员利益造成不公平损害时。1985年《英国公司法》第459条的规定范围非常广泛,法官可自由裁量的救济措施相对较多。它既避免了解散公司的单一救济方式,同时也规避了1843年Foss规则的苛刻要求。对公司异议股东而言,无疑是一大福音。[2]

《英国2006年公司法》修订时,法律委员会对其进行了完善:简化了私人公司的救济程序,拓宽了司法救济措施的范围,以便对少数股东实施救济。这使不公平损害救济(unfair prejudice)成为英国成文公司制度中保护少数股

[1] 参见薛云慧:《英国少数股东权诉讼救济制度研究》,中国法制出版社2005年版,第129页。
[2] 参见林少伟:《英国现代公司法》,中国法制出版社2015年版,第247页。

东最有价值的救济制度。[1]《英国2006年公司法》第994条第1款不公平损害制度的内容是1985年《英国公司法》第459条第1款的重述。根据该规定，股东如欲申请损害救济，需证明其利益受到或将要受到不公平的损害。换句话说，股东要证明公司所为既存在不公平，也存在损害性，没有不公平的损害或者没有损害性的不公平均不符合该制度的要求。[2] 相对而言，损害性的事实在实践中较为容易确定，亦不难提供相应的证据，因此少数股东能否获得不公平损害救济，在事实上取决于法院如何正确理解、确定"不公平"这一概念。而英国公司制度的相关判例实践表明，该概念内涵的确定是以股东合理期待是否受到挫败作为判断标准的。

在不公平损害制度确立之前，英国法院通过判例对"公正与合理"进行探究时，就已经提出了"不公平"的判断标准。这就是Ebrahimi v. Westbourne Galleries Ltd.一案。在该案中，威尔伯福斯(Wilberforce)勋爵指出，在法人性质的准合伙公司中，根据公司基础性协议的规定，公司股东有权期待参与公司管理与利润分配，因此，其他股东对此期待的忽略将是不公平的。[3] 通过该案的判词，我们不难发现，威尔伯福斯勋爵没有对何为"公正与合理"进行正面的描述，而是以股东基于公司契约而产生的合理期待是否落空作为标准判断是否存在不公平，从而反向确定何为"公正与合理"。埃布拉希米一案具有历史开创性意义。美国学界正是受该案启发，开始对股东合理期待展开理论研究，进而推动美国法院逐步以股东合理期待是否遭受实质性挫败作为是否存在股东压迫的判断标准。而英国在建立不公平损害救济制度后，也逐渐以股东合理预期的落空作为不公平性的判断标准。

如果说埃布拉希米一案对股东合理期待标准的确立具有开创性意义的话，那么，英国O'Neill v. Phillips一案则是股东合理期待标准正式确立的标志。在该案中，奥尼尔(O'Neill)最初仅为公司的雇员，控制股东菲利普斯

---

[1] 参见林少伟：《英国现代公司法》，中国法制出版社2015年版，第244～249页。

[2] 参见林少伟：《英国现代公司法》，中国法制出版社2015年版，第259页。

[3] 参见[马来]罗修章、王鸣峰：《公司法：权力与责任》，杨飞等译，法律出版社2005年版，第416页。

(Phillips)聘请其为公司董事,并送他25股公司股份作为激励。几个月后,奥尼尔提出接管公司的业务,同时提出其与菲利普斯平分公司利润(薪资加股利)的薪酬计划。该计划在获得菲利普斯的同意后顺利实施。之后,尽管双方也存在当公司业绩增长达到某一指标时,奥尼尔在公司的股份增至50%的讨论,但双方未能进行进一步的谈判。后来,公司业绩开始出现下滑,菲利普斯收回了公司业务的管理权,奥尼尔没有提出异议,但当双方关系恶化时,奥尼尔提出了不公平损害救济的请求。

霍夫曼(Hoffmann)勋爵认为,对于奥尼尔无偿获得50%股份及平分公司利润的合理期待,应当以契约的约定为前提条件。菲利普斯仅仅是原则上同意其获得更多的股份,但他未对此作出许诺。同样,菲利普斯对于平分公司的利润亦未作出无条件的许诺,事实上,平分公司利润是奥尼尔在公司未来业务发展基础上的断言。[1] 因此驳回了奥尼尔提出的不公平损害诉请。

通过该案,霍夫曼勋爵对(控制)股东行为的不公平性确定提出了两项原则:股东行为违反了理应如何处理公司事务而达成共识的契约条款;规则的适用或适用方式与衡平法中的善意存在冲突。[2] 但是,这两项原则较为抽象,容易造成对股东合理期待标准理解上的偏离。因此帕滕(Patten)法官在Grace v. Biagioli一案中对两项原则进行了具体诠释,认为股东行为是否存在不公平,应将其置于具体的公司结构中进行考察,而考察的标准就是公司章程的规定及股东之间对权利、义务进行约定的协议内容;同时,公司章程与股东协议的内容均应受衡平原则的制约。[3] 这样,霍夫曼勋爵提出的一般原则与帕滕法官的具体诠释,为正确理解"不公平"的含义提供了可以衡量的下述标准。

不公平性的衡量标准之一是,是否违反了公司经营事务如何执行的协议。诚如霍夫曼勋爵在O'Neill v. Phillips一案中所表明的观点,公司系以经

---

〔1〕 参见[马来]罗修章、王鸣峰:《公司法:权力与责任》,杨飞等译,法律出版社2005年版,第417~419页。

〔2〕 O'Neill v. Phillips, [1999]2 BCLC 1.

〔3〕 Grace v. Biagioli, [2006]2 BCLC 70,93, para. 61.

营为目的的人的联合,这种联合体现为规范股东权利、义务的文件,如公司章程或者股东协议等。因此,在衡量公司经营事务的执行是否给其他股东带来不公平时,首先应考察该行为是否违反股东之间已达成的章程与协议。鉴于公司经营的长期性,章程与股东协议在此期间可能发生变化,不管是通过明示方式还是默示方式。故而在判断上述行为是否违反章程或协议时,应以变更后的章程或协议的条款为准。[1]

不公平性的另一衡量标准是,法院出于衡平原则的考量。对于大多数纯商业公司,特别是规模较大的公众公司而言,股东间的权利、义务关系均系在公司章程或公司协议中,因此,他们的合理期待可以通过书面契约的内容推断出来。而准合伙性质的公司则是另外一种情形。在准合伙性质的公司中,即使股东的行为没有违反章程或协议,但违反衡平原则,也会造成不公平损害。同时亦须注意纯商业公司与合伙性质的公司在经营期间,形式上可能发生的相互转化。这样一来,法院如何甄别一般公司与准合伙性质的公司便成为适用衡平原则的关键。在 Ebrahimi v. Westbourne Galleries Ltd. 一案中,威尔伯福斯勋爵提出,准合伙性质的公司通常具有的三个基本特征为:其一,公司的设立、经营系基于个人之间的相互信任;其二,对所有或本部分股东参与公司经营存在协议约定或默契;其三,股东间对股权转让进行了严格的限制。[2]

需要特别指出的是,霍夫曼勋爵认为,在准合伙性的公司中,股东在组建公司时,彼此之间就存在默契或通过协议作出承诺;在公司运营过程中,他们会因语言或行为产生新的承诺或默契。为避免对股东产生不公平,就应重视这些新的承诺或默契。同时,无论是组建公司时,还是公司运营中产生的默契或承诺,均无须具有合同法上的可执行性。[3]

通过上述奥尼尔等案件的判例可知,不公平损害制度中对"不公平"的确定,是基于股东之间的书面或口头的、明示或默示的公司契约(章程、协议

---

〔1〕 参见林少伟:《英国现代公司法》,中国法制出版社 2015 年版,第 261 ~ 262 页。

〔2〕 Ebrahimi v. Westbourne Galleries Ltd.,[1972]2 ALL ER 492 at 500.

〔3〕 参见林少伟:《英国现代公司法》,中国法制出版社 2015 年版,第 267 页。

甚至是承诺、默契)所产生的合理期待作为判断规则的。只要控制股东违反公司章程、股东协议,或者违背承诺、默契的行为致使少数股东合理期待落空或遭到实质性挫败,就存在不公平。

前文曾在对股东固有权典型案例以及公司契约理论方法论价值进行梳理、探讨的基础上,提出股东固有权在本质上系股东基于公司契约而享有的、合理期待不受剥夺的权利。通过本节对美国判例法中的压迫行为救济、英国成文公司法不公平损害救济中的判断标准由主观向客观的转化过程,足以说明对股东固有权本质理解的合理性。正是在此意义上,持公司契约论观点的学者不无深刻地指出,滥用权利损害股东权益的纠纷发生后,法官通过对股东的合理期待是否遭受挫败进行识别并作出裁决,系司法"判出"的股东固有权。[1]

第三节　"股东合理期待"本质的正当性

经过判例法的长期发展,美、英两国法院逐步确立以股东的合理期待是否受到挫败或落空作为判断压迫行为救济、不公平损害救济中控制股东是否存在滥用权利的标准。但随之而来的问题是,将股东固有权的性质归结为股东合理期待,与股东固有权性质之法定股东权说、股东私权说相比,其是否具有正当性。美国著名大法官卡多左曾经指出,制度的终极目标是社会福利,未实现该目标的法律制度无法永久地证明其存在的合理性。[2] 故而,将股东固有权的本质归结为不受剥夺的股东合理期待是否具有正当性,在事实上就转化为与上述两种学说相比,对股东固有权的此种性质定位能否一般性地实现对法律制度理应包含的正义与效率的基本价值目标的判断。

---

〔1〕 该学者虽反对将股东的某项具体权利视为股东固有权的"僵化"理论观点,但赞同美国法院的"股东基于公司契约而产生的合理预期不受剥夺"的判例规则。参见罗培新:《公司法的合同解释》,北京大学出版社 2004 年版,第 340~346 页。

〔2〕 参见[美]本杰明·卡多左:《司法过程的性质》,苏力译,商务印书馆 1998 年版,第 49 页。

一、股东合理期待的合理性分析

(一)以违反"契约"为准则:正义的考量

自人类文明产生以来,先哲们就从未间断对正义的探寻。时至今日,人们对正义的理解仍然是歧义纷见。这是因为正义有一张普罗透斯似的脸……当我们查探这张脸并揭示其背后的秘密时,就会深感迷茫。[1] 换句话说,正义虽然是人类社会法律制度孜孜以求的最高价值目标,但高度抽象的特质使其在现实的操作层面难以为人们理性、有效地把握。

就具体层面的公司制度而言,自 1843 年英国 Foss v. Harbottle 一案确立资本多数决原则以后,该原则即以其便捷、高效的公司事务处理方式逐步为世界各国公司制度所效仿。但随之而来的问题是,控制股东为实现自身利益的最大化往往利用资本多数决的制度便利,侵害少数股东的权益。前文美、英公司法判例实践亦表明,司法在维持资本多数决有效运行、促进公司整体利益最大化的同时,还能实现对少数股东权益的合理保护,并非易事。而通过公司契约论之方法,将复杂的股东利益关系置于公司契约的框架内,并以他们缔结的各种形式的契约来分析彼此之间的权利、义务关系,可以将抽象的正义价值观具体化,并变得具有可操作性。具体而言,将股东固有权的性质归结为不受剥夺的股东合理期待,具有以下优势。

其一,能够使少数股东的权益获得较为合理的保护。公司契约理论将公司契约分为正式契约与非正式契约。前者如公司制度本身、公司章程等,本应得到股东的遵守。就后者而言,其不仅包括股东间的口头协议,还包括共识、允诺甚至是默契。如果(控制)股东行使权利的行为致使其他股东基于非正式契约而产生的股东合理期待遭受挫败或落空,则该权利的行使就会被法院视为权利滥用而予以司法干预。这样,股东权利的保护就不仅仅局限于公司制度中的法定权利和正式契约约定的权利,而是扩大至股东非正式契约

---

[1] 参见[美]E. 博登海默:《法理学:法律哲学与法律方法》,邓正来译,中国政法大学出版社 2004 年版,第 261 页。

约定权利的范围，从而有效地弥补了公司成文立法的疏漏与股东正式契约约定的不足。在此意义上，英国各法院法官的普遍性观点是，《英国2006年公司法》第994条之规定保护了股东的合理期待而不仅仅是其在成文法上的权利。[1]

其二，在一定程度上克服了法院对少数股东权益保护的主观随意性。股东合理期待系基于股东之间缔结的契约而产生。因此，在股东契约框架内具体分析、考量股东的期待是否“合理”，就具有某种程度的客观性，即股东之间的契约使那些值得法律制度所承认和保护的、原告股东所持有的、可以归结为具有“合理”性的期待，与那些原告股东事实上仅仅是在心中所持的、但法院却不能予以保护的期待区别开来。[2] 故而，此种客观化的股东合理期待，在很大程度上能够帮助法官在具体案件的审理过程中克服对股东过度保护或保护不足的主观性问题，从而在整体上有助于正义的法律价值观在公司股东之间适当地实现。

（二）法院及时予以救济：效率的追求

将股东固有权的性质确定为股东合理期待，有利于法官在具体的案件中克服其主观性，促进法的正义价值观在公司股东之间的实现。同时，与法定权利说、股东私权说相比，股东合理期待产生于股东之间缔结的公司契约，而公司契约理论的价值目标是在维护正义的同时，促进公司效率的实现。此种效率价值目标，除了体现在前文所述的公司本身作为契约的联结能够节约缔约成本、提高市场效率，还体现在以下几个方面。

其一，与各国公司制度所普遍采用的多数决原则并不冲突。由于不同股东之间个人风格、风险偏好等方面的差异，股东往往难以就公司重大经营事项达成一致，而资本多数决原则能够及时地对待决经营管理事项作出决议。也就是说，多数决具有提高公司决策效率的功效。从公司契约论的视角来看，股东在设立公司或加入公司时，未对股东表决权的行使作出特别的约定，

〔1〕 参见张学文：《英美法中的股东合理期待原则》，载《比较法研究》2011年第4期。

〔2〕 See Paul Davies, *Gower and Davies' Principles of Modern Company Law*, Sweet & Maxwell, p. 692(2008).

就视为对资本多数决这种公司法定标准契约条款的接受。当(控制)股东以多数决的方式滥用股东权利,损害其他(少数)股东的权益时,法院再适时介入,审视多数决所形成的决议内容是否违反股东之间达成的明示或默示的契约约定,是否造成股东的合理期待实质性挫败或落空。从事后救济的角度看,将股东固有权定性为非经股东同意、不受剥夺的合理期待,并不会排斥作为契约标准条款的、能提高决策效率的资本多数决原则的适用。

其二,法院事后救济有利于降低股东之间缔结公司契约的协商成本。公司契约论认为,经营的长期性决定了公司契约条款的不完备性。在现实公司实践中,基于公司不断变化的经营状况以及由此带来的缔约成本的考量,股东之间缔结的契约往往属于不完全契约。这种约定,可以是以公司章程为表现形式的正式契约,也可以是以股东之间的共识、允诺或默契为表现形式的非正式契约。这样,当纠纷发生时,由法院通过事后对这些正式契约、非正式契约中的约定,及由此而形成的股东合理期待进行审查,并对滥用权利的(控制)股东进行相应的惩罚,这要比股东之间事无巨细地事先磋商,并达成一致的成本要低得多。[1]

二、股东合理期待的普遍性分析

股东合理期待的普遍性,是指其普遍地存在于各类型的公司之中,而非仅限于特定的公司类型范围内。学界有观点认为,由于股东合理期待系基于相互信任、信赖的个人亲密关系而生成,所以其适用范围仅限于具有准合伙性质的封闭式公司。[2] 而上述美国、英国在判例法实践中,法院亦多将股东合理期待规则适用于具有准合伙性质的封闭式公司。那么,股东合理期待规则是否真的仅适用于具有准合伙性质的封闭式公司呢?

尽管在实践中,法院多将其适用于具有准合伙性质的封闭式公司,但此种做法另有原因。在公开上市公司中,监管机构要维持市场的统一与透明

---

〔1〕 参见罗培新:《公司法的合同解释》,北京大学出版社 2004 年版,第 55 页。

〔2〕 参见[马来]罗修章、王鸣峰:《公司法:权力与责任》,杨飞等译,法律出版社 2005 年版,第 416 页。

度，并防范在未披露的市场中进行交易的危险，如果在此类公司中适用合理期待规则，可能会导致股市的动荡。[1] 在人数众多的上市公司中，公司契约多体现为国家立法机关、行政监管机关颁布的公司法、证券法、上市公司治理准则等正式契约的标准条款，以及公司制定的招股说明书、公司章程等正式契约的非标准条款。当公司(控制)股东违反这些契约标准条款，损害少数股东权益时，后者可直接依据相应的条款规定，要求前者承担相应的法律责任。而在封闭式公司中，公司制度往往赋予股东较大的自治空间，相关公司制度标准条款相对简略，而股东之间往往缺乏正式的契约安排，作为股东之间的非正式契约的共识、允诺甚至是默契就发挥了主要的作用。简言之，在现实的公司实践中，股东合理期待更适合作为封闭式公司的股东权利滥用的判断标准。

事实上，上述学者是将股东合理期待建立在股东之间亲密的信任关系之上，进而得出了股东合理期待的判断标准，仅适用于具有准合伙性质的封闭式公司的结论。但如果以公司契约的视角看待作为股东固有权性质的股东合理期待，可能就是另一番情景。新自由主义大师哈耶克认为，法律所旨在防阻的一个人对另一个人所施的损害，并不是所有损害，而只是那种致使法律规定为合法的预期落空的损害。[2] 公司契约论认为，股东合理期待系基于各种正式与非正式公司契约而产生。因此只要公司契约机制尚存，股东合理期待就会借此产生。只不过，在准合伙性质的封闭式公司中，股东的合理期待产生于以股东的共识、默契等为表现形式的非正式契约；而在普通的商事公司或者人数众多的公开上市公司中，股东的合理期待更多地产生于发起协议、公司章程、招股说明书中。同时，通过立法机关、行政监管机构颁发的公司法、证券法、上市公司章程指引、上市公司治理准则等一系列以法律法规、行政规章体现公司制度"标准条款"的公司契约，亦能产生股东的合理期待。正是在此意义上，尽管期待的内容会有所不同，但在封闭式公司与公众

---

〔1〕 参见[马来]罗修章、王鸣峰:《公司法:权力与责任》,杨飞等译,法律出版社 2005 年版,第 423 页。

〔2〕 参见[英]弗里德利希·冯·哈耶克:《法律、立法与自由》,邓正来、张守东、李静冰译,中国大百科全书出版社 2022 年版,第 228 页。

公司中,股东均存有利益期待。[1]

为了正确理解公司契约普遍存在的股东合理期待,我们还需就股东合理期待与源于德国民法理论的期待权的关系进行一番说明。期待权理论由德国法学家所创立,冯·图尔在他人研究的基础上,在其教科书中明确将其作为独立的类型。按照冯·图尔的观点,多数权利之成立,需要具备数项要件,而这些要件未必能够同时满足,被满足的要件越多,权利就越趋近完整。受该理论的影响,在德国法上,附停止条件法律行为中的权利人以及所有权保留买卖中的买受人依通说享有期待权。[2] 直观地看,德国民法学理论界中的期待权与英美公司法理论界、实务界中的股东合理期待颇有相似之处。事实上,两者在权利性质、权利效力以及适用范围上均具有明显的差别。具体而言,股东合理期待与民法理论中的期待权之间的区别如下。

首先,从权利的性质来看,股东合理期待基于公司契约产生,即在公司契约论的视角下,法官通过司法判例将契约法中的"合理期待"援引到公司股东之间。在本质上,这种合理期待源于公司正式契约或非正式契约中股东之间的合意。而期待权则正是产生中的、未来的完整权利,是权利尚未形成的一种表现形式,权利的取得通过期待权予以准备,即期待权在性质上并不属于一种独立的民事权利,它仅仅是一种民法学理上或然性权利。[3]

其次,从权利的效力来看,由于股东合理期待在本质上属于公司正式契约或非正式契约中股东之间的合意,所以,在控制股东滥用多数决致使少数股东的合理期待落空或受到实质性挫败时,法院往往以控制股东违反信义义务或通过不公平损害制度予以救济;而期待权则不然,其只有在其发展成为一种完整的权利形态时,如附条件或附期限的法律行为,只有在条件具备时或期限到来后,才能发生一定的权利、义务关系,以及相应的法律效果。

最后,从适用范围上来看,股东合理期待既存在于公司的正式契约之中,如前文所提及的各项公司制度条款、公司章程、股东协议,也存在于公司的非

---

〔1〕 参见罗培新:《公司法的合同解释》,北京大学出版社 2004 年版,第 100 页。
〔2〕 参见朱庆育:《民法总论》,北京大学出版 2013 年版,第 506 ~ 507 页。
〔3〕 参见申卫星:《期待权基本理论研究》,中国人民大学出版社 2006 年版,第 111 ~ 112 页。

标准契约中,如基于共识、默契而形成的默示契约条款。而期待权是一种尚在形成过程中的权利,所以其多适用于附条件或附期限的法律行为中。

总言之,将股东固有权的属性理解为基于公司契约而享有的、不受剥夺的股东合理期待,有助于以公司契约的方式,将股东权利从实然法中的法定股东权利拓展至契约法中的约定的权利,扩大股东权利的范围,为(少数)股东获得司法救济提供正当性基础。

第三章　股东固有权的权利“标准”类型

公司法规具有授权性特征，它的含义是：当事人可以选择与法律不同的规则，如果当事人没有选择，或者没有说明，则法律提供了一套标准性条款。

——张维迎

公司契约理论的基本观点是将公司视为契约的联结。以此为起点，公司契约论者在论及公司制度条款的价值与功能时，往往将其视为公司契约各当事方现成的、标准的契约条款。[1] 此种标准契约条款由股东自愿“选出”或默示接受，即成为股东之间的契约条款。股东固有权作为一种基于公司契约而产生的、不受剥夺的股东合理期待，自然也蕴含于契约的标准条款中。同时，将公司制度作为公司契约的“标准条款”，那么，只有其具备设计与适用的合理性，才能为契约各方的适用提供正当基础。[2] 由此，我们也可以说，唯有立法机关制定出能够合理保护公司契约各当事方权益特别是能够促进股东固有权——股东合理期待实现的公司制度“标准条款”，这些“条款”才能更多地获得公司股东以及其他契约参与方的广泛接受。正是基于此种逻辑，本章对能够生成股东合理期待的公司契约“标准条款”，即公司制度条款

---

〔1〕 参见张维迎：《理解公司——产权、激励与治理》，上海人民出版社2014年版，第288～293页。

〔2〕 参见罗培新：《公司法的合同解释》，北京大学出版社2004年版，第57～58页。

规定中的股东权利展开论述。

需要注意的是，按照通常的理解，公司制度分为任意性规范与强制性规范。在公司制度为公司契约“标准条款”的特定语境下，这些规范表现为授权性条款、补充性条款以及强制性条款。授权性条款允许股东之间自主选择、自由设定相互间的权利、义务；补充性条款在股东未对相互间的权利、义务作约定时具有自动适用的功能；强制性条款则是纠正股东信息偏差、有限理性的偏差，特别是在管理层或控制股东从事机会主义行为时，法院可以适用这些条款，纠正机会主义行为、保护股东合理预期。[1] 简言之，在公司制度中不同的公司契约“标准条款”，对股东固有权的作用是不同的，授权性条款与补充性条款更多地体现为股东之间未能作出特别约定时默示接受的契约条款，而强制性条款则更多地体现为股东违反公司契约条款后的法律保护或司法救济措施。

第一节 股东固有权的“标准”类型及其改进

在展开本节的正式讨论前，需要对股东固有权的“标准”类型所要表达的本意予以明确。前文已述及，作为公司契约的“标准”条款的公司制度，蕴含着股东权利的基本形态，但不同种类的权利需经过股东“选入”或默示接受的契约化的机制，才能形成不受剥夺的股东合理期待。易言之，所谓股东固有权的“标准类型”，主要是指股东依据公司契约“标准条款”中的、公司制度中明确规定的各种股东权利本身所产生的不同期待。这与目前学界普遍存在的，直接将公司制度中某项具体的股东权利作为股东固有权的观点并不相同。而本节所要探讨的，首先是对学界普遍存在的股东固有权的类型化的主要观点进行梳理，指出其各自的优、缺点，然后，提出公司制度中具体的股东权利系股东固有权的权利“标准”类型的观点，并对其“标准”类型展开分析和论述。

---

〔1〕 参见汤欣：《论公司法的性格——强行法抑或任意法？》，载《中国法学》2001 年第 1 期。

一、股东固有权的类型化观点及其不足

由于受到股东固有权性质之“法定股东权”学说的影响，学界、业界对股东固有权的本体认知，多按照一定的标准将公司制度规定的股东权利进行类型化划分，并在此基础上，确认何种股东权利属于股东固有权。这样对股东固有权类型化的解读，实际上涉及类型化划分的标准、类型化的具体表现形式。

（一）股东固有权划分标准及具体类型

较早对股东固有权类型划分标准进行总结的是国外的学者。如日本学者梳理了关于股东固有权划分的各种标准，分别为：特权标准、共益权标准、自益权标准、对股东重要程度的标准、基于有关股份公司本质的规定或法律制度的强制性规定的标准。[1] 与日本学者对股东固有权划分标准相似，韩国学界亦存在关于划分股东固有权类型的各种学说，如特权说、共益权说、自益权说、关于股东利益的本质说等。[2]

我国学界虽并未提出新的划分标准或相应的学说，但受到上述外国股东固有权的划分标准及学说的影响，故均从不同的角度，表达了对上述某种具体标准或学说的赞同。如有研究者认为，学界提出的以自益权或共益权作为划分是否属于股东固有权的标准并不妥当。自益权中的股东权利多为强制性法律赋予，例如，在股份有限公司中，股东会决议或公司章程显然不能剥夺属于股东自益权的股份转让权以及盈余分配权。因此，应以是否有法律制度强制赋予为标准划分固有权与非固有权。[3] 另有学者赞同日本学界提出的以“股份公司本质的规定或以法律制度的强制性规定”作为划分固有权与非固有权的标准，认为该标准具有区分固有权与非固有权的可行性。据此，若未经同意限制或剥夺股东的某种权利，违反了法律制度中的强制性效力规范，则该种权利即属于固有权；若某种权利为股份公司的本质要求，对股东利

[1] 参见[日]铃木竹雄、[日]竹内昭夫：《会社法》，有斐阁 1981 年版，第 93 页。
[2] 参见[韩]李哲松：《韩国公司法》，吴日焕译，中国政法大学出版社 2000 年版，第 222 页。
[3] 参见徐燕：《公司法原理》，法律出版社 1997 年版，第 221 页。

益具有根本性的影响，则也应理解为固有权。[1]

在上述固有权的相应学说及划分标准的指引下，学界对股东固有权的具体类型展开探讨。如受到共益权划分标准的影响，国内有学者将股东的表决权以及知情权视为不受剥夺的固有权利。[2] 另有学者对表决权为固有权的观点提出不同意见，认为在现实的公司实践中，的确会存在无表决权股及复数表决权股，加之公司有权以特别多数决议本身或章程修正案的方式对股东的表决权进行限制，因此股东的表决权应属于非固有权。[3]

同时，业界亦对股东固有权的具体类型展开了分析。具有典型性的是江苏省高级人民法院民二庭在《人民司法·应用》撰文中所表达的观点。其认为，为了对多数决侵害股东利益的行为进行矫正，维持多数决与中小股东利益的平衡，需要以确认股东固有权的方式对多数决进行制衡。这种不受剥夺的股东固有权主要包括三个层面。第一，股东所固有的、公司各方主体的合约与多数决均不得予以改变的权利：基于公司法相关规定而产生、对其他股东的出资瑕疵而享有的请求权；基于《公司法》第33条规定而产生的知情权；基于《公司法》第40、42条规定而产生的股东会召集权、出席权。第二，公司各方主体的合约可以改变，但多数决不可改变的重要的、关键性权利：基于《公司法》第34条而产生的分红权与优先认股权；基于《公司法》第43条产生的表决权。第三，股东权利的整体处分权。[4] 尽管这种观点仍属于学术性质的探讨与争鸣的范畴，但江苏省高级人民法院民二庭倾向于理论意见，对辖区内的各级法院乃至全国各级地方法院的审判实践仍会产生较为深远的影响。

此文刊发后不久，常州市中级人民法院民二庭课题组亦在《人民司法·应用》中撰文，对股东的股权转让权的实务问题进行了探讨。该课题组认为，

---

〔1〕 参见刘俊海：《股份有限公司股东权的保护》（修订本），法律出版社2004年版，第55～56页。

〔2〕 参见施天涛：《公司法论》（第3版），法律出版社2014年版，第262～266页。

〔3〕 参见叶林：《公司法研究》，法律出版社2008年版，第96页。

〔4〕 参见江苏省高级人民法院民二庭：《审理有限责任公司治理结构案件中的三个基本问题》，载《人民司法·应用》2007年第4期。

股权转让系股东的固有权利，公司章程及其修正案欲对其进行处分，须得到股东的同意，否则对该股东不具有法律约束力。[1] 浙江省高级人民法院则在更加广泛的视角理解股东固有权，在其颁布的浙江省高级人民法院民事审判第二庭《关于商事审判若干疑难问题解答》（浙法民二〔2010〕15 号）问题 11 第 1 款中明确规定："股东的股权作为一种固有权，非经股东本人授权或司法裁决，一般不得处分。"按照浙江省高级人民法院的司法解释，无论何种类型的股东权利，在性质上均属于股东的固有权。

（二）股东固有权类型化划分的不足

正是意识到了公司实践中常常存在的滥用资本多数决侵害少数股东权益问题，所以，学界、业界均认为，有必要通过不受剥夺的股东固有权来实现对多数决滥用的制衡。而制衡的前提是确立股东固有权的划分标准或识别出其具体类型，进而为其制衡资本多数决提供理论支撑。应该说，在这种理论上思考与实践中探索的出发点是有益的，在某种程度上亦能够实现对少数股东的权益保护。

但是，无论是以一定的学理标准对股东固有权进行类型化，还是直接将某些甚至是全部股东权利视为股东固有权，实际上均是将公司制度规定的各种股东权利本身视为股东固有权。此种认知，不但与股东固有权系基于公司契约而生成的股东合理期待的判例不符，而且还会致使裁判实践中法院对多数决滥用制衡的僵化，难以实现公司整体利益的增进与少数股东合理保护之间的平衡。具体而言，上述股东固有权的划分标准或具体类型存在以下不足。

其一，未能意识到股东固有权的真正形成机制，造成对其性质认知上的误解。前文通过美国、英国的裁判实践，实证地表明了股东固有权系基于公司契约而生成的不受剥夺的股东合理期待，而不仅仅是公司制度中规定的某项或某几项股东权利本身。再结合公司契约论的公司制度系公司契约的"标

---

〔1〕 参见常州市中级人民法院民二庭课题组：《股权转让若干审判实务问题研究》，载《人民司法·应用》2008 年第 23 期。

准条款”观点，我们不难理解，公司制度中有关股东权利的“标准条款”只有经过股东的主动“选入”或默示接受的契约化机制，才能生成股东固有权——不受剥夺股东的合理期待。尽管在此情形下，“标准条款”经过契约化机制成为股东契约中的确定条款，由此而产生的股东合理期待在内容上具有很大程度的一致性，但忽略了这种契约化机制，就会造成对股东固有权性质在认知上的误解。

其二，忽略了以契约方式存在的意定股东权利，难以实现对股东的周全保护。如前文所述，股东固有权系在公司契约的框架内考察股东之间的约定而生成的一种合理期待。按照公司契约论的理解，此种约定的契约条款既可以是以共识、默契为表现形式的非正式契约，也可以是具有较为完备条款的正式契约。公司制度规定的股东权利仅仅是正式契约中的“标准条款”，而不是公司契约类型的全部。因此，即使这些公司制度规定的股东权利——公司契约“标准条款”全部由股东默示接受，转化为不受剥夺的股东固有权，但股东以非“标准条款”缔结的各类书面契约，特别是非书面形式的契约及在其基础上生成的股东固有权，就难以纳入司法考量的范围。由此可见，前述将公司制度规定的股东权利标准类型本身视为股东固有权的理论与实践，难以实现对股东权益较为全面的保护。

其三，缺乏对股东固有权判断的客观性，特别是未能形成较为统一的识别股东固有权类型的标准。通过对上述股东固有权类型标准及具体类型的理论与实践观点的梳理可知，学界并未形成关于如何划分固有权与非固有权的较为统一的标准。特权说、自益权说、共益权说各有明显的偏颇之处，难以自圆其说。而日本学者提出的以“法律制度中强制性效力规范与股份公司本质规定性”作为判断固有权与非固有权的双重标准，虽然便于识别，也具有相当程度的可操作性，但是将具有强制性效力规定保护的股东权利视为股东固有权，就意味着立法机构能够事先体察所有可能损害少数股东利益的具体情形，进而以强制性效力规范的方式对股东权利进行保护。但实践证明，立法机构的“理性”永远无法使法律制度达致如此精准、完美的境界。而“股份公司的本质规定性”或“股东的利益本质”的标准或学说，本身就极度抽象，需要通过理论上的探讨分析方能揭示其内涵。因此,日本学者提出的标准并不具有现实的可操作性。

其四,偏离了现代公司制度强化公司自治的私法理念,容易“窒息”公司经营活力。从江苏省高级人民法院民二庭撰文的内容来看,其是按照“对股东的重要程度”为标准,以现行公司制度规定的股东权利内容为基础,对股东固有权类型进行划分的。应当说,此种类型划分在某种程度上能够为股东固有权制衡资本多数决提供理论支撑,亦能够在一定程度上实现对(少数)股东权利的保护。但同样不可否认的是,这些股东权利因多数决无权对其进行处分,公司决策效率大打折扣,经营活力受到影响,难以促进公司整体利益最大化价值目标的实现与少数股东合理保护之间的平衡。而浙江省高级人民法院认为,股东之股权为固有权、多数决不得对其进行处分的司法解释意见,在实践操作中有可能会与公司股东会决策的基石——资本多数决原则产生冲突。因为公司治理一般原则是,公司股东(大)会以资本多数决对公司重大事项作出决议,决议的内容会直接或间接地涉及对公司各股东的权利的限制或处分,进而影响公司各股东的具体利益。

二、股东固有权“标准”类型的重新划分

显而易见的是,上述关于股东固有权类型化的观点在理论上存在的不足及其在司法实践中的泛化倾向,会减损股东固有权制衡资本多数决的正当性基础。故而笔者认为,不宜直接将公司制度规定的各类股东权利作为股东固有权利。但是,这决不意味着法定的股东权利与股东固有权利毫无关联。前文已述及,公司契约理论认为,公司制度规定的股东权利规范条款系公司正式契约的“标准条款”。在他们看来,股东权利系股东各方在加入公司关系契约时所享有的、实现其合理期待的权利。[1] 因此,在此语境下法定股东权利对股东固有权仍然意义重大:法定股东权利规范条款自身是否较为完备、设计是否合理并富有可操作性,对股东合理期待能否实现意义重大。

---

〔1〕 参见罗培新:《公司法的合同解释》,北京大学出版社 2004 年版,第 239 页。

在现代公司制度实践中,英美法系国家的公司治理结构倾向于采用“董事会”中心主义,即公司的日常管理权集中在以董事、经理为核心的管理层,股东权利体现为董事选举与更换、章程制定与修改、合并分立、公司解散等公司重大事项决策权。盈利分配、新股发行等一般性的股东权利则通过立法或章程授予董事会行使,此种制度安排有利于充分发挥管理层的专业技能与管理经验,同时亦可以使公司适应复杂多变的经营实践。关于大陆法系的公司制度,公司治理结构多采用“股东会”中心主义,同时受权利法定思维惯式的影响,股东的具体权利内容多由公司制度作出全面而具体的规定(较为典型的是德国公司法相关规定)。为与此相适应,股东(大)会通常拥有包括盈利分配、新股发行在内的广泛而全面的权利。但无论英美法系国家的封闭式公司(或私人公司),还是大陆法系国家的有限公司,股东们大都同时兼任公司的董事、经理等高管(这样做的好处是:一则可以在解决股东自身就业的同时节约公司的人力资源成本,二则可以将兼任公司职务的薪资计入公司运营成本,减少公司所得税税赋)。这样一来,公司的所有权与经营权在很大程度上实现了两权合一。对股东固有权之权利“标准”类型的讨论,正是以这两类公司形态之法定股东权利为中心展开分析、论证的。

德国著名公司法学者托马斯·莱塞尔将股东权利分为资产权与管理权,并在此基础上提出股东享有的资产权包括参与利润分配权、增资股份优先购买权、减资退还股款权以及剩余资产分配权。[1] 日本学者近藤光男则将股东的权利分为自益权与共益权,同时结合《日本公司法》第105条的规定,将接受剩余分红权、剩余财产分配权为首的公司权利归结为自益权,将表决权为首的股东权利归结为共益权。[2] 我国学界对股东权利的理解受到德国公司制度的影响,特别是受到日本学者对共益权、自益权分类的影响。在此基础上,国内学者的论著大多按照自益权、共益权的分类对股东权利展开论述。例如,有学者针对我国《公司法》第4条规定的股东依法享有资产收益、参与

---

〔1〕 参见[德]托马斯·莱塞尔、[德]吕迪格·法伊尔:《德国资合公司法》(第6版),高旭军等译,法律出版社2019年版,第131~132页。

〔2〕 参见[日]近藤光男:《最新日本公司法》(第7版),梁爽译,法律出版社2016年版,第51页。

重大决策和选择管理者等权利较为模糊、抽象的现状,便按照此种分类对股东权利进行了划分:在自益权方面,包含了有限公司新股发行优先购买权、异议股东股份回购请求权等11项权利;在共益权方面,包含了股东(大)会出席及表决权、强制解散公司权等7项权利。[1]

以美、英两国公司制度为代表的英美法系国家,多秉承公司契约理论。例如,新古典经济学派认为,由于公司是否盈利、盈利多少无法确定,因此相较于雇员、债权人等契约当事方均通过缔结公司契约而成为固定收益的索取者,股东的收益因无法确定而成为剩余索取者。同样,公司各缔约方的权利一般由公司契约作出约定,但公司经营的复杂性使契约无法对所有例外情形作出约定。由于股东承担经营失败的风险,因此股东应成为剩余控制者。所以,股东作为公司的所有权人,应享有剩余索取权与剩余控制权。[2]

显然,新古典经济学派的观点对剩余索取权、剩余控制权的理解与大陆法系对股东权利进行的自益权、共益权的划分不谋而合。只是前者把股东作为公司的所有人,与大陆法系公司制度理论中公司享有法人财产权、股东享有相应的股东权的通说并不完全一致。故而,美国耶鲁大学法经济学教授亨利·汉斯曼在论及企业所有权时,对"所有人"的理解做出了阐释。亦即,股东作为公司的"所有人",分享两种名义权利:对公司的控制权以及对公司利润或剩余收益。[3] 此处,汉斯曼教授对"所有人"的理解富有见地:公司虽具有独立人格,享有法人财产权,但这仅仅是从便于公司对外交易缔约、对内运营管理以及司法诉讼的一种法律技术手段。在本质上,公司的所有权利、义务仍直接或间接由股东享有或承担,股东作为公司的"所有权人"是从终极意义而言的。

由此可见,上述大陆法系的公司法学界与受到公司契约理论深刻影响的英美法系国家的学者对股东基本权利形态的理解有异曲同工之处。基于此,

---

[1] 参见邓峰:《普通公司法》,中国人民大学出版社2009年版,第362~363页。

[2] 参见袁庆明:《新制度经济学》,复旦大学出版社2012年版,第197~199页。

[3] 参见[美]亨利·汉斯曼:《企业所有权论》,于静译,中国政法大学出版社2001年版,第13页。

笔者亦在秉承法经济学的整体思路,将法定股东权利分为剩余索取权与剩余控制权两大类。结合前文所述的法定股东权利规范作为公司正式契约"标准条款"判断,将剩余索取权与剩余控制权作为股东固有权的权利"标准"类型展开理论分析,进而对具体权利内容进行探讨并提出完善建议,有助于减少(少数)股东权利免受控制股东资本多数决的侵害,进而在整体上促进股东固有权——股东合理期待的实现与救济。

但需要注意的是,在各个国家公司制度中不同的公司组织形式、同一公司的不同发展阶段,会形成不同的公司治理结构。加之公司不同的客观条件与外部环境,股东(大)会与董事会之间的权利配置,股东基于出资而享有的剩余索取权、剩余控制权为基本内容的公司的治理结构亦会呈现不同的形态差异。[1] 因此,在审视这些股东固有权的权利"标准类型"时,需注意本书仅是在通常情形下对其作出的探讨与分析。

第二节 股东固有权"标准"类型一:剩余索取权

前文已述及,德国学者提出股东的资产权包括:参与利润分配权、增资股份优先购买权、减资退还股款权以及剩余资产分配权。[2] 国内学者则提出股东的自益权包括两类权利:一类是以盈余分配请求权为核心的权利,主要包括股息请求权、清算后剩余资产请求权;另一类是股份持有与转让等方面的权利,主要包括取得、要求公司登记、转让、优先受让与优先认购的权利。[3] 由此可见,尽管不同国家学者对剩余索取权的名称使用有所不同,但对其基本内容的理解则是较为一致的。

盈利分配请求权属于剩余索取权中的基本型权利,这一点并无争议。那么,股份认购请求权、新股发行优先购买权、股份转让权及股份转让优先购买

---

〔1〕 参见蔡立东:《公司自治论》,北京大学出版社 2006 年版,第 63 页。

〔2〕 参见[德]托马斯·莱塞尔、[德]吕迪格·法伊尔:《德国资合公司法》(第 6 版)(上册),高旭军等译,法律出版社 2019 年版,第 131~132 页。

〔3〕 参见邓峰:《普通公司法》,中国人民大学出版社 2009 年版,第 367 页。

权、剩余资产分配权等权利是否也属于剩余索取权呢？笔者认为，他们也属于剩余索取权。因为，只有在投资者成为股东、拥有公司股份的前提下才有权请求盈余分配，也只有在成为股东后公司增发新股或者其他股东转让股份时，现有股东才能请求拥有更多的公司股份以获得更多的股息收益，在公司解散时才能主张更多的剩余资产分配。由此可见，上述权利均在拥有公司股份的前提下才能拥有，而拥有股份的人就是股东。因此，这些权利均属于剩余索取权的范畴。但基于结构上的安排，以及行文内容上的需要，本书仅将盈利分配请求权、新股优先购买权、股份转让优先购买权、异议股东股份购买请求权作为股东固有权的"标准类型"并对其展开具体的分析。[1] 同时，从股东权利保护的视角看，异议股东股份回购请求权在某种程度上具有为股东提供退出公司的救济性权利属性，但从股东权利的属性来看，该权利又属于公司股东重要的实体权利内容，故而亦将其纳入股东固有权的"标准类型"中展开讨论。

一、盈利分配请求权

公司作为商事主体，其存在的终极目标就是通过经营性行为而获得盈余，并按照公司章程规定的出资比例或约定的比例将盈余分配给公司各投资人。本质上，公司是投资者获得投资收益的法律工具。当然，股东获取投资收益的方式具有多样性，但最基本、最常见的获得收益的方式便是分配股息或红利。这种请求分配股息或红利的权利就是盈利分配请求权。鉴于此项权利直接关涉股东的根本利益，因此，各国公司制度对此均有明确的规定。总体而言，盈利分配请求权主要涉及实体性要件与程序性要件两个方面的内容。

（一）盈利分配权的实体性要件

虽然盈利分配在很大程度上属于公司自治的范畴，即公司是否分配盈

---

〔1〕 在结构上，论文难以对属于剩余索取权的各种股东权利作出全面的列举与详尽的论述；在内容上，鉴于本书引论部分所述及的、侵害少数股东权益的各类案件多体现在盈利分配权、股份转让权、优先购买权等股东权利领域，故而对这些权利之公司契约之标准条款展开分析，有助于实现公司制度有关股东权利的相关条款的逐步完善。

利、按照何种比例分配盈利均按照公司制度、公司章程规定的条件和程序,由公司有关机关作出决议后进行。但是,为了保证公司在经营期间拥有与其运营相匹配的资本以及出于对交易安全的维护,特别是出于对公司债权人利益的保护,各国公司制度往往对盈利分配设置实体性要件,只有在满足这些条件后,公司相关机关方可通过是否进行盈利分配的决议。

盈利分配的实体性要件之一是,不得将股东出资形成的公司资本作为股息进行分配。公司资本是其开展业务、进行经营性活动的物质基础,如果将公司资本作为股息进行分配,则公司的日常运营以及在此基础上的发展、壮大根本无从谈起。总体而言,不得将公司资本作为股息进行分配实际上涉及"公司分配"内涵的界定以及"可分配利润"标准的界定两个方面的问题。

对"公司分配"内涵的界定,多体现为英美法系国家公司制度规定及相关案例探讨。如《美国示范公司法》将"分配"定义为,公司因股东持有的股份而直接或间接向股东转移金钱或其他财产或设定负债的行为。[1] 由此可见,该示范法对分配的界定采用的是实质标准。亦即,只要有一项具体的行为使公司的资产转入股东手中,产生了分配的实际效果,就视为分配并纳入该法的规制之下,而无论该交易行为是否冠以"分配"的名称。这样一来,分配实际上就包含了现金股息、回购股份、公司本票或负债分配以及自愿或非自愿的清算等内容。[2] 该标准的优点是:客观、全面地界定了公司的分配行为,为规范经营、政府税收等政府管理奠定了良好的基础;同时,便于识别并减少各种形式的关联交易,如公司向其股东母公司不正当地输送利益的行为,从而有效地维护了公司的整体利益。

《英国2006年公司法》第829条亦对分配行为作出界定。该条第1款规定:分配是指公司资产对其成员的每一种分配,无论是货币或其他形式。该条第2款规定,下列四种情形不属于分配:公司发行以全额或部分缴付的红利股;取消或减少任何成员在任何公司股份上对于未缴付股份的责任或者偿

〔1〕 参见虞政平编译:《美国公司法规精选》,商务印书馆2004年版,第19页。
〔2〕 参见傅穹:《公司利润分配规则的比较分析》,载《法学论坛》2004年第3期。

还已交付股本；从资本（包括任何新发行股份的收益）中或从未实现利润中赎回或购买任何公司自己股份；在公司清算时向其成员分配资产。[1] 该条款沿袭了1985年《英国公司法》关于分配的定义。由于"分配"概念较为抽象，因此其含义的明确化是通过Aveling Barford Ltd. v. Perion Ltd.一案的判例来实现的。[2] 在该案中，公司在不存在利润的情形下，将其部分资产以明显低于评估的价格出售给本公司的控制股东另外设立的Perion公司。其后不久，Perion公司将该资产转卖并获得丰厚利润。法院认为，该项交易的目的是控制股东的利益而抽逃公司资产，而公司原本并不具备分配资产的条件，因此裁决该项旨在规避资产分配要求的行为无效。受到该判例的启示，现在英国公司法学者的普遍观点是，"分配"行为的适用范围因扩张至公司将资产分配给成员，或以成员的指示、实际上以成员的指示分配给第三人的交易。[3] 同时，为了准确地确定何为"可分配利润"，各国公司制度还对可分配利润的确定方法与标准作出明确的规定。这些标准主要有三种：其一，资产负债表标准，在大陆法系公司制度中，如德国公司法、日本公司法多采用此标准。其二，负债比率与流动比率标准，美国加利福尼亚州公司法采用此标准。其三，偿债能力标准，以《美国示范公司法》中采用的双重破产标准为典型代表。

在我国，由于受到立法技术等主观、客观条件的限制，公司制度并未明确界定公司"分配"的含义。同时，由于受到大陆法系公司制度特别是资本信用原则的深刻影响，我国公司制度采用了比大陆法系的资产负债表标准更为严格的分配标准。[4] 这种实质分配标准集中体现在《企业会计制度》第110条以及《公司法》第166条的规定之中。按照前者的规定，企业当期实现的净利润，加上年初未分配利润或者减去年初未弥补亏损和其他转入后的余额，为公司的可供分配的利润。按照后者的规定，公司是否进行利润分配有两个

---

〔1〕 参见《英国2006年公司法》，葛伟军译，法律出版社2008年版，第505～506页。

〔2〕 1989 BCLC 626.

〔3〕 参见傅穹：《公司利润分配规则的比较分析》，载《法学论坛》2004年第3期。

〔4〕 参见傅穹：《公司利润分配规则的比较分析》，载《法学论坛》2004年第3期。

前置性要件:公司除缴纳税款、弥补亏损外,还需提取税后利润的10%作为法定公积金(只有在累积到注册资本的50%方可不必提取);同时规定,如股东(大)会决议作出提取任意公积金的决议,则公司还应提出任意公积金。只有在满足这些条件后资产负债表中尚有盈余的,方可作为公司利润进行分配。

显然,我国《公司法》关于股东分配利润的实质性标准过于严格。公司制度对公司盈利分配标准作出的规定,其出发点是为了维持公司资本三原则,保证公司正常经营所需的资金以及对债权人利益的保护。但是,对法定公积金及任意公积金的提取,使公司积累了大量的未分配利润。这对于需要持续性投入资金的公司,如高技术、成长性的公司,也许是有益的、必要的,但对于普通类型的公司,如从事销售类、服务类的公司可能并无必要。因此,此种规定忽略了不同类型的公司以及相同类型的公司在不同发展阶段的不同资本需求,压缩了公司对盈利分配的自治空间。

(二)盈利分配权的程序性要件

盈利分配权的程序性要件是指在确定公司有可分配利润的前提下,作出分配盈利的决策程序以及影响该决策程序的各种制约性条件。这就涉及公司的股息分配政策,即公司是否决定分配股息、分配何种形式的股息、分配多少股息以及在多少个会计年度里如何分配股息等一系列制度性安排。[1] 总体而言,股息分配政策主要涉及作出的股息分配政策是否合理,以及股息分配政策(已作出分配盈利的股东会决议)能否得到执行的问题。股息分配由于股息分配政策的正当性不仅依赖于公司是否存在可分配利润,而且还受公司所处的发展阶段、希望投资的项目等因素的影响,因此,该政策的制定属于公司自治的领域。[2] 一般而言,在公司实践中很少会出现故意不按照制定的股息发放政策执行的情形,普遍存在的是股息分配政策本身的正当性问题——是否构成对某些或者某个(少数)股东的权益的侵害。正是基于此种

〔1〕 参见[葡]路易斯·科雷拉·达·席尔瓦等:《股利政策与公司治理》,罗培新译,北京大学出版社2008年版,第2页。

〔2〕 参见邓峰:《业务判断规则的理性与进化》,载《法学》2008年第2期。

原因,立法如何正确引导公司股息分配政策与司法救济一直是学界、业界关注的焦点。

股息分配政策的公司自治属性,是通过特定方式体现出来的,这就是该政策需要由特定的公司机关、按照公司制度或公司章程的规定,通过决议或决定的方式作出。这涉及公司治理结构,不同法系国家的公司制度、不同的公司机关,拥有不同的公司权力,使制定股息分配政策的公司机关及相应的决策程序呈现明显的区别:在英美法系国家,股息分配的决定权往往由公司的董事会行使;而在大陆法系国家,股息分配政策的决定权往往由公司股东(大)会行使。[1] 这也就决定了股息分配政策的不同规制方法。

在英美法系公司制度中,由于股息分配政策由董事会决定,所以股息分配政策的正当性受到"业务判断"规则的保护。在一般的情形下,董事会作出的股息分配政策不应受到质疑,只有在董事会成员出现违反"信义义务"时(如董事在制定股息分配政策时,违反"忠诚"义务,将自身的利益置于全体股东的利益之上,给自己发放过高的薪酬,挤压股东的利润分配空间,或者政策制定不当,造成公司股东损失等),方可追究其责任。因此,该机关在作出股息分配政策时,往往具有较大的自由衡量公司未来发展与股东利益保护的自治空间。譬如,在美国的公司治理模式下,公司董事会拥有包括制定股息分配政策的广泛权利,股东(大)会只能通过行使表决权对该股息分配政策表示赞同或者反对。英国成文公司法出于对债权人保护的考虑,规定股息分配政策应当由董事会作出决定,股东仅能减少股息发放而不得增加;同时董事会有权保留他们认为适当数额的盈利以供公司发展备用。[2] 英美法系国家亦普遍存在股份集中的公司,因此,在这些公司中,董事会作出的盈利分配政策往往受到多数股东的控制(特别是在董事会成员就是控制股东本身的情形下)。在此情形下,董事会作出的盈利分配政策是否正当,往往涉及股东之间的利益冲突与平衡,故而并不适用"业务判断"规则。如在美国 Levin v.

---

〔1〕 参见艾晓燕:《有限责任公司股东强制分配股利之诉研究》,复旦大学 2014 年硕士学位论文,第 7 页。

〔2〕 参见邓峰:《普通公司法》,中国人民大学出版社 2009 年版,第 370 页。

Sinclair Co. 一案中，莱文(Levin)是占公司3%股权的小股东，而辛克莱(Sinclair)则是占公司97%股权的控制股东，莱文提出，公司为辛克莱支付了过高的股息，剥夺了公司机会。最终法院裁判此种支付非法。[1]

在大陆法系国家，由于公司制度奉行“股东会”中心主义，股东(大)会拥有对包括股息分配权在内的诸多股东权利最终的决定权。例如，大陆法系的代表国家，如德国、日本的各自公司制度对盈利分配周期、分配形式等事项均作出了较为明确的规定。其中，《德国有限责任公司法》第29条第1款规定，股东对扣除亏损结转的年终盈余连同盈余结转享有请求权，只要得出的金额并未依照法律、公司章程的规定或者因第2款规定的决议或者作为附加费用根据盈余使用决议被禁止向股东分配；第29条第2款规定，在关于盈余使用的决议中，股东可以提取一定金额作为盈余公积金或者盈余结转，但公司章程另有规定的除外。[2] 按照德国著名公司法学者托马斯·莱塞尔教授的理解，只要公司股东会没有决定不分配红利，每个股东根据其出资的份额享有分红请求权……这一权利每一年从成员权中分离出来，成为一个法律上独立的请求权。[3] 通过对立法条文的文义解读及学者的学理观点不难发现，《德国有限责任公司法》对盈余分配请求权的规定具体而明确：除非相关法律、公司章程作出例外的规定，或者公司股东会通过提取盈余公积金的例外决议(该决议本身亦受章程事前规定的限制)，股东对扣除亏损结转的年终盈余及盈余结转便享有年度分红请求权。

《日本公司法》第105条赋予了股东不可剥夺的盈余分配权。根据该法第1款规定，股东对其持有的股份享有下列权利及其他依本法律规定予以承认的权利：(1)接受盈余金分红的权利；(2)接受剩余财产分配的权利……第2款规定，不赋予股东前款第1项及第2项所列全部权利的，章程规定无效。同时，《日本公司法》第454条分3个条款对盈余金分红的程序做出了明确的

---

〔1〕 参见邓峰：《普通公司法》，中国人民大学出版社2009年版，第370页。

〔2〕 参见《德国商事公司法》，胡晓静、杨代雄译，法律出版社2014年版，第37页。

〔3〕 参见[德]托马斯·莱塞尔、[德]吕迪格·法伊尔：《德国资合公司法》(第6版)(下册)，高旭军等译，法律出版社2019年版，第734页。

规定。第 1 款规定,股份公司在进行盈余金的分红时,每次必须以股东大会的决议,规定下列事项:分红财产的类别(该股份公司的股份等除外)及账簿价格的总额;关于对股东分红财产的分配事项;该盈余金分红的生效日期。第 2 款规定,在对盈余金的分红发行具有内容不同的两种以上的类别股份时,股份公司可按照该类别股份的内容规定下列事项:对某类别股份的股东不分配分红财产时,该决定及该股份的类别;分配分红财产按股份每个类别进行不同处理时,该决定及该不同处理的内容。第 3 款规定,分红财产为金钱以外的财产时,股份公司可以股东大会的决议规定下列事项:对股东给予金钱分配请求权时,该决定即可行使金钱分配请求权的期间;对持有未满一定数额的股份的股东不进行分红财产的分配时,其决定及其数额。[1] 日本公司制度对年度盈余分配的规定亦十分明确,股份公司可向股东发放盈余金分红(第 453 条)。公司法对发放盈余金分红(第 446 条)的手续(第 454 条第 1 款至第 4 款,第 455 条至第 458 条)及资金来源的规制作出了规定(第 461 条至第 465 条)。在理论上只要公司遵守这些规定,其可以在一个营业年度内多次发放盈余金分红。[2]

通过上述立法例的考察可知,日本公司制度关于盈利分配权的规定与德国有限责任公司法相比具有相似之处,如盈余分配权很大程度上受到公司是否存在盈利以及公司股东(大)会决议的限制,但只要具备法定的盈利分配条件,股东均享有年度盈利分配请求权。否则,股东(大)会盈利分配政策的决议便丧失其合理性。此外,《日本公司法》关于盈余分配权的规定具有鲜明的特色:其一,明确承认盈余金分红权为资本多数决不可剥夺的权利,目的在于防止多数股东滥用权利损害少数股东利益;其二,明确盈余分配权的标的(现金、实物)、价格及其权利行使的期间;其三,明确类别股份的盈余分配权的行使程序及相关内容,为公司股东盈利分配权的实现提供了富有可操作性的指引。

---

〔1〕 参见王保树主编:《最新日本公司法》,于敏、杨东译,法律出版社 2006 年版,第 258 页。
〔2〕 参见[日]近藤光男:《最新日本公司法》,梁爽译,法律出版社 2016 年版,第 356 页。

我国《公司法》亦对股息分配政策的程序性问题作出了相应的规定。这些规定主要体现为《公司法》第46条与第37条。其中,第46条规定由董事会制定有限公司的利润分配方案和亏损弥补方案,第37条则相应地规定股东会有权审议批准由董事会作出的公司的利润分配方案和亏损弥补方案。同时,我国《公司法》第99、108条对股份公司股东大会、董事会的职权分别适用第46、37条股东会、董事会的职权作出了相应的规定。从立法规定文义来看,股东(大)会对股息分配政策具有最终的决定意义。显然,我国公司法沿袭了大陆法系的普遍做法,将盈利分配政策的决定权赋予股东(大)会,同时在具体的程序上采用董事会提出议案,再由股东会审议、批准的方法予以执行。

通过对上述盈利分配权的实体性要件与程序性要件进行简要分析,不难发现,我国公司制度关于盈利分配政策的相关条款存在明显的疏漏之处:其一,盈利分配实体规则存在不合理之处。正如前文学者分析的那样,我国公司制度仅把严格的资产负债表标准作为盈利分配的前提条件,却缺乏公司“分配”盈利的明确、具体的定义。就前者而言,严格的资产负债表标准提高了公司董事会、股东(大)会通过盈利分配的决议的门槛,从而大大降低了公司股东获取盈利的可能性;同时也为公司控制股东非法侵蚀公司未分配利润提供了可乘之机(如兼任公司高管的控制股东存在明显的、超出合理标准的在职消费,为控制股东自身或其亲友担任公司高管提供明显不合理的薪资等)。就后者而言,由于缺乏明确的“分配”盈利定义,容易使公司多数股东像上述Aveling Barford Ltd.案那样,通过转移公司资产等操作方式掏空公司(在实践中,常常出现多数股东将已到账的出资以借款、投资等名义转至其实际控制的其他公司,对外提供违规担保或占用属于本公司的资金的情形)。显然,无论是非法侵蚀未分配利润抑或违规占用本公司资金,控制股东均会从中受益,而遭受损失的则是公司少数股东的权益。

除了受上述分配盈利的会计准则和法律标准约束外,公司是否分配盈利还受到《公司法》第37条第6款规定的限制。依据该规定,只有在股东(大)会依照资本多数决通过具体的利润分配方案后方可实施盈利分配。如果控制股东滥用权利做出了不分配盈利的决议,少数股东无法就该决议(盈利分配政策)本身向法院申请司法救济。[1] 因为,国内学界、业界的基本立场是,只有在股东(大)会作出了股息分配决议后,股东的盈余分配请求权才能由期待权转换为债权。是否对盈余进行分配以及如何分配系公司自治的范畴。[2] 的确,盈利分配政策的正当性不能简单地通过审查公司是否存在盈利或者亏损来决定,它还依赖于公司所处的发展阶段、所希望投资的项目及其资金回收状况等客观条件的限制。股东以前所获得的分配等,属于一个业务判断领域的问题。[3] 因此,将盈利分配纳入公司自治具有相当程度的合理性。但是,在公共性较差、存在控制股东的公司中,如果公司拒绝发放股息,实质上会对少数股东不利,因为多数股东常常会担任公司的高管职位,而这些(股息)可以通过劳务合同、管理者分红、奖金等债权方式转移给多数股东。[4] 同时,在公司实践中,亦存在多数股东恶意操作,致使公司"不存在"可分配利润或者无利润可供分配(如做假账欺骗少数股东,不合理地提取法定公积金、任意公积金,通过关联交易的方式转移公司利润等),抑或公司存有利润、具备盈利分配条件但股东(大)会决议未作出盈余分配决议等情形。

我国《公司法》对盈利分配的实体性、程序性作出了规定,在一定程度上为公司盈利分配政策起到了引导作用。但整体而言,我国关于股东的盈利分配权的内容,无论是实体性标准还是程序性规则,与西方发达资本主义国家公司制度中关于盈利分配的规定相比,还存在不小的差距。

为改变此种情形,《公司法解释(四)》第15条赋予了法院适度干预公司自治的权利,即涉诉股东未能提交明确载明分配方案的股东(大)会决议而请求分配利润的,法院应驳回其诉请,但违反法律滥用股东权利导致公司不分配利润,给其他股东造成损失的,则法院有权进行司法干预。在最高人民法院审判委员会关于《公司法解释(四)》答记者问中,对股东滥用权利的理

---

[1] 参见邓峰:《普通公司法》,中国人民大学出版社2009年版,第370~371页。

[2] 参见盖晓萍:《如何理解〈公司法解释(四)〉的"无法执行(利润分配)决议"与"强制利润分配"》,载《中国律师》2017年第10期。

[3] 参见邓峰:《普通公司法》,中国人民大学出版社2009年版,第369页。

[4] 参见邓峰:《普通公司法》,中国人民大学出版社2009年版,第337页。

解进行了类型化的列举:董事、高管领取过高薪酬,隐瞒转移利润与经营无关的在职消费。[1] 但是,正如本书引论部分所述及的那样,最高人民法院第 10 号指导性案例将“滥用权利”理解为对现行法律、法规的违反;同时,有的学者的样本案例分析表明,我国各级法院在滥用股东权利的理解上,整体趋于保守趋势——只要权利行使在程式不违反法律明确规定,即不构成滥用权利。因此,《公司法解释(四)》第 15 条的规定,是否能够有效制衡多数股东滥用权利,促进少数股东盈利分配权的实现,尚存在较多的疑问。

其二,公司制度对盈利分配的程序性规则过于粗疏。首先,我国公司制度相关条款对盈利分配周期的规定不够明确。我国《公司法》第 166 条第 1 款规定,公司分配当年税后利润时,应当提取利润的 10% 列入公司法定公积金。按照文义解释,公司应当按照年度向股东分配盈利。但是按照体系解释,该法的 6 个条款所述的内容重心均系对公司分配盈利的条件的规定,对于盈利分配周期——多长时间可以进行一次盈利分配的规定反而仅在第 1 款中一笔带过。此种规范的表达方式实际上造成公司盈利分配周期规定的模糊性。在司法实践中,公司多数股东出于自身的私利,往往凭借控股的优势地位不对公司年终盈余分配作出决议,少数股东却面临无法对盈利分配政策提起诉请的困境。其次,我国公司制度相关条款未就盈利分配的形式作出相应的规定。通常公司应该以分配现金的方式来满足股东的分红请求权。但是,在现实的公司实践中,亦不排除公司用实物进行盈利分配。如前文的《日本公司法》第 454 条就正面肯定了可以用金钱以外的财产进行分红的方式。《英国 2006 年公司法》虽未对盈利分配的形式作出明确规定,但普通法要求股利支付必须以现金形式。如以实物形式支付股利的,必须要有公司章程的明确授权。[2] 我国现行的公司制度尚未就盈利分配的形式作出明确的规定。需要进一步思考的是,公司是否可以用本公司的股份进行盈利分配。笔者认为,无论是将公司新发行的还是存留的股份进行盈利分配,本质上均

---

[1] 参见唐清林、李舒主编:《公司法解释四裁判综述及诉讼指南》,中国法制出版社 2017 年版,第 348 ~ 349 页。

[2] 参见林少伟:《英国现代公司法》,中国法制出版社 2015 年版,第 640 页。

是将应分配的利润作为新增资本留在了公司内部，此时，股东虽然未必因丧失盈利分配而遭受财产损失，但显然与货币分配盈利的通行做法存在很大差距。故而在解释论上，公司制度有必要对实物分红的种类进行合理的限制。

二、新股优先认购权

一般而言，股份认购包含两种情形：成为发起人即原始股东，或者通过认购新发的或转让的股份成为认购股东即继受股东。[1] 这样，股份认购权就包含投资者在创设新公司或加入已设立的公司时，对公司股份的认购请求权，亦包括在公司存续期间，股东会或者董事会决定增发新股时现有股东的认购请求权，即新股优先认购请求权。在设立公司时，发起人（原始股东）一般会通过发起人协议或者公司章程对其持股比例作出书面的约定，故而该项权利通常不会受到侵害。鉴于此，本书仅就新股优先认购权的相关问题展开讨论。

美国公司法学者汉密尔顿认为，新股优先认购权是指公司现有股东优先于第三人，由现有股东按照比例认购公司将要发行的与现在持股比例相当的新股的权利。[2] 该定义符合学界对优先认购权的一般理解。但对于股东何以拥有优先认购权，因秉持不同的公司制度理念而存在不同的理论认知，这些理念与认知会对新股优先认购权的标准条款的设计产生深刻影响。

（一）优先认购权的域外理论与立法例

美国公司法学界的观点认为，新股发行时赋予股东优先认购权，系依据股东的比例性利益与经营者所负的诚信义务。[3] 因为比例性利益主要是体现股东在公司中的两种利益，即对公司资产（盈利及实物）的分配利益以及通过投票对公司进行控制的利益，只要公司发行新股的行为会对股东的两种比例性利益产生稀释效果，股东便享有优先认购权。在此理论的影响下，《美

---

〔1〕 参见邓峰：《普通公司法》，中国人民大学出版社 2009 年版，第 372 页。

〔2〕 参见［美］罗伯特·W. 汉密尔顿：《公司法概要》，李存捧译，中国社会科学出版社 1999 年版，第 122 页。

〔3〕 参见刘俊海：《股份有限公司股东权的保护》，法律出版社 2004 年版，第 236 页。

国标准公司法》以及很多州的州公司立法均规定，在公司发行新股时，股东享有优先认购权。[1]

但是，随着优先认购权规则在实践中的应用，这种防止稀释的理论表现出某种程度的狭隘性，开始受到学界与业界的质疑。也就是说，公司出于良好的未来发展之目的而实施的行为，如获取公司经营所必备的专利、非专利技术，为激励董事等公司高管而向其配售股份，公司之间的合并等而增发新股的行为，如果仍坚持原有公司股东享有优先购买权，则这些目的的实际效果就难以顺利实现。同时，在公司存在两种以上不同类别的股份（如公司存在普通股与优先股并存时），对优先股股东增发的新的优先股亦会与普通股股东存在利益冲突。在此情形下，美国学界开始对上述理论进行反思。学者杜克林教授认为，判例法中的董事及股东的信义义务规则可以起到防止公司通过发行新股稀释股东在公司中的财产利益的作用，因此，优先认购权在事实上就成为新股发行是否损害了股东对公司控制权利益的问题。[2]

为了防止股东权益遭受稀释，同时有利于公司长远发展目标的实现，《美国标准公司法（修订版）》第 6.30 条对股东的优先购买权作出全新的规定。其一，除非章程明确作出规定，否则股东并不享有优先购买权。其二，如章程规定了优先认购权而并未对其另行界定，则董事会应在公平、合理的前提下，授予股东优先认购权，股东可以书面放弃此项权利。其三，在特定情形下，股东不享有优先购买权：向公司的附属、关联机构的董事、高管、代理人及雇员发行的具有补偿性质的股份；以可转换股份或期权方式进行的前述补偿；自公司成立时起 6 个月内发行的股份；以非金钱为对价发行的股份。[3] 显然，美国公司制度的规定，有利于实现股东优先认购权与公司长远发展目标之间的平衡。

在英国公司法学界的观点同样认为，优先购买权是一项防范权利稀释的措施，而在小型封闭式公司中，一旦那些公司经营人员的个人关系开始崩溃，

---

[1] 参见楼秋然：《浅析有限责任公司新股发行优先认购权》，载《经营者管理》2014 年第 9 期。
[2] 参见楼秋然：《浅析有限责任公司新股发行优先认购权》，载《经营者管理》2014 年第 9 期。
[3] 参见虞政平编译：《美国公司法规精选》，商务印书馆 2004 年版，第 43～44 页。

小股东面临的权利稀释风险就特别高。因而,人们或许会认为,法律按照以下基础运作是适当的:优先购买权一体适用,除非股东做出了相反的积极的决定。[1] 由此可见,英国公司法学界秉持的股东优先购买权理论与美国公司法学界的理论在本质上是相同的。但是,《英国公司法》通过历次的修订,不断优化优先购买权的相关规则,特别是 2006 年修订的《英国公司法》较为全面、系统。该法第 17 部分第 3 章专章规定了"股权证券"的"配售",即股东的优先购买权。

其一,该法第 560 条首先对"权益证券""配售"的含义进行了清晰的界定:前者是指公司的普通股,认购公司普通股的权利或者将证券转化为公司普通股的权利。后者是指授权认购公司的普通股,或者授权将证券转化为公司普通股的权利,以及出售此前被公司作为库藏股(公司收回已发行的且尚未注销的股票)而持有的公司普通股。[2] 其二,该法第 561 条第 1 款至第 4 款对现行股东的优先购买权作出明确规定:增发股权证券的公司应首先向其原有普通股股东(如公司自身持有库藏股,则不考虑作为股东的公司)以与其他人相同或更有利的条款发行证券。向每位普通股股东发出的优先购买权要约,其所占的增发股权证券的比例要与该股东持有的公司普通股股本(不包括库藏股)之名义价值所占的比例几乎相等。[3] 其三,该法第 561 条第 5 款对股东优先购买权的例外、排除、不适用以及旧的优先购买权的例外作出明确约定:该法第 564、565、566 条分别规定了红利股、以非货币为对价的发行、根据员工持股计划持有的证券为股东优先购买权的三种例外情形;该法第 567 条规定,在私人公司中,第 561 条规定的股东优先购买权可以通过公司章程予以排除;该法第 569、570、571 条分别规定,在只有一个股份类别的私人公司,董事根据一般授权行使,经特殊决议决定的情形下,股东不享有依据第 561 条赋予的优先购买权。此外,该章相关条款还对股东优先购买

---

[1] 参见[英]艾丽斯·费伦、[马来]何禄赞:《公司金融法律原理》,罗培新、沈志韬译,北京大学出版社 2021 年版,第 132 ~ 133 页。

[2] 参见《英国 2006 年公司法》,葛伟军译,法律出版社 2008 年版,第 350 ~ 351 页。

[3] 参见[英]艾丽斯·费伦、[马来]何禄赞:《公司金融法律原理》,罗培新、沈志韬译,北京大学出版社 2021 年版,第 132 ~ 133 页。

权的行使程序(如公司发出股东可以行使该权利的书面副本、电子形式,发出邀约的最低期间为 14 天),以及未能遵守法定的优先权程序,将对公司及每个故意授权或许可违反的高管承担个别或连带责任作出规定。[1]

通过对前述美国、英国两国公司制度的相关条款梳理可知,两国的股东优先认购权制度,既有相同之处,又有不小差别。相同之处在于:其一,公司股东会对其是否享有优先认购权均拥有最终决定权,即根据公司法的授权,股东(大)会可通过公司章程赋予或者排除股东的优先认购权,以适应公司自身发展的实际需要;其二,董事会则有权根据公司章程或股东会决议的授权,适时向股东发行或配售新股,以增强公司经营的灵活性;其三,均规定在为激励雇员而向其配售公司股份等特定情形下,股东不享有优先认购权。不同之处在于:其一,《美国公司法》对股东是否享有优先购买权采用的是"选入"式,即除非章程条款明确规定股东享有优先购买权,否则股东不享有该项权利;《英国公司法》对股东是否享有优先购买权采用的是"选出"式,即所有类型公司之股东均享有该项权利,但是私人公司(特别是只有一个股份类别的私人公司)的章程条款可以对该权利予以排除。其二,《英国公司法》对股东行使权利的程序,如向股东发出行使优先购买权邀约的形式、邀约的最低期间以及违反法定优先权程序造成损失的公司及个人的责任作出了明确规定。相较而言,《英国公司法》中的规定更有利于公司股东之优先认购权的行使与保护。

德国的优先认购权理论认为,股东享有优先认购权的理论依据在于维持股东比例性地位,这种地位既体现为原有股份的财产价值,又体现为与原有股份相结合的支配性股东权利。[2] 受到此种股东比例性地位学说的深刻影响,德国公司法学界一致认为应赋予公司股东优先认购权。其原因是,赋予股份公司股东优先认购权,目的在于保证股东能够以较低的价格认购新股;它也保证本公司的股东首先认购新发行的股份;它还能防止公司通过增资而

〔1〕 参见《英国 2006 年公司法》,葛伟军译,法律出版社 2008 年版,第 351 ~ 356 页。
〔2〕 参见刘俊海:《股份有限公司股东权的保护》,法律出版社 2004 年版,第 236 ~ 237 页。

改变现有股东的持股比例和表决比例。[1] 在学界理论的推动下,《德国股份法》第186条第1款规定,经股东请求,公司须向每个股东配售与其在原有基本资本中的份额相适应的新股份额。但是,《德国股份法》第186条第3款对全部或部分排除股东该项权利做出了规定,即该认购权仅能在增资决议中被全部或部分排除。在此情形下,除法律或章程规定的增资条件外,该决议需经决议时所代表基本资本的至少3/4多数同意。章程也可以规定一个更高的资本多数和其他条件。特别是以现金出资进行的增资不超过基本资本的10%,而且发行价格并非显著低于交易所价格的,允许排除认购权。[2] 通过德国公司法的立法例可知,公司法虽然赋予股东新股发行的优先认购权,但同时也授权公司可以公司章程、股东会决议排除股东优先认购股份的权利。此种做法与英、美两国公司制度谋求公司长远发展目标的宗旨具有相似之处。据学者考证,《德国股份法》的相关条款对基于特殊目的而排除配售新股份额的各种情形主要有:增资是为了特定的目的,或者是为了特定目的而发行新股(如增资是为了获得实物或者是为了满足优先股股东的优先认购权或者可转换债券以及可兑换债券的优先购买权,或者为了准备企业合并而发行的新股)。[3]

与股份公司法在一般的情形下赋予股东优先认购权不同,《德国有限责任公司法》赋予股东不可剥夺的优先认购权。但需要说明的是,《德国有限责任公司法》中的优先认购权是以"增资"的方式,即通过增加自有资本(真实资本)或者将公积金转化为注册资本(名义增资)的方式实现的。同时,根据《对有限责任公司法进行现代化改革和反滥用的法律》新增第55a条,真实增资也可以通过授权资本的形式进行。[4] 在授权资本之下,公司章程可以

[1] 参见[德]托马斯·莱塞尔、[德]吕迪格·法伊尔:《德国资合公司法》(第6版)(上册),高旭军等译,法律出版社2019年版,第408页。

[2] 参见《德国商事公司法》,胡晓静、杨代雄译,法律出版社2014年版,第158页。

[3] 参见[德]托马斯·莱塞尔、[德]吕迪格·法伊尔:《德国资合公司法》(第6版)(上册),高旭军等译,法律出版社2019年版,第409页。

[4] 参见[德]托马斯·莱塞尔、[德]吕迪格·法伊尔:《德国资合公司法》(第6版)(下册),高旭军等译,法律出版社2019年版,第770页。

授权业务执行人最长在公司登记后5年内,通过发行新的凭缴纳出资购买的营业份额,将基本资本增加到特定的数额。《德国有限责任公司法》第57h条规定,在审计人对资产负债表出具确认无反对意见的审计结果之情形下,公司可以通过形成新的营业份额或者增加营业份额的面值进行增资。第57j条规定,公司新增的营业份额由股东按照原出资比例享有,与其相反的股东决议无效。[1] 此外,《德国有限责任公司法》还对真实增资的程序作出明确的规定:变更公司章程并通过许可增资的决议(第3条第3项、第55条第2款)、认股人与公司签署认股合同(第55条第1款)、认股人缴纳新的出资(第56条、第56a条)、向商事登记簿申请登记增资(第57条)。[2]

通过对德国公司制度立法例的考察,不难发现其股东优先认购权的特点:其一,有限公司之股东享有不受股东会决议排除的营业份额优先认购权;在股份公司中,股东亦享有相应的优先认购权,但法律、公司章程规定以及至少代表3/4公司股份的股东会决议等极少数情形可排除该项权利。其二,通过有限公司制度的现代化改革,《德国有限责任公司法》授权董事会在规定的时间内,择机发行新的营业份额,以适应公司经营的灵活性。其三,将股东的优先认购权视为公司的真实增资,同时对增资的各项程序作出明确规定,以保障股东优先认购权的实现。应当说,德国公司制度区分了有限公司与股份公司两类公司股东的不同利益诉求,能够较好地保护股东的合理预期,同时也为股份公司在长远发展过程中基于特殊目的(如为了扩大经营规模而引入战略投资者)的增资留出了应有的自治空间。

(二)国内优先认购权的规定及其不足

在国内关于股东何以享有优先认购权,学界存在不同的观点。有观点认为,优先认购权基于股东身份而享有,因此在公司发行新股时,股东有权优先与其他投资者认购股份。[3] 也有学者通过考察上述美国、德国等国的学界

---

〔1〕 参见《德国商事公司法》,胡晓静、杨代雄译,法律出版社2014年版,第50~51页。

〔2〕 参见[德]托马斯·莱塞尔、[德]吕迪格·法伊尔:《德国资合公司法》(第6版)(下册),高旭军等译,法律出版社2019年版,第770页。

〔3〕 参见王东光:《论新股优先认购权及其排除》,载《甘肃政法学院学报》2008年第9期。

通说,认为这些国家均以股东的比例性地位作为股东享有优先认购权的法理,而事实上问题的本质在于为何要维护股东的比例性地位,因此提出优先认购权的理论基础在于维护股东的比例性平等待遇的观点。根据该观点,股东享有优先认购权的比例性平等待遇,体现了股东之间、股东与公司之间财产与管理等方面的利益分配格局。而此种利益格局是由作为投资者的股东与设立中的公司之间的股份认购契约而产生,因此,非经股东与公司之间的合意或符合股东比例性平等原则不得变更……[1]笔者认为,后者的观点更具有合理性。一般情形下,优先认购权本就是股东基于其身份而享有的权利,但是股东何以享有此种权利,前者缺乏应有的阐释。而后者则对此进行了合理的说明。事实上,我国公司制度的相关标准化条款正是按照此种比例性平等地位的学理进行设计的。同时,由于受大陆法系公司制度特别是德国公司制度的影响,我国公司制度中的优先认购权是以股东对"新增资本"的认购体现出来。

首先,关于股东是否享有优先购买权,我国《公司法》对有限公司与股份公司做出了不同的规定。《公司法》第 34 条赋予了有限公司股东的优先购买权,公司新增资本时,股东有权优先按照实缴的出资比例认缴该新增资本,但全体股东约定不按照出资比例优先认缴出资的除外。由于《公司法》未赋予股份有限公司发行新股时股东的优先认购权。最高人民法院《关于适用〈中华人民共和国公司法〉若干问题的规定(三)》(以下简称《公司法解释(三)》)第 16 条规定的"股东未履行或者未全面履行出资义务或者抽逃出资,公司根据公司章程或者股东会决议有权对其新股优先认购权、剩余财产分配请求权等股东权利作出相应的合理限制"的解释,就只能是针对有限公司股东而言的。其次,关于公司新增资本的程序,我国公司制度规定了与德国公司法相似的流程。其中《公司法》第 178 条第 1 款规定,有限公司增加注册资本时,股东认缴新增资本的出资,依照有限公司缴纳出资的有关规定执行。结合《公司法》第 28 条第 1 款规定的"股东应当按期足额缴纳公司章程

[1] 参见刘俊海:《股份有限公司股东权的保护》,法律出版社 2004 年版,第 237 页。

中规定的各自所认缴的出资额”以及第 26 条第 1 款规定的“有限责任公司的注册资本为在公司登记机关登记的全体股东认缴的出资额”，不难发现，我国公司制度中的股东优先认购权程序与德国公司制度相类似，即通过公司增资决议、修改公司章程、股东按照认缴的新增资本比例缴纳出资之方式来实现股东的优先认购权。

通过上述公司制度条款的梳理可知，我国公司制度中股东优先认购权，仅赋予有限公司股东而股份公司股东则不享有此项权利，且公司制度对有限公司之股东优先认购权采取“选出”方式，即只要全体股东不作出排除适用的约定，股东有权按照实际缴纳的出资比例享有该项权利；在行使程序上，优先购买权的享有是以公司股东按照原出资比例认缴新增资本的方式实现的。整体而言，我国股东优先购买权制度具有明显的大陆法系特征。这些规定在一定程度上有利于实现有限公司股东之优先认购权。但是，我国公司制度中优先认购权的上述规定，亦存在以下不足。

首先，股东优先认购权的立法条文前后文字表述不一，造成了对其文义理解上的障碍。按照对《公司法》第 34 条的理解来看，其立法的本意是股东需按照“实缴”的出资比例认缴出资，目的在于防止股东虽认缴了出资，但未能履行到位或抽逃出资，在实际上又能享有相应的优先认购权的不公平情形的出现。但是，在该条但书中却又规定，全体股东约定不按照“出资比例”优先认缴出资的除外。这样，就出现了前后表达上的差异，造成理解上的障碍。再参考《公司法解释(三)》第 16 条关于股东未履行、未全面履行出资或抽逃出资的，公司章程或股东会决议有权对其新股优先认购权作出合理限制的规定可知，公司可以通过自治的途径，如股东协议约定、公司章程规定或者股东会的决议，对出资未能实际到位的股东的优先认购权作出限制。由此可见，“实缴”的出资比例的措辞，未必能在实践中体现其应有的价值，还造成了理解及适用上的困扰。

其次，我国《公司法》未对公司基于特殊目的而增发新股的，不享有优先认购权的例外作出相应的规定。在现实的商业实践中，公司往往会基于特殊目的而增发股份，例如，对有限公司员工持股计划（股权激励），公司引入业务发展所需的技术、设备而进行的增资以及优先股的增资等例外情形。显然,这些情形对增强公司向心力、突破技术发展瓶颈,特别是聚集公司进一步发展所需要的雄厚资金,对促进公司长远发展而言均极其重要。而优先认购权的存在,致使公司无法从更大范围的投资者群体中筹集资金,由此推高了股权融资的成本。[1] 正是基于这些原因,在前述国外立法例中,无论是作为英美法系代表的美国公司法、英国公司法,还是作为大陆法系代表的德国公司法,均以列举的方式对不享有此权利的例外情形作出了明确的规定。显然,缺乏例外情形规定的公司制度,看似强调对公司现有股东的平等保护,但由于其忽略了公司复杂多变的公司经营实践,妨害了公司整体利益,最终会损及全体股东的长远利益。

最后,对优先认购权本身缺乏较为合理的规定,存在明显的立法疏漏。例如,我国《公司法》仅规定了股东按实缴的出资比例享有优先认购权,而对于部分股东放弃行使其应有的优先认购权份额时,其他股东能否对其放弃的部分行使优先认购权在立法上缺乏应有的回应。又如,我国公司制度仅对新增资本的认缴程序做出了简略的规定,缺乏股东行使优先认购权的可操作性规定,这种简约式的规定会损及公司运行的效率,并为控制股东通过多数决损害少数股东利益提供了可操作空间。按照私法的一般原理,公司股东可以公司自治的方式对这些问题作出约定,但在公司的实际经营中,股东之间在缺乏契约约定或者缔约成本过高时,作为公司股东之间的标准"契约条款"的股东优先认购权立法规定的缺失,就容易造成股东之间的权益纷争。

三、股份转让优先购买权

与新股优先认购权相似,股份转让优先购买权同样涉及股东对资产分配和公司控制等多种利益。故而,各国公司制度往往会对封闭式公司或有

---

〔1〕 参见[英]保罗·戴维斯、[英]莎拉·沃辛顿:《现代公司法原理》(第9版),罗培新等译,法律出版社2016年版,第875页。

限公司股东转让股份的行为进行不同程度的限制。这种限制通常表现为股东在转让其股份时，赋予其他股东在同等条件下的优先受让权，这就涉及转让股份的股东与公司其他股东、第三人之间的复杂利益关系的平衡与协调。

（一）股份自由转让与限制

为便利地实现投资者的收益，促进资本在全社会范围内的自由流动，现代公司制度一般规定股东可自由转让其所持有的股份。但是在非上市公司中，就算仅有一名股东转让其股份，其他股东对公司的控制权结构也可能受到影响。而且往往还会波及管理层。因为在人们看来，持有这么一家公司的股份，可能意味着股东享有某种正式或非正式的权益，使其能够在董事会中占据一席之地，并参与公司的管理……因此，股份的可转让性通常会受到一些限制。[1] 正是基于这些因素的考量，无论是属于英美法系的美国、英国公司制度，还是属于大陆法系的德国公司制度，均通过其自身的规定或通过授权公司章程对股权转让作出不同程度的限制。

在美国法上，对非公开公司存在股权转让的自行限制。[2] 这一点充分体现在修订后的《美国法定封闭公司附加规定（示范文本）》（以下简称《美国封闭公司附加规定》）第11、12条之中。该附加规定第11条第1款规定，除章程或本规定第12条允许外，法定封闭式公司之股份利益，无论为自愿与否，均不得通过法律的运作或以其他方式进行转让。该条第2款对不适用第1款的例外情形进行了列举。这些列举的内容或是向公司内部股东、股东的近亲属转让，或是已经获得全体股东的书面一致同意，抑或基于法定事由向

〔1〕 参见［英］保罗·戴维斯、［英］莎拉·沃辛顿：《现代公司法原理》（第9版），罗培新等译，法律出版社2016年版，第975页。

〔2〕 参见邓峰：《普通公司法》，中国人民大学出版社2009年版，第375页。

相关机构或个人转让。[1] 美国附加规定股份转让的特点是,以限制股东转让股份权利为原则,以公司章程可以作出不同的规定,向满足第 12 条规定条件的第三人按照法定程序转让股份为例外;同时,向特定对象或因法定原因而产生的股份转让不受本条第 1 款的限制。显然,美国公司制度对封闭式公司的股份转让限制是较为严格的。

与前述《美国封闭公司附加规定》不同,《英国 2006 年公司法》对股份转让的限制相对宽松。该法第 544 条规定,任何成员在公司中的股份或其他利益,根据公司章程是可以转让的。[2] 但是这种自由转让并非不受约束。据英国著名公司法学者保罗·戴维斯的考察,在英国公司实践中,非上市公司的章程通常会对董事会作出授权,允许其有权拒绝将受让人登记在股东名册中,或者在章程中约定,其他股东或公司(在股票转让时)享受优先认购权、事先否决权甚至强制收购权。至于限制的范围有多大,完全取决于公司章程的安排。[3] 由此观之,英国公司股份转让的特点是以股东享有股份自由转让权为原则,以章程对该权利进行限制为例外,而限制的具体范围,则完全赋予公司股东自治。

德国公司制度关于股份转让权的规定与英国公司制度较为类似,这体现在《德国有限责任公司法》第 15 条的相关规定中。该条第 1 款规定,股东的营业份额可以转让和继承;该条第 5 款规定,公司章程可以对营业份额转让规定其他条件,特别是可以规定营业份额的转让需要经过公司同意。[4] 第 5 款规定的制度功能在于,在章程中约定股权转让需要征得公司的同意,那么公司就有权来控制股权是否转让,以及谁将成为新的股东。在很多情形下,

---

[1] 参见《美国封闭公司附加规定》第 11 条第 2 款规定,可以进行股份转让的情形有:向公司或同类别、同系列股东转让;向股东的近亲属或以近亲属为收益人的信托组织转让;已获得拥有普通表决权的全体股东的同意的转让;股东死亡后向执行人或管理人转让,或者由股东提起的破产、偿债、解散或类似程序而向托管人或接受人转让;公司合并导致的股份交易以及与不同类别、系列股份之间的交易;抵押人未将表决权授予抵押权人的、以担保贷款为间接形式的抵押;公司法定封闭式公司地位终止后的股份转让。参见虞政平编译:《美国公司法规精选》,商务印书馆 2004 年版,第 150 ~ 151 页。

[2] 参见《英国 2006 年公司法》,葛伟军译,法律出版社 2014 年版,第 343 页。

[3] 参见[英]保罗·戴维斯、[英]莎拉·沃辛顿:《现代公司法原理》(第 9 版),罗培新等译,法律出版社 2016 年版,第 982 页。

[4] 参见《德国商事公司法》,胡晓静、杨代雄译,法律出版社 2014 年版,第 32 页。

股权转让是否有效还取决于一些其他条件,例如,股东或者股东会、监事会或者专业委员会、单个股东或第三人的同意。[1] 由此可见,《德国有限责任公司法》以立法方式明确有限公司股份转让的自由,但立法亦同时授权章程对股份转让进行限制,这样既保证了股东的自由转让权利,同时也最大限度地尊重了公司自治。

我国《公司法》对股份转让的规定,因公司的类型不同而有所不同。我国《公司法》第 137 条就股份公司的股份自由转让权做出了明确的规定。《公司法》第 71 条第 1、2、4 款对有限公司股份的转让与限制做出了相应的规定。第 1 款规定,有限公司股东有权在公司内部股东之间自由转让其持有的全部或部分股份。第 2 款规定,股东拟向股东以外的第三人转让股份的,应当经其他股东过半数同意。其他股东经书面通知满 30 日未答复的,视为同意转让。其他股东半数以上不同意转让的,则应当购买转让股东的股权;不购买的,亦视为同意转让。第 4 款则授权公司章程对股份转让作出自治性规定。根据上述条款的规定,不难发现我国股份转让与限制的制度设计为,仅对股份公司的特殊形态——上市公司和有限公司的股份转让作出规定:上市公司股份可自由转让;有限公司的股份在股东之间可自由转让,向第三人转让股份需经其他股东过半数同意。表面上,这些规定满足了公司股东股份转让的需要,但是,在司法实践中,公司股东之间往往因股份转让及其限制问题产生诸多法律纠纷。在很大程度上,这与公司制度仅就股份转让做出了原则性的规定,在整体上缺乏可操作性的转让流程有关。

(1)我国《公司法》中缺乏股份转让限制的例外情形,容易造成股份价值的不当减损。我国《公司法》关于股份转让的规定,缺乏像前文提及的美国公司制度中有关股份转让限制的例外情形规定,造成股份转让限制的范围过大,股东难以正当行使股份转让权。股权转让的价值不仅在于保障股权的可变现,还体现在其流通性越强,市场价值就越高。[2] 当股份转让限制过多

[1] 参见[德]托马斯·莱塞尔、[德]吕迪格·法伊尔:《德国资合公司法》(第 6 版)(下册),高旭军等译,法律出版社 2019 年版,第 619 页。

[2] 参见李建伟:《公司法学》(第 4 版),中国人民大学出版社 2018 年版,第 250 页。

时,股份的价值就会大打折扣,损害公司股东特别是少数股东的利益。(2)我国公司法关于股份向第三人转让的限制,采用的是其他股东过半数同意的方式,在实践中的可操作性不强。《公司法》第71条第2款中"过半数同意"的计算不适用"资本多数决",而应采用"人头主义",即以转让人之外的股东人数计算表决票数的"一人一票"。[1] 在实践中,尽管有限公司股东往往担任公司职务、参与公司管理,但是过半数同意的股东未必就全然代表公司机关。因此,当这些股东的意见与公司机关的意见不一致时,缺乏弥合两者之间分歧的明确的规则;而如果失去公司机关的配合,转让股份的变更确认程序能否顺利完成会存在很大的不确定性。(3)公司法授权章程对股份转让的限制作出自治性规定,自治的边界往往难以有效把握。比如,章程规定禁止股份对外转让,是否应赋予其法律约束力。在公司实践中,多数股东往往通过章程对股份转让进行限制,使公司自治演变为压迫少数股东的一种隐蔽方式。但如果法院介入公司自治,对章程内容进行司法审查,如何确定其审查标准又会对立法或司法构成挑战。这些棘手的问题,需要学界与业界的共同努力,特别是通过公司制度标准条款的修改完善逐步获得解决。

(二)优先购买权的性质与域外立法例

股份自由转让限制的另一面,就是转让股份时公司其他股东的优先购买权问题。通过上述西方发达资本主义国家的公司制度梳理可以获知,优先受让权多与事先否决权、强制收购权一起构成股东转让股份的限制条件。但是,股东在转让其持有的股份时,公司其他股东是否享有优先于外部第三人的受让权,既关涉封闭式公司股东之间信任关系的维系以及其他股东的比例性权益,也涉及外部第三人利益。因此有必要对此权利进行分析。

学界关于优先购买权的探讨多在厘定其性质的基础上展开。因为优先购买的性质决定了该权利的内容、行使方式,即相应的效力。但是对该权利的性质,学界一直存有争议,具有代表性的学说主要有三种:期待权说、请求

---

[1] 参见李建伟:《公司法学》(第4版),中国人民大学出版社2018年版,第249页。

权说、形成权说。[1] 近年来，随着学界对优先购买权理论认知的不断深化，学界秉承期待权说的学者已不多见，因而对其性质的争论主要在请求权说、形成权说之间。请求权说认为，优先购买权是权利人请求出卖人与自身订立买卖契约的权利。[2] 按照该学说，当股东需要转让其所持有的公司股份时，公司其他股东需向转让该股份的股东提出订立契约的意思表示，在该股东作出承诺后，转让股份的契约方可成立。请求权说的优势是，转让人可以在与其他股东、第三方之间的协商与谈判过程中形成对其转让股份有利的出让条件；请求权说的缺点是，当转让人与第三人达成转让协议，而其他股东主张优先购买权而获得股份，转让人需对公司股东承担违约责任。形成权说认为，先买权系一种形成权，权利人仅凭一方的意思表示即可在自身与相对人之间成立买卖契约。[3] 按照该学说，当股东需要转让其所持有的公司股份时，公司其他股东只要向该转让股份的股东提出行使优先购买权的单方意思表示，转让股份的契约即在两者之间成立。形成权说的优势是，一旦其他股东以同等条件向转让人主张优先购买权，即对转让人产生契约法上的约束力，从而有利于维护公司其他股东的利益；缺点是其他股东的先买权对转让人产生约束力后，转让人如未与第三人签署股份转让协议，便失去了与第三人再行磋商与议价的权利，股份的真实价值难以得到应有的体现。如已经与第三人签署股份转让协议，则面临对第三人承担违约责任的问题。显然，无论是请求权说还是形成权说，既有合理的一面，亦存在某种程度的不足。

本书认为，优先购买权的各种学说的目的在于为合理平衡各方股东利益而寻求解决方法，即无论秉承何种学说，其最终的落脚点在于设计出一种合理的受让权行使程序，能够减少各方股东的利益冲突，从而有利于实现社会整体效益的最大化。质言之，优先购买权更多地体现为一种平衡股东利益的工具，不但要实现对转让股份股东及第三人利益的保护，而且要实现对公司

---

〔1〕 参见赵旭东：《股东优先购买权的性质和效力》，载《当代法学》2013年第5期。

〔2〕 参见于午丁、王宏：《有限责任公司股东优先购买权法律性质刍议》，载《吉林省经济管理干部学院学报》2010年第1期。

〔3〕 参见[德]迪特尔·梅迪库斯：《德国债法分论》，杜景林、卢谌译，法律出版社2007年版，第128页。

其他股东利益的保护。[1] 而当前的理论认知仅仅强调了其他股东的利益，而有意或无意地忽略了转让股东的转让利益(如股份转让的价格,付款期限等)。因此,本节将梳理相关国家优先购买权立法例的基础上,对我国《公司法》中有限公司股东的优先购买权的现状与存在的问题进行分析。

前文已提及,《美国封闭公司附加规定》第 11 条以禁止股份转让为一般原则,以允许转让为例外。而允许转让的例外就包括公司章程的情形约定以及转让股东已经获得符合第 12 条第 2 款规定的有资格购买股份的第三人以现金购买股份之要约的情形。《美国封闭公司附加规定》第 12 条对允许向第三人转让股份的条件与程序作出了具体的规定。根据该规定,股东欲对外转让股份时:首先,须获得资格,即有资格成为公司采用的任何联邦或州税法下的合格股东并处于持续合格状态;第三人的行为不会导致公司负担控股公司所得税,或者类似联邦或州的惩罚税的第三人向其发出的,载明该第三人姓名、地址以及购买股份的数量、股份类别或系列,每股的价格及其他项目的书面要约。其次,由该股东向公司发出出售股份的要约;公司在收到要约后 20 日内,将召集特别股东会议就是否购买要约中的所有股份进行决议,决议经扣除要约人所代表的股权票数外的代表公司半数以上表决同意后,要约获得公司的认可。再次,公司在接到要约后的 75 日内向转让股份股东发出同意购买的书面承诺书,否则即视为拒绝接受要约;公司也可另行向该股东发出反要约,在接到反要约之后的 15 日内,该股东须向公司递交书面承诺书,否则即视为拒绝接受反要约。复次,如果公司接受了原始要约或股东接受了公司的反要约,则股东应在承诺通知生效后的 20 日内,将股份证书背书递交公司;如公司同意购买股份的股东均同意进行分配,则由接受要约的公司将其中的部分或全部股份分派给一个或多个股东或分派给其他人。最后,如果股东发出的请求公司购买股份的要约被公司拒绝,从公司收到要约之日起 120 日内,该股东有权按照其向公司发出要约的条件,向曾对该股东发出要约的

〔1〕 参见蒋大兴:《股东优先购买权行使中被忽略的价格形成机制》,载《法学》2012 年第 6 期。

第三人转让全部(亦仅能就全部)被要约的股份。[1]

通过上述规定可以看出,美国公司制度通过封闭式公司附加规定授权公司章程对股份转让过程中其他股东是否享有优先购买权,以及享有该权利时具体的行权内容与程序作出规定。在章程未规定公司股东享有优先购买权的情形下,作为“标准条款”的附件规定自动成为股东之间的默认规则。在具体的操作程序上,该规定以第三人向转让股份的股东提出书面要约开始,到该股东向公司发出要约,再到公司提交书面承诺或发出反要约股东提交书面承诺,直至股东在公司拒绝要约后按照原书面要约规定的条件将股份转让给第三人。这些默认的规则条款在很大程度上,既维护了公司股东的信任关系及其在公司的比例性利益,又维护了出让股份的股东权利以及由此带来的转让利益。

与《美国封闭公司附加规定》相似,在前述英国、德国的公司制度中,股份自由转让限制与公司其他股东享有的优先认购权并非一一对应关系,即这些国家的公司制度不仅仅以公司其他股东享有优先购买权作为股份自由转让的限制条件。有所区别的是,《美国封闭公司附加规定》第 12 条对在公司章程缺乏相应约定时,股东的转让行为与公司行使优先购买权行为进行了详细的、可操作性的规定。英国、德国的公司制度虽未对转让股东的行为以及公司其他股东优先购买权的行使方式进行明确的规定,但是存在对股东转让股份过程进行规制的相关规则。例如,在英国,根据法律的一般规则,仅当一个人同意成为公司股东,且其姓名已被登记在股东名册中时,他才会取得股东身份。正是因为存在此种程序性规定,闭锁型的公司才有机会对股票转让给新持有者的过程施以控制。[2] 在公司章程约定公司本身或其他股东享有优先购买权的情形下,公司章程往往会授权董事会拥有决定是否将股份受让人记载于股东名册的权利,这样董事会便享有对优先购买的监督权。在德国,根据《德国有限责任公司法》第 15 条第 3、4 款,不但股东转让其营业份

---

〔1〕 参见虞政平编译:《美国公司法规精选》,商务印书馆 2004 年版,第 151 ~ 153 页。

〔2〕 参见[英]保罗·戴维斯、[英]莎拉·沃辛顿:《现代公司法原理》(第 9 版),罗培新等译,法律出版社 2016 年版,第 978 ~ 979 页。

额,需以公证的形式签订合同,而且股东负担营业份额义务的协议,也需要采取公证形式。[1] 亦即,需要公证的不仅是确定转让股权义务的协议,即债权性质的原因行为,而且股权转让——物权性质的履行行为本身也要求采取公证人公证的形式。对此,司法判例要求对包括价款在内的所有约定和附属约定,诸如担保约定、成本约定,或者仲裁条款进行公证。[2]

显然,无论是股份转让需经公司董事会同意,转让后新股东记载于公司股东名册,还是对股东转让股份过程的债权性质、物权性质的合同行为进行公证,这些规则或特别要求虽然并非针对公司股东优先购买权的实现而专门设立,但是其对于优先购买权的顺利实现、减少股份转让过程中发生各种利益冲突,具有积极的促进作用。

(三)优先购买权的国内立法与实践

我国公司制度关于股份转让时优先购买权的立法与上述国家的相关规定存在较大差别,这主要体现在《公司法》第 71 条的规定之中。该条规定授权公司章程对股权转让时其他股东是否享有优先购买权以及该权利实现的相应程序作出规定,如章程未能对其作出特别规定,则适用《公司法》第 71 条的标准条款。根据此项规定,公司内部股东之间的股权转让,其他股东不享有优先购买权;但当股东向第三人转让股权时,公司其他股东在同等条件下,享有优先购买权。如两名以上股东均主张优先购买权,可协商确定各自的购买比例,协商不成的,按照转让时各自的出资比例行使该权利。

上述优先购买权的制度规定,在一定程度上有利于促进股东优先购买权的实现。但不可否认的是,优先购买权在流程设计上也存在可操作性差、转让过程中各方利益无法得到合理保护等问题,因此自 2005 年《公司法》修订以来,学界对于该条款的修改提出了诸多富有建设性的意见。加之业界在裁判实践中积累了较为丰富的经验,因此最高人民法院在《公司法解释(四)》中对优先购买权的行使流程进行了优化与完善,这主要体现在几个方面:细

---

〔1〕 参见《德国商事公司法》,胡晓静、杨代雄译,法律出版社 2014 年版,第 32 页。

〔2〕 参见[德]托马斯·莱塞尔、[德]吕迪格·法伊尔:《德国资合公司法》(第 6 版),高旭军等译,法律出版社 2019 年版,第 618 ~ 619 页。

化了该权利行使的程序规则;厘清了该权利的行使边界以及受损后的救济;确定了损害股东该项权利的转让合同的效力。[1] 尽管《公司法解释(四)》的相关规定强化了股东优先购买权的行使内容、行使程序规则,加强了对转让股东及第三人利益的保护,但是仍存在以下不足。

其一,对“同等条件”的解释在公司实践中仍难以把握,容易导致股份转让时股东磋商过程的拖延及交易成本的升高。《公司法解释(四)》第18条对“同等条件”进行了具体化规定,即《公司法》第71条规定所称的“同等条件”,应当考虑转让股权的数量、价格、支付方式及期限等因素。应当说,该解释对股东顺利转让股份、其他股东及时行使优先购买权起到了某种程度的促进作用。但是,在现实的公司实践中,仅以数量、价格、支付方式及期限四种因素就可以排列组合出诸多股份转让的交易条件。在磋商过程中,出现任何一个因素的变动,都会导致交易条件的变化。因此,转让股东如何衡量所谓的“同等条件”,并在此基础上选择最终的交易相对方,仍然令人困惑。而反复的磋商显然会推高交易成本。前述美国公司制度中,立法对交易条件进行了预先设定,即股东欲向外转让股份,只能转让全部股份(而不是部分),只能以现金方式进行交易。这样,股份转让在交易过程中的变量就仅剩下交易价格和支付期限。相较而言,“同等条件”较为容易判断。

其二,以向“其他股东”发出通知作为行使优先购买权的程序,容易在股份转让过程中形成各种法律隐患。根据《公司法》及《公司法解释(四)》的规定,公司股东拟对外转让股份,是向公司其他股东而非公司发出通知。但问题是,公司股东会成员与董事会成员并非一一对应,作为公司的日常管理机关——董事会,其对股东对外转让股份的事实以及公司股东持股比例的变化、公司新加入股东及其持股比例很可能并不知情。在此情形下,其如何获知准确信息、协助公司股东或者第三人办理股份变更登记、并将此类事项记载于股东名册,立法及司法解释并未提供富有可操作性的途径。此种信息不

[1] 参见唐青林、李舒主编:《公司法司法解释四裁判综述及诉讼指南》,中国法制出版社2017年版,第349页。

对称,为股东与第三人之间的欺诈提供了运作空间。诚如学者所言,由于我国公司制度缺乏对交易过程的必要指引或监督,容易出现股东与第三人串通,导致虚假交易价格的出现。[1] 而前述美国、英国、德国公司制度在涉及股份转让时,或是以通知公司(董事会作为代表机关),或是直接授权董事会采取相应的行为,或是要求股份转让合同以公证的方式作出,保证了转让股份信息传导的真实性,有利于促进公司股东优先购买权的顺利实现。

对此,尽管《公司法解释(四)》第 21 条规定,在转让股东与第三人存在欺诈、恶意串通时,法院支持其他股东以同等条件主张优先购买权。然而在日常的公司实践中,如何发现这些不法行为并据此主张相应的权利,对公司现有股东而言仍然是一个不小的挑战。因此,公司制度应当通过相关的规则设计,既能够保障转让股东及时地转让股份,又能够促进其他股东顺利行使优先购买权。显然,我国公司制度关于优先购买权的行使内容与相关程序规则,仍有进一步提升的空间。

四、异议股东股份回购请求权

异议股东股份回购请求权,又有异议股价权、解约补偿权或退出权等称谓。但无论何种称谓,其基本含义均是指:当股东(大)会基于资本多数决,涉及公司收购兼并、重大资产出售、章程修改等公司重大事项作出决议时,对该决议持异议的少数股东所享有的、要求公司或其他股东以公平之价格收购其所持有的股份、退出公司的权利。

就制度设计初衷而言,该权利来自美国公司法,但受到英国公司制度的启蒙。在英国法上,很早就有允许公司为了解放公司被压迫的小股东,购买股东所持有的股份或股票的规定。[2] 正是基于此种缘故,美国公司法学者西格尔(Siegel)教授认为,异议股东股份回购请求权具有在控制股东排挤少

---

〔1〕 参见邓峰:《普通公司法》,中国人民大学出版社 2009 年版,第 374 页。

〔2〕 参见邓峰:《普通公司法》,中国人民大学出版社 2009 年版,第 380 页。

数股东时给予后者公平补偿、监督控制股东行为的功能。[1] 但是，从股东有权根据相应条款规定的原因退出公司、及时收回投资的视角来看，该权利在很大程度上又具有股东财产性权利的属性。基于此，笔者将其列为剩余索取权中的一种法定的股东权利展开相关探讨。

（一）异议股东股份回购请求权的理论学说

据学者考证，学界关于异议股东股份购买请求权的理论，主要有期待权理论（期待利益落空理论）、衡平理论、团体的可分解理论、经济分析法学理论四种。[2] 期待权理论认为，公司承载着股东加入公司时对其经营方式、盈利情况等源自公司契约化特征的期待，当这些期待发生根本变化时，持不同意见的少数股东之期待利益可能会落空，此时其有权通过退出公司的方式获得救济。[3] 衡平理论则认为，异议股东股份回购请求权系公司采用重大事项一致同意规则向资本多数决原则转变后的一种利益衡平，这样既有利于公司决策效率的提升和实现效益的最大化，也有利于少数股东利益的维护。团体的可分解理论主张，公司系特定股东为实现特定目的而构成的团体，在公司基于多数股东决议而发生结构或运营政策的重大变化时，法律自然不能强迫异议股东继续留在机构和权利已经发生改变的公司之中。[4] 经济分析法学理论声称，公司在内部决策的过程中，如果股东因公司发生根本性的重大变化而导致其最初加入公司的可期待利益落空，股东有权选择退出公司。[5] 整体而言，这些学说均通过特定的视角，对异议股东股份回购请求权本身及（或）其行使的正当性做出了解释，对于合理理解该权利具有积极意义，但也存在各自的不足。其中，笔者赞同期待权理论。这不仅是因为，期待权理论

---

〔1〕 See Barry M. Wertheimer, *The Purpose of the Shareholders' Appraisal Remedy*, Tennessee Law Review, p. 86(1998).

〔2〕 参见蒋大兴：《公司法的展开与评判：方法 · 判例 · 制度》，法律出版社 2001 年版，第 766 ~ 770 页。

〔3〕 参见宋鹏：《异议股东回购请求权的适用困境与修法完善——以公司法第 74 条为中心》，“中国法学会商法学研究会”会议论文（上），2020 年 11 月于厦门。

〔4〕 参见蒋大兴：《公司法的展开与评判：方法 · 判例 · 制度》，法律出版社 2001 年版，第 769 页。

〔5〕 参见宋鹏：《异议股东回购请求权的适用困境与修法完善——以公司法第 74 条为中心》，“中国法学会商法学研究会”会议论文（上），2020 年 11 月于厦门。

能够较好地解释异议股东提出回购股份的合理性，为立法赋予股东退出公司的权利提供了坚实的理论基础。同时，笔者在第二章中已述及，在英国、美国公司制度的实践中，法院通常将股东之间的关系置于公司契约的分析框架内，分析（少数）股东基于公司标准契约或非标准契约所形成的合理期待是否遭到实质性挫败来判断控制股东是否违反信义义务或行为是否造成不公平损害。这些实证分析不但表明了期待权理论的合理性，还与后者在逻辑上保持了同一性。

在秉承衡平理论的学者看来，异议股东股份回购请求权，是法律在效率与公平、多数人的民主与少数人的利益之间进行合理平衡的结果。[1] 衡平理论在本质上属于立法机关、司法机关在立法或裁判实践活动中的一种衡量控制股东与少数股东之间利益的具体方法，它更多的是对异议股东请求回购股份、退出公司等客观现状的描述，对于股东何以有权退出公司，缺乏解释力。前文已述及，经济分析法学理论源于新制度经济学，属于新制度经济学的一个分析流派，而新制度经济学奠基人科斯的一个基本论断就是公司乃一系列契约的联结。美国公司契约理论的“旗手”弗兰克·伊斯特布鲁克亦明确表示，公司契约理论就是法经济学理论。[2] 笔者在新古典契约理论与关系契约理论的梳理与分析时亦表明，法经济分析学理论就是公司契约理论，它们均来自新制度经济学，只是名称有所不同而已。所以，法经济分析学理论的核心观点其实与以公司契约论为基础的期待权理论在本质上是一致的，可以视为同一种观点。团体的可分解理论主张“股份公司资合化”的观点，是对异议股东行使股份回购请求权，会加重公司的财务负担，使公司组织合伙化观点进行反思与批判的基础上发展起来的一种理论学说。虽然该理论在某种程度上能够解释，少数股东可因公司经营与决策发生重大变化而退出公司，但整体而言，其不如期待权理论那样富有合理性。正如异议股东股份回购请求权在制度形成中所解释的那样，其目的不仅在于根据法定原因，转

〔1〕 参见蒋大兴：《公司法的展开与评判：方法·判例·制度》，法律出版社2001年版，第769页。

〔2〕 See Frank H. Easterbrook and Daniel R. Fischel, *The Corporate Contract*, Columbia Law Review, p. 1416 - 1448(1989).

让股份、退出公司，还在于通过退出公司，避免或减少遭受多数股东实施的压迫行为。

（二）异议股东股份回购请求权的适用范围

异议股东股份回购请求权最早起源于美国。早期美国公司法要求公司涉及根本变化时，应得到股东的一致同意。如达不成一致，可以解散公司再重新加入新的公司，变成资产或投资的合并，但是公司的“隐含价值”、商誉等公司特有价值就会在解散的时候消失。因此，法律趋向于允许多数股东进行“资本多数决”。作为对少数股东权利的妥协，允许少数股东在涉及基本交易的时候，对多数决持反对意见的股东，请求公司以公平价格收购自己的股份。〔1〕显然，如果仅仅因公司发生重大变化无法达成一致就解散公司，不利于社会财富的聚集与增值，对于公司股东而言也存在巨大的潜在损失。而异议股东股份回购请求权既能够提高公司决策效率，也能够在不解散公司的前提下实现其价值的最大化、对少数股东进行较为合理的保护，故而该制度后来为不少国家现代公司制度所采用。异议股东股份回购请求权的形成历史也告诉我们，该权利的行使遵循市场例外原则，即只有在异议股东被锁定在公司内，无法通过资本市场转让时，才能通过股份收购请求权寻求救济。因此，在存有资本市场的条件下，股东能够通过该市场转让其股份，其就不能通过股份收购请求权来寻求救济。〔2〕根据异议股东股份回购请求权“市场例外”的适用原则，如果仅将该权利视为股东合理期待受损的具体救济措施，则在理论上仅适用于非公开公司。但是，从后文所梳理的世界各国的公司立法例实践来看，事实并非如此。鉴于异议股东股份回购请求权适用范围的大小对不同类型的公司股东权益保护关系重大，因此有必要对其进行简要分析。

目前，世界各国及地区关于异议股东股份回购请求权适用公司的类型，有以韩国、美国为典型代表的两种立法例。韩国在 1995 年修订《韩国商法

---

〔1〕参见邓峰：《普通公司法》，中国人民大学出版社 2009 年版，第 380 页。

〔2〕市场例外规则是指，参见[美]罗伯特·W. 汉密尔顿：《公司法概要》，李存捧译，中国社会科学出版社 1999 年版，第 365 页。

典》前，其《证券交易法》明确规定，异议股东股份回购请求权仅适用于上市公司，修订后的《韩国商法典》将该权利扩大至所有的股份公司。而在美国，由于受市场例外规则理论的影响，部分州将异议股东股份回购请求权限于封闭式的有限公司，原则上不承认在上市公司或股份分散的股份公司中的股东拥有此项权利。[1] 但是，美国律师协会在1991年颁布的《美国商业公司法(修订版)》中改变了这一态度，将其适用于上市公司或非上市的股份公司。

在封闭式的有限公司中，股东无法自由公开转让股份，同时公司制度或公司章程往往又限制股份的转让，这就需要赋予其股份回购请求权，因此，异议股东在无法通过其他方式获得救济时，就应赋予其该权利。故而该类公司的股东拥有股份回购请求权并无太大的争议。存有争议的是，为何要将此项权利的事由范围拓展至上市公司。其实，在上市公司中，异议股东虽然能够自由转让其股份，但是由于公司重大事项变更属于市场公开信息，因此在此信息公开后，异议股东及认为公司重大变更属于利空信息的股东集中抛售股份，必然会造成股份价格的下跌，出现了异议股东难以公平的价格转让持有股份的问题。[2] 由此我们可以说，无论何种类型的公司，只要其内部存在重大事项的资本多数决原则，异议股东股份回购请求权便具有普遍的适用意义。基于此，世界两大法系国家或地区不同类型的公司制度均对异议股东股份回购请求权作出了相应的规定。

(三)异议股东股份回购请求权的域外立法

在美国，根据《美国商业公司法(修订版)》第13.02条的规定，除股份在纽约证券交易所或美国证券交易所挂牌交易的股份或公司至少由2000名股东且其流通股占有至少2000万美元的市场价值外，在公司完成公司为一方当事人的合并计划、完成公司为一方当事人的股份交换计划、全部资产或重大资产处置、将股东拥有相应的类别或序列股份削减为散股的修改章程；公司章程、章程细则，或董事会决议规定可以行使估价权的其他行为时，该公司

[1] 参见蒋大兴：《公司法的展开与评判：方法·判例·制度》，法律出版社2001年版，第769页。
[2] 参见蒋大兴：《公司法的展开与评判：方法·判例·制度》，法律出版社2001年版，第772页。

股东有权要求公司以公平价值回收其股份的权利。[1] 从可以行使回购权的诸种情形看，《美国商业公司法（修订版）》的立法目的显然是保护公司股东，特别是为少数股东及时退出公司、避免损失而设立。无独有偶，《美国封闭公司附加规定》第42条第1款规定，如法院发现普通救济措施（将可能）不充分或不适当，除非公司或公司的一个或多个股东以公平价格以及本条第2款确定的条件购买申请司法救济股东的全部股份，否则法院可依照第43条的规定命令公司解散。[2] 与前者赋予股东诸多情形下行使回购权相比，后者的规定显然属于法院主动适用的、命令公司或其他股东回购（少数）股东的司法救济措施。

英国公司制度对股份回购采取的是一般禁止例外同意的规则。《英国2006年公司法》第658条规定，除根据本部分的条款外，有限公司禁止以购买、认购或其他方式取得自己的股份。[3] 之所以作出如此规定，是因为在立法理念上，当公司成为自身的股东时，公司与股东混为一体，在实质上消灭了公司享有股东权这一事实。同时，如果允许公司购买股份，可能会违反股东平等原则，损害公司债权人利益并破坏公正的市场交易秩序。[4] 然而，例外地允许公司回购股份的积极意义也是显而易见的。例如，为达到减资的目的而进行的回购股份，可以避开复杂而烦琐的减资程序；为减少多数股东对少数股东的压迫，由公司（或其他股东）回购股份可以使少数股东及时退出公司；等等。正因如此，《英国2006年公司法》第659条第2款对第658条之禁止回购股份做出了例外的规定。

（1）在适时作出的减少资本中取得股份；（2）依据下列条款之下的法院法令购买股份，包括根据第98条的规定向法院申请撤销后再登记为私人公司的决议、根据第721条第6款的规定，对从资本中赎回或购买股份有异议时、根据第759条规定对于私人公司违反公众要约之禁止的救济法令、依据

---

〔1〕 参见虞政平编译：《美国公司法规精选》，商务印书馆2004年版，第112～113页。
〔2〕 参见虞政平编译：《美国公司法规精选》，商务印书馆2004年版，第165页。
〔3〕 参见《英国2006年公司法》，葛伟军译，法律出版社2008年版，第407页。
〔4〕 参见林少伟：《英国现代公司法》，中国法制出版社2015年版，第645～648页。

第30部分保护成员免受不公平歧视;(3)因未缴付对于股份的任何应交付金额,依据公司章程没收股份或者接受代替没收而被放弃的股份。[1] 显然,这些例外规定,主要涉及减资、法院依法适用股份购买令、未及时缴纳认购股份之出资等情形。

与英国公司法相似,《德国股份法》同样以原则禁止例外同意的方式对公司回购股份的情形作出规定。《德国股份法》第71条规定,股份公司原则上禁止收购其自身的股份,但是在下列情形中,公司可以回购自己的股份:为避免公司产生直接的严重损失,将股份提供给公司或关联公司的员工,因法定原因向股东进行的一次性补偿,无偿取得自身的股份,通过权利的概括承受取得自己的股份,基于股东大会决议进行减资目的回收股份、金融性质的公司基于证券交易而取得自己的股份,经股东大会授权且规定了最高、最低购买价不超过基本资本10%的股份。同时,回购的股份需已经缴清了股款,董事会需在下届股东会汇报回购股份的原因、目的、回购的数量和面值、占公司资本比例和股份的价值。[2] 《德国有限责任公司法》第74条授权公司章程对回购公司股份的具体情形作出规定。据学者考证,在实践中通过公司章程规定的最为常见的股份回购理由是股份的质押或者股东的破产;此外,纳入考量范围的还包括股份的出售,或者至少是向特定、不受欢迎的人出售股权,股东的死亡、退出或被除名、终止依据合同应当提供的协作。[3] 由此可见,德国公司制度对回购具体情形的规定,更多是为了满足公司经营管理的特定需要,或股东之间通过章程约定可以退出公司的特别情形。

通过美国、英国、德国三个国家公司制度相关条款的梳理与分析,不难发现,《美国商业公司法》以及《美国封闭公司附加规定》中的异议股东股份回购请求权,具有明显的少数股东自我救济之立法意图。而英国公司、德国公司制度中股东回购股份的自我救济立法意图明显有所弱化,两国公司制度均

---

〔1〕 参见《英国2006年公司法》,葛伟军译,法律出版社2008年版,第408页。

〔2〕 参见《德国商事公司法》,胡晓静、杨代雄译,法律出版社2014年版,第96~97页。

〔3〕 参见[德]托马斯·莱塞尔、[德]吕迪格·法伊尔:《德国资合公司法》(第6版)(下册),法律出版社2019年版,第636~637页。

未赋予对公司重大事项决议持异议的股东拥有退出公司的权利，更多的体现为基于法定原因或章程约定的事由股东可退出公司、收回投资的权利。

（四）异议股东股份回购请求权的国内实践

我国关于异议股东股份回购请求权的规定，最早出现在《到境外上市公司章程必备条款》中，但仅适用于境外上市公司且限于公司的合并、分立两种情形。据学者考证，鉴于国内的公司治理股份过于集中、多数股东过分控制，造成股东之间的利益、立场和意见的分歧加剧。出于对少数股东保护的目的，2005年《公司法》修订时新增了该项权利。[1] 但需要注意的是，异议股东股份回购请求权不仅体现在有限公司中，而且在上市公司中亦有相应的体现。其中，《公司法》第74条第1款规定了异议股东请求股份回购权的适用范围，存在情形之一的，对股东会决议持反对意见的股东可以请求公司以合理价格收购其股份：具备分配条件，5年连续盈利但连续5年不分配利润；公司合并、分立、转让主要财产；章程规定的期限届满或解散事由出现，修改章程使公司存续。同时，《公司法》第142条第1款亦赋予了上市公司（少数）股东此项权利，即当股东对股东大会作出的公司合并、分立决议持异议时，有权要求公司收购其股份。

客观而言，作为2005年修订《公司法》新增的一项制度，异议股东股份回购请求权的规定有利于促进公司少数股东的自我权益保护。同时该制度填补了国内的公司立法空白，对我国公司制度的日臻完善具有积极意义。但同样不可否认的是，我国《公司法》在引入此项制度时，并未充分考虑到适用的各项具体因素，致使其在实务操作、裁判实践中难以体现其应有的制度价值。

其一，适用情形存在诸多不合理之处。在公司具备分配条件，5年连续盈利但连续5年作出不分配利润决议的情形对于少数股东过于严苛，且很容易被公司控制股东操控。如公司不对是否盈利分配进行决议，即可阻止（少数）股东适用该条款。同时，无论是有限公司的合并、分立、转让主要财产，还是上市公司的合并、分立，我国《公司法》均回避了基础性交易或重大交易的

〔1〕 参见邓峰：《普通公司法》，中国人民大学出版社2009年版，第381页。

限定。在公司实践中，很多合并、分立事项并不会影响公司的估价或整体价值，在此情形下，异议股东的异议并无实际意义。[1] 此外，营业期限届满或解散事由出现，股东会决议修改章程使公司存续时，股东提出回购请求的规定亦未必合理，因为使公司存续的决议未必就会损害少数股东的利益。而如果确实存在损害股东权益的行为，需要等到公司经营期限届满、决议使公司存续时才能提出，对（少数）股东权益保护而言又过于迟延。

其二，适用的主体范围过于狭窄。就公司类型而言，我国《公司法》仅对有限公司以及股份公司的特殊类型——上市公司之股东所享有的股份回购请求权做出了规定，对于非上市的股份公司之股东是否享有此项权利未作出任何规定。显然，非公开上市的股份公司股份转让亦受到无公开交易市场、难以及时转让股份这一客观条件的限制，既然如此，为何不赋予其股东该项权利呢？就股东类型而言，根据对上述条款的反对解释，异议股东股份回购请求权的股东范围限于对决议"投反对票"或"持异议"的股东，即公司在册且出席股东（大）会的股东，未出席会议的股东、无表决权的股东及因死亡等原因继受公司股份的股东则不在此列。显然，无法定的正当理由，按照公司的不同类型或者虽然公司类型相同但股东不同来确定是否享有此项权利，明显违反公司制度之"股东平等"原则。

其三，适用的程序较为简单、粗略。除《公司法》第 74 条第 2 款的股东会决议通过 60 日内不能达成股权收购协议可自决议通过之日起 90 日内提起诉讼这种原则性规定外，公司制度再无关于异议股东股份回购请求权行使程序的任何具体制度条款，特别是对于股东行使回购请求权的具体程序、公平价格及其确定方法。[2] 这种抽象而简略的规定，使得股东在公司实践中，特别是需要行使该权利时缺乏相应的可操作性规范指引，造成该制度在事实上无法满足公司少数股东维护自身利益的需求。

正是基于上述原因，我国《公司法》规定的异议股东股份回购请求权，在

---

〔1〕 参见邓峰：《普通公司法》，中国人民大学出版社 2009 年版，第 382 页。

〔2〕 参见高永深：《论异议股东股份回购请求权》，载《河北法学》2008 年第 4 期。

实践中并未起到让(少数)股东及时退出公司、避免权益遭受损失的目的。研究者的实证案例分析结果表明,由于异议股东股份回购请求权规定的适用范围与情形较为狭窄,且未对股份的公平价格以及评估方法作出规定,该权利的行使在实际适用过程中并未起到应有的作用。[1]

总之,在股东剩余控制权的诸项具体权利中,无论是股东盈利分配请求权、新股优先认购权、股份转让优先购买权,还是异议股东股份回购请求权,其作为股东固有权的“标准”条款,各自的实体性权利规则与行使权利程序规则均存在不足之处。在公司股东未就其权利、义务进行协商并缔结契约的情形下,这些“标准”条款的疏漏往往会为公司控制股东滥用权利、损害少数股东权益提供空间,造成股东基于契约而形成的合理期待的落空或挫败。

第三节 股东固有权“标准”类型二:剩余控制权

诚如前文所述,股东在设立新公司或加入公司后,公司即获得股东投资所形成的独立财产权,而股东则不但获得对公司的剩余索取权,还同时获得了对公司的剩余控制权,即股东参与公司治理、进行重大决策的权利,包括投票表决权、信息知情权以及建议或批评权。但需要说明的是,虽然股东有权对公司经营管理提出建议或批评,但由于股东(特别是多数股东或控制股东)往往可以通过股东(大)会决议的方式更换他们不满意的公司董事、监事来达到此目的,因此,很难说建议或批评权是一项独立的权利。[2]

同时,在不同的公司类型及同一类型公司的不同公司治理结构中,股东对公司的剩余控制权的内容会呈现很大的不同。这表现为:(1)股东之间的同质性比较强,人数较少,已经或者有能力获得充分信息,股东可以通过投票权实际行使管理权。(2)相对前一种来说,股东结构较为复杂,但存在控制股东,从而公司可以分为多数股东和少数股东,多数股东有能力充分获得信

---

[1] 参见唐玉梅:《论异议股东股份回购请求权》,西南政法大学2010年硕士学位论文,第27~32页。

[2] 参见邓峰:《普通公司法》,中国人民大学出版社2009年版,第383页。

息。在这种情形下,投票权同时具有管理和监督的功能。(3)股东结构高度复杂,持股分散,股东利益的同质性较弱,股东作为一个整体很难有效地控制公司,投票权更多地体现为对管理者的监督权。这样,投票表决权的功能就从参与公司具体管理到仅行使监督权,从作出决策到否定管理层的提议;信息知情权也不断被弱化,程序限制逐渐复杂,公司制度对信息披露的规制越来越多。[1] 同时,股东的剩余控制权还受到外部因素的影响。例如,在公司进行间接融资时,银行等金融机构出于对自身债权安全性的保护,往往会通过借款合同的相关条款,获得对公司重大决策事项的否决权。在公司进入破产程序时,债权人拥有(以表决的方式)决定公司破产重整方案能否通过等事项的权利。由此可见,在特殊情形下,股东的剩余控制权的内容,因受到外部契约安排的限制而较一般情形发生较大变化。因此,笔者仅是在一般情形下,对股东投票表决权、信息知情权这两种股东权利展开分析。

一、投票表决权

(一)股东投票权的契约论解读

股东在设立或加入公司时,均是以向公司投入货币、实物、技术并享有相应的剩余分配权作为前提的,否则投资者便不愿也不会投资于公司、成为公司的股东。那么,为什么要将投票权交给公司的股东,难道将投票权交给富有专业能力与管理经验的董事、高管们,公司不会变得更有效率吗?但各国的公司制度及客观实践表明,在绝大多数情形下公司投票权仍然掌握在股东手中。[2] 那么股东拥有投票权,其背后遵循了什么样的逻辑呢?公司契约理论较好地对此问题进行了解释。

公司契约理论认为,公司是否盈利以及具体的盈利水平在事先是无法确定的,所以公司的各参与方,如董事、高管、普通雇员以及公司的债权人等均

---

〔1〕 参见邓峰:《普通公司法》,中国人民大学出版社2009年版,第383~384页。

〔2〕 在现实的实践中,部分公司,特别是上市公司为促进公司高管(董事、经理层)、普通员工尽心为公司提供管理服务或技术服务,往往会向他们配售股份作为相应的激励措施。这样,公司的高管与普通员工便在某种程度上拥有投票权。

通过契约性安排(聘用契约、劳动契约或供销契约)对其收益进行明确的约定而获得相对固定的收入。股东则不然,公司盈利的不可确定性决定了股东仅能获得剩余收入。亦即,只有在公司经营收入扣除各种运营费用后存在净收益时,股东才能获取收益。如果在扣除运营成本后不存在净收益或者处于亏损状态,则股东就无法获得剩余收入甚至要承担亏损的后果。因此,公司股东成为最有动力降低公司成本、提高运营效率的公司契约当事方。

作为一个科层制的生产团队,公司的出现能够降低市场交易费用从而提高公司的运营效率。但是,在团队生产过程中,很难对公司团队成员的努力(如勤奋与智识)进行准确的计量。例如,董事会所作出的、能够增进公司整体利益的经营方案,就难以考量某个董事作出的具体贡献,也就无法按照其贡献确定具体的奖励。由此,作为团队成员的个人在领取固定薪酬的同时,往往会缺乏工作的积极性,于是便产生怠惰的机会主义行为。这就需要将监督权赋予特定的人。[1] 那么该赋予何者监督权,以减少团队成员的怠惰、降低公司经营风险呢?如果将监督权赋予不拥有剩余分配权的人,则由于他们拥有对监督事项的表决权与其剩余分配权不成比例,难以获得自身努力所带来的与其表决权比例相适应的利益,当然也不用按其表决权比例承担可能给公司造成的损失,这使得其无法对监督事项做出合理的选择。[2] 而将监督权利赋予获得团队生产剩余分配的人——股东,让其作为生产团队成员怠惰行为的监督者是最佳的选择。因为股东在公司盈利时要获取剩余分配权,在公司出现亏损时则要承担经营失败的风险,正向的盈余分配以及反向的风险控制足以使股东成为公司监督者的不二人选。通过赋予股东投票表决权,由其行使对公司成员怠惰行为等重大事项的监督,能够提高公司整体的运营效率,促进公司价值最大化目标的实现。股东投票权的契约论,较好地解释了股东拥有投票表决权的合理性。从另外的角度来分析,股东拥有投票表决权

---

〔1〕 参见侯东德:《股东投票权行使原则的经济逻辑——一个法经济学的分析框架》,载《兰州学刊》2009年第5期。

〔2〕 参见[美]弗兰克·伊斯特布鲁克、[美]丹尼尔·费希尔:《公司法的经济结构》,罗培新、张建伟译,北京大学出版社2005年版,第82页。

也是其向公司出资、承担经营风险的必然要求。这些原因共同解释了股东拥有该项权利的正当性。

当然，在股东会中心主义与董事会中心主义的不同公司治理结构之下，股东投票表决权的内容也有所不同。在股东会中心主义模式下，股东通过股东（大）会拥有对公司所有重大事项的投票表决权；而在董事会中心主义模式下，部分的公司重大事项决定权，如公司新股发行权、盈余分配权等权利通过公司立法或公司章程的授权，赋予董事会行使，目的在于充分发挥董事会的专业优势，增强公司经营的适应性，进而促进公司（全体股东）整体利益的最大化，但这与股东拥有的投票表决权的公司契约论解释并不矛盾。

（二）投票表决权的决议事项

股东拥有投票表决权，能够有效地实现对公司董事、高管的监督，以获得最大的公司剩余，是从公司契约理论的基本经济逻辑层面分析得出的结论。那么，具体到公司制度层面，股东对哪些公司事务拥有投票表决权进而实现对公司的控制呢？由于表决权的流变性，各国公司制度对其规定往往呈现较大的差异，但是，在美国弗兰克·伊斯特布鲁克（Frank H. Easterbrook）大法官看来，无论何种公司制度，其基本功能定位都是一致的，那就是降低公司代理成本——经营管理人员和全体股东之间、控制股东与少数股东之间、全体股东与利益相关者（主要是指债权人）之间的利益冲突。[1] 具体到公司重大决策领域，作为公司管理层的董事、高管需要出席股东（大）会会议，接受股东的质询，并对公司日常管理与决策进行合理性解释。对于表现不佳或未能进到勤勉、忠诚义务的董事，股东可通过解聘或者解聘权本身的威慑的方式来降低代理成本。同时，少数股东可以通过股东（大）会的召开，了解大股东对公司重大决策的偏好，并通过表达自己观点的方式促进股东之间的内部意见交换。[2] 尽管资本多数决已经成为现代公司重大事项决策的一项基本原

---

〔1〕 参见［美］莱纳·克拉克曼、［美］亨利·汉斯曼：《公司法剖析：比较与功能的视角》，罗培新译，法律出版社2012年版，第55页。

〔2〕 参见侯东德：《股东投票权形式原则的经济逻辑——一个法经济学的分析框架》，载《兰州学刊》2006年第5期。

则,且公司控制股东往往存在利用资本多数决的制度便利损害少数股东利益的情形。但是,按照德国学者凯尔森的理解,只要少数股东不被排除在程序之外,那么对于他们来说就会拥有影响多数的机会,这就能在某种程度上防止多数决定的秩序内容与少数利益的截然对立。[1] 至于伊斯特布鲁克大法官所述的股东与利益相关者之间的利益冲突,则主要通过缔结契约的方式,如前文所述的在借款合同中银行往往以约定的方式对股东会决议事项进行限制,来保护自身债权的安全性,或者由相关法律制度明确规定,如破产制度所规定的重整程序或破产程序,债权人会议对处于重整或破产程序中的公司拥有重大事项的表决权,来实现对包括债权人在内的利益相关者的保护。

由于各类公司的共性不同,所以,各国公司制度中股东对公司的控制权的内容也会呈现个性化差异,但整体而言,股东的控制权主要以投票权的方式实现,按照一般的理解,股东投票权主要集中在公司重大交易的批准、公司合并、分立及重大资产出售、公司章程修订、公司解散。[2] 例如,美国公司法学者罗伯特·C. 克拉克根据《美国商业公司法(修订版)》以及《特拉华州普通公司法》、《加利福尼亚州公司法典》等州的公司制度,对股东投票表决权的内容进行了梳理,即通过投票表决,股东可以选举董事;批准某些特别事件(如公司合并、公司所有资产出售、公司解散以及修正公司章程等);通过、修改或废止公司内部规章;在有充分理由或撤职权时,撤换董事;批准或要求董事采取行动。[3]

在英国公司法中,股东享有何种权利由公司章程规定,公司制度本身并不干预。但是,根据《英国示范公司章程》第 3 条规定,公司董事根据章程规定,有管理公司之责,并以此为目的可以行使公司一切权力。《英国示范公司章程》第 4 条规定,公司成员可通过特殊决议指示董事从事或不得从事某种行为。后者的规定,实际上是示范章程试图对股东会与董事会的权力边界作

---

〔1〕 参见[奥]凯尔森:《法与国家的一般理论》,沈宗灵译,商务印书馆 2013 年版,第 409 页。
〔2〕 参见邓峰:《普通公司法》,中国人民大学出版社 2009 年版,第 384 页。
〔3〕 参见[美]罗伯特·C. 克拉克:《公司法则》,胡平等译,工商出版社 1999 年版,第 70 页。

出规约。[1] 通过上述条款不难发现,英国公司制度将公司日常管理公司的权力赋予董事会。但是,公司成员仍保持着对公司重大事项的最终决定权,至于重大事项的具体内容包含哪些,则交由公司股东自治决定。

与英国公司制度相似的是,德国公司制度亦将股东投票表决权的具体内容赋予公司自治。但在公司章程未就股东投票表决权的内容作出规定时,则自动适用公司制度的标准条款:《德国有限责任公司法》第 45 条第 1 款规定,股东在公司事务特别是业务执行方面享有的权利以及该权利的行使,只要法律没有相反规定,就由公司章程规定。第 2 款规定,在公司章程没有特别规定的情况下,适用第 46 条至第 51 条之规定。而该法第 46 条对股东的职责做出了较为集中的规定:年度决算的确认和盈余的使用;催缴出资;追加出资的返还;营业份额的分割、合并和收回;业务执行人的委任、解任及责任免除;制定业务执行的审查和监督规则;委任经理人和从事全部业务活动的代办权人;主张对业务执行人或股东享有的损害赔偿请求权,以及在该类诉讼中代表公司。[2]

我国公司制度以立法的方式,对股东投票表决权的内容进行了明确的列举。《公司法》第 37 条规定,有限公司中股东的投票权的内容主要有:选举更换董事、监事并决定其报酬;审议批准董事会、监事(会)报告及相关方案;对公司重大事项(预算决算方案、利润分配或亏损弥补方案、增减资、合并、分离、解散、清算)进行决议;修改公司章程以及章程规定的其他职权。第 99 条规定,股份公司中股东投票权的内容适用于第 37 条第 1 款规定。此种立法模式既不同于美国投票表决权的分散立法模式,也不同于英国公司章程授权模式,亦与德国章程授权加立法补充列举的模式有所不同。先明确列举股东通过股东(大)会行使投票表决权的具体事项,再授权公司章程扩大该权利的范围。其优点是,股东(大)会的职权较为集中、明确,便于实践操作。但我国公司制度规定的投票表决权,也存在以下不足。

---

〔1〕 参见林少伟:《英国现代公司法》,中国法制出版社 2015 年版,第 163 ~ 164 页。

〔2〕 参见《德国商事公司法》,胡晓静、杨代雄译,法律出版社 2014 年版,第 44 页。

其一,股东投票表决权的边界不甚明确,容易造成股东会、董事会在职权上的潜在冲突。我国《公司法》将股东会、董事会各自的职权分别以列举的方式做出了明确的规定,但是对股东投票权的边界缺乏清晰的界定。例如,《公司法》第37条第1款第1项赋予股东会"决定公司经营方针与投资计划"的权利,第46条第1款第3项赋予董事会"决定经营计划与投资方案"的权利,虽然两者的权利在文字表述上有所不同,但在内容上究竟有何实质性区别,在实务中并不是十分容易判断。这与美国、英国公司制度中将董事或董事会作为"公司程式"的看守者,赋予其公司日常管理事务的决策权有很大的不同,亦与德国公司法首先赋予股东通过公司章程自治决定股东的业务执行权、以备用条款方式明确股东相应权力的规定有所区别。在公司实践中,为避免董事会越界行权,在公司的实务操作上,已经出现了凡涉及公司的决策,均由股东(大)会作出的倾向,但可能会损害公司决策的效率。

其二,未能根据不同类别的公司对投票表决权的内容作出相应的区分,难以体现公司经营的灵活性。不同的公司类型与不同的公司治理结构,决定了股东(大)会投票权内容。亦即,投票权内容的流变性是公司为适应纷繁复杂的市场需求而灵活经营的必然反应。特别是对于股票已公开上市的大型股份公司而言,董事会被赋予更多的管理权,有利于促进公司的便捷经营,进而实现公司整体价值目标的最大化。这也是英、美等国虽然存在大量的股份集中的公司,但是仍然采用董事会中心主义的根本原因所在。我国《公司法》第99条对股份公司股东大会的职权的规定,简单套用了有限公司股东投票权内容的做法,虽然在形式上强化了股东对公司的控制权,但是由于忽略了股份公司特别是上市公司自身复杂、专业化经营的特点,董事会的专业性优势无法得到有效的发挥。这种僵硬的规定难以促进上市公司整体的价值目标的实现,并最终损害股东剩余索取权的实现。

(三)投票表决权的行使方式

投票表决权的内容对促进剩余索取权的最终实现固然重要,但股东投票权的行使方式亦对股东剩余索取权的实现具有重要意义。因此需要对其作出探讨。

各国公司立法规定的投票权的方式主要有代理投票、投票权征集及信托投票三种方式。[1] 而我国相关法律制度仅对前两种投票方式作出了规定，对于第三种投票方式，相关立法基本处于空白。我国《公司法》第106条对股份公司股东的代理投票作出原则性规定，即接受股东授权，代理人可出席股东大会并在授权范围内行使表决权。与《美国商业公司法（修订版）》第7.22条对委托书的形式、期限、是否可撤销及代理权限等较为周全的规定相比，我国代理投票显然过于粗疏。[2] 例如，对于有限公司是否可以适用表决权的代理，《公司法》并未作出规定；同时，按照代理制度的一般原理，委托书应明确代理的授权范围与代理期限，但《公司法》第106条仅提及了授权范围而缺乏代理期限的规定。可见，这种表决权代理的条款过于简略，不便于投票权代理行使的实践操作，在实践中容易产生欺诈等违法行为。

与代理投票不同，投票权征集虽然在形式上也是接受委托，行使股东的投票表决权，但是其是一对多地公开征集他人的投票权，并通过集中的投票权优势，以达到特别的目的（如与大股东或管理层抗衡、临时控制公司等）。亦即，投票权征集更多地体现为影响上市公司控制权的机制。因此，资本主义发达国家的公司制度多对其有所规定。我国2002年颁布的《上市公司治理准则》对投票权征集作出了规定。根据该准则第10条，我国的投票权征集的主体限于上市公司的董事会、独立董事以及符合条件的股东；征集人应采用无偿的方式获得投票权同时应向被征集人进行信息披露。由于该准则的规定过于简略，导致在现实的征集活动中出现较大的随意性。例如，由于未能对征集行为本身准确界定，引发征集活动的过度投机；由于缺乏具体披露信息的范围，造成本应披露的重要信息遗漏；等等，致使其制度设计的初衷——广大中小股东为保障自身权益向大股东或管理层发起挑战并获得公

[1] 参见邓峰：《普通公司法》，中国人民大学出版社2009年版，第385～386页。

[2] 《美国商业公司法（修订版）》第7.22条通过8项条款，对股东本人投票、代理人投票及其形式、期限、委托投票的撤销等事项做出了较为详尽的规定。参见虞政平编译：《美国公司法规精选》，商务印书馆2004年版，第53～55页。

司临时控制权的目的难以实现。[1] 2018 年修订后的《上市公司治理准则》第 16 条延续上述规定的基本内容，因此其缺憾仍然存在。

二、信息知情权

公司契约论的基本观点是，需要将公司控制权配置给股东，才能实现股东剩余索取权的最大化。但是股东对公司行使控制权的前提是，知悉公司经营的相关信息。因为只有在掌握公司各种信息的前提下，股东才能作出正确、合理的决策。故而公司剩余控制权还涉及股东的信息知情权，即股东获得对公司信息的获取、检查、核实、咨询等方面的权利。在英美法系国家的公司制度中，信息知情权又被称为检查权。在大陆法系国家，如德国，除了查阅权外，还包括质询权。[2]

需要注意的是，不同的公司，股东的信息知情权实现方式有所不同。对于封闭式公司如有限公司，股东的信息知情权需要通过股东主动提出查阅、复制财务会计账簿、会计凭证等资料才能获得。但对于股份公开发行的上市公司而言，公司信息披露特别是财务信息披露需要按照法定的财务会计准则、遵守严格的流程，故而作为投资者，只要通过法定渠道获得这些信息即可。但对于封闭式公司，特别是有限公司而言，股东获得公司的财务信息及与公司经营管理的其他信息，就需要公司法定机关（如董事会）的配合方可实现。通常情形下，公司制度中的信息知情权，实际上主要是针对封闭式公司，特别是有限公司的股东而言的。

（一）信息知情权行使的一般条件

前文已述及，随着所有权与经营权的分离程度的加大，股东对公司信息的掌控程度亦逐步减弱。为保证股东及时获知公司信息，各国公司制度均赋予股东信息知情权。同时，在现代公司制度下，董事、高管成为公司独立法人格的利益代表及公司程式的看守者，而公司信息往往涉及公司全体股东的整

---

〔1〕 参见闻丽英：《我国股东投票权征集制度探析——以美国与台湾地区立法为借鉴》，载《西安财经学院学报》2014 年第 1 期。

〔2〕 参见邓峰：《普通公司法》，中国人民大学出版社 2009 年版，第 389 页。

体利益。因此,为防止单个股东出现各种机会主义行为,股东在获取公司相关信息时,必然会在获得程序或信息内容上受到公司管理者(在公司所有权与经营权高度合一的状态下,大股东或控制股东往往掌控着公司的经营信息)某种程度的限制。这种限制主要体现为股东在行使查阅权时,需符合公司制度、公司章程规定的条件或者股东之间约定的条件。

在实然法层面,各国公司制度普遍对股东行使信息知情权的条件作出了明确的规定,即股东或适格的身份、以书面提出查阅请求、合理的时间以及查阅目的的正当性。[1] 书面请求与合理时间的条件学界并无过多争议。需要进一步讨论的是,如何对适格的查阅主体及查阅的正当目的进行界定。关于适格的信息查阅主体,法律一般要求为公司现任的股东。但在股份转让后及其他原因丧失股东资格的前任股东获得股份的代理人(如律师、会计师等)能否查阅公司信息呢?对此,不同的国家作出了不同的立法选择。《美国有限责任公司法》赋予公司前任股东及其代理人查阅权。该法第408条规定,公司应向其股东及其代理人、律师提供相关查阅复制公司记录的权利;公司前任股东及其代理人、律师可基于正当目的查阅成员任职期间的公司记录。[2] 而《德国有限责任公司法》第51a条则规定,股东提出公司事务的质询或要求查阅公司账簿,业务执行人须及时予以答复并允许其查阅。[3] 结合该条文的文义解释及公司法原理,能够行使查阅权的主体限于公司股东及其代理人,并不包括公司前任股东。

关于行使信息知情权的目的,英美法系国家一致的原则是:除公开信息外,股东查阅权的目的应当是特定的,而非模糊的一般理由,如仅仅是对公司管理不当的质疑就不是特定而充分的理由;对于公司某些特定的信息,无须证明其正当目的,如公司文件和账簿的查阅权;有些目的是不正当的,如企图获知公司商业秘密或资助与公司存在竞争关系的企业、获取公司信息是为了恶意诉讼等;查阅目的是否正当,并非以有益于公司为标准,而是以不损害公

[1] 参见邓峰:《普通公司法》,中国人民大学出版社2009年版,第390页。
[2] 参见虞政平编译:《美国公司法规精选》,商务印书馆2004年版,第196页。
[3] 参见《德国商事公司法》,胡晓静、杨代雄译,法律出版社2014年版,第46页。

司利益为底线。但按照美国特拉华州公司法,正当目的仅仅表示与股东个人利益相关的、合理的目的。[1]

通过梳理上述关于股东信息知情权的立法例,我们不难发现,关于知情权的主体范围,英美法系国家公司制度规定的主体范围大。不但包括现任股东及其代理人,还包括前任股东及其代理人;而大陆法系国家公司制度规定的主体范围仅包括现任股东及其代理人。关于查阅的范围,英美法系国家公司制度对查阅范围进行了区分,不仅包括公司的财务信息,还包括公司的经营信息(如公司商业秘密等),并根据查阅主体的不同目的作出必要的限制;而大陆法系国家的查阅范围一般仅包括公司的财务信息。

(二)股东信息知情权的国内立法

1993年的公司立法较为简略,主要体现为对股东信息知情权的原则性规定。2005年《公司法》修订,股东的信息知情权有所完善,具体表现为:《公司法》第33条第1款赋予了有限公司股东查阅、复制公司章程、股东会会议记录、董事会会议决议、监事会会议决议和财务会计报告的权利;第2款赋予了股东查阅公司会计账簿的权利,但需要提出书面请求,说明目的。如公司拒绝提供查阅,股东可以请求人民法院要求公司提供查阅。第97条赋予了股份公司股东查阅公司章程、股东名册、公司债券存根、股东大会会议记录、董事会会议决议、监事会会议决议、财务会计报告的权利。从整体上看,这些规定扩大了股东信息知情权的范围,规定了股东信息知情权的具体行使方式及相应的救济措施,股东在信息知情权方面的保障有了很大的提升。但十余年的司法实践效果表明,股东知情权的一些基本问题仍未在根本上得到解决。换句话说,我国《公司法》的相关规定仍不能满足股东合理获得公司信息的客观需求,这主要体现在以下方面。

其一,股东查阅权的内容仍然偏窄,难以获得公司真实的经营信息。如《公司法》第33条规定,股东有权在得到公司同意后,查阅公司的会计账簿,但由于查阅范围并不包括记载公司经营活动的各类往来的会计凭证、商事合

〔1〕 参见邓峰:《普通公司法》,中国人民大学出版社2009年版,第390页。

同等原始信息资料，故而难以辨别账簿所记载的信息的真伪，亦无法在此基础上形成正确的判断。部分省、市高级人民法院出台的司法解释对会计账簿作出扩充性解释。如山东省高级人民法院、浙江省高级人民法院、北京市高级人民法院在其颁布的审理公司纠纷的司法解释中，均规定股东查阅的会计账簿不但包括相关报表，而且还包括原始凭证、记账凭证等。江西省高级人民法院的司法解释则在上述省市扩张解释的基础上，将会计账簿的内涵进一步扩张到财务审计报告与资产评估报告。[1] 应当说，这些地方性的司法解释对会计账簿进行扩张的做法弥合了公司立法的不足，对股东知情权的实现具有积极的现实意义。但是，由于这些高级人民法院的司法解释仅在本辖区内有效，无法上升到国家统一的公司立法层面，所以其实践效果及积极意义较为有限。

其二，股东行使知情权之“不正当目的”概念界定不够清晰。《公司法》第33条第2款规定，股东如查阅账簿，应书面提出请求并说明目的。公司认为其查阅目的不正当，会损害公司利益的，则有权拒绝该请求。由于公司制度中的相关条款未能对不正当目的作出明确的界定，致使在实践中公司因各种动机，以此为由拒绝股东的查阅权。[2] 同时，该条款虽然规定公司拒绝提供查阅的，股东有权向法院提出诉请，以便对股东受阻的查阅权进行救济。但是，在对查阅目的是否正当缺乏明确判断标准的情形下，在以制定法为圭臬的我国司法裁判实践中，审理案件的法官在多数情形下，难以对股东无法行使查阅权进行有效的救济。

其三，我国《公司法》未能对股东行使查阅公司信息的程序作出较为具体的、具有可操作性的规定。一般而言，股东行使查阅权有几个条件：第一，合格的股东身份；第二，书面要求；第三，合理的时间；第四，正当的目的。[3] 相较而言，我国《公司法》仅仅规定了股东信息查阅的正当目的和书面要求。对于股东身份、查阅的具体程序，例如，如何通知公司，在何时、何地行使该项

---

〔1〕 参见李建伟：《股东知情权诉讼研究》，载《中国法学》2013年第2期。
〔2〕 参见李冬：《股东知情权及其司法救济制度的构建》，载《山东社会科学》2012年第12期。
〔3〕 参见邓峰：《普通公司法》，中国人民大学出版社2009年版，第390页。

权利均尚付阙如。这些立法上的缺位与不足,容易造成股东对公司信息的不对称或信息扭曲,基于股东投资而形成的知情权以及在此基础上的股东权益保护合理预期容易遭受挫败。

针对上述诸多缺憾,最高人民法院在总结裁判实践经验的基础上出台了《公司法解释(四)》,对公司法的相关条款进行了完善:首先,该解释第8条对有限公司拒绝股东查阅账簿的不正当目的作出了不完全列举:股东自身或为第三人的经营而与公司主营业务存在根本性竞争关系;向第三人通报公司信息而行使查阅权会损害公司利益;在3年内存在向第三人通报信息已损害公司利益。其次,该解释还间接认可了股东委托的律师、会计师等代理人的查阅权,拓宽了查阅主体的范围。再次,该解释规定,股东及其代理人在行使知情权后泄漏商业秘密、损害公司利益的,公司有权请求损害赔偿;同时,如公司董事、高管不履行职责,未能制作或保管相关文件资料的,股东有权请求赔偿损失。最后,该解释还参考了《德国有限责任公司法》第51a条的内容,规定不得以章程或股东协议剥夺股东信息知情权。

但是,该司法解释仍存在不少遗憾之处:如该司法解释未能将会计账簿的内涵扩张至财务会计报告、资产评估报告,当股东在查阅相关公司文件资料时,其真实性仍难以得到保障。此外,《公司法解释(四)》仍未对股东行使信息知情权的行使程序作出明确、具体的规定。

公司制度的作用或价值,在于为契约当事方提供契约的标准模板或为契约当事方提供备用条款。而股东固有权——股东基于公司契约而形成的合理期待自然可以通过股东的主动“选入”或默示认可而蕴含于公司契约的“标准类型”条款之中。诚如学者所言,公司制度可以有效补充契约各当事方磋商与谈判而形成的契约条款的缺憾,它是一种开放性契约的替代机制。[1] 故而,国家立法机构设计并制定出完备、合理的股东行使剩余控制权——投票表决权、信息知情权等“标准条款”以及最高人民法院结合审判实践所做出的司法解释条款,对于股东合理期待的生成与实现的意义也就不

〔1〕 参见罗培新:《公司法的合同解释》,北京大学出版社2004年版,第78页。

言而喻了。

当然,由于受到各种主客观条件的制约,以及各国政治体制与经济发展阶段的不同及不同历史文化的影响,股东权利"标准类型"条款的内容亦呈现较大的差别。这些因素决定了股东权利的内容只能是一个不断发展与完善的过程。

第四章　股东固有权的权利救济机制

当由于某种原因，一个集体目标不足以证明可以否认个人希望什么、享有什么和做什么时，不足以证明可以强加于个人某些损失或损害时，个人便享有权利。

——［美］罗纳德·德沃金

前文已述及，所有权与经营权的分离与合一分别在公司内部产生了两种代理成本：公司经营者（董事与高管）对全体股东的代理成本以及控制股东对少数股东的代理成本。对于前者而言，全体股东（通过股东会决议）拥有对董事的直接任免权，因此很容易就能让董事会成员听命于多数股东的安排。[1] 这样前者代理成本在很大程度上能够得到解决。但对于后者而言，实际上会涉及公司不同股东之间的利益平衡问题，既要促进公司整体价值最大化的实现，又要对少数股东受损的权益进行合理救济，这使该种代理成本在立法及司法实践中变得十分棘手。

同时，对于封闭式公司，如有限公司，由于公司的股份缺乏公开转让的自由市场，且数量众多的有限公司基于股东之间的信任关系的考量，往往会通过立法或者公司章程对股份的转让作出某种程度的限制。因此，股东通过转

〔1〕 参见［德］保罗·戴维斯：《英国公司法精要》，薛云慧译，法律出版社2007年版，第230页。

让股份退出公司并非易事。而股东诉讼制度具有保护少数股东利益、进行事后救济的直接功能,更重要的是,它有事前威慑公司不当行为,促进公司治理的特别功能。[1] 因此,股东基于出资行为缔结公司契约并加入公司后,在其拥有的合理期待遭受挫败时,应通过事后救济的方式来实现对此种合理期待的合理保护,股东固有权的权利救济机制正是在此意义上而言的。

所谓股东固有权的权利救济机制,是指当股东基于公司契约而产生的合理期待遭受实质性挫败或者落空时,法院依据何种制度确定(控制)股东存在滥用权利的行为,又采取何种方式对(少数)股东进行救济,此种权利救济机制主要涉及救济路径与救济措施两个方面的内容。循此思路,笔者分两节对股东固有权的权利救济机制进行探讨:首先,对股东固有权救济路径的相关问题进行比较法的梳理、考察,指出我国现有法定救济路径的特点及其不足之处;其次,对公司现有的各种救济措施的类型、适用范围及其效果展开分析。

第一节　股东固有权救济路径的比较法考察

股东固有权的权利救济路径,是指股东固有权受到侵害后,法院依据何种制度对其权益实施救济的法律制度,包括成文公司立法与判例法规则。根据《英国公司法》中的不公平损害救济制度,法院是以(控制)股东是否实施不公平损害行为,来判断是否对少数股东实施救济;在美国判例法中,法院往往以控制股东违反对少数股东承担的信义义务,来实现对后者的司法救济;等等。显然,不同的股东权利救济路径,会涉及不同的司法理念并最终影响(少数)股东受损权益的救济程度,因此,有必要对其进行比较法上的考察与分析。

---

〔1〕 参见黄辉:《现代公司法比较研究——国际经验及对中国的启示》(第2版),清华大学出版社2020年版,第242~243页。

一、美国判例法中的"信义义务"救济路径

美国判例法中的信义义务规则,是指作为公司实际支配者的控制股东滥用资本多数决原则损害少数股东利益时,法院以其行为违反信义义务对少数股东实施相应司法救济的判例法规则。由于该判例规则自产生以来,为广大少数股东提供了较为便捷、合理的司法救济,因而获得了美国过半数州法院的认可。本书所指的信义义务救济路径,即是以控制股东违反信义义务为由,对少数股东实施司法救济的判例法规则。

(一)信义义务的内涵解读

信义义务(fiduciary duty),又称诚信义务、信托义务。按照公司法学界的一般理解,其是指公司的管理者以及能够实际控制公司管理的人员应当诚信地按照公司整体利益与价值最大化的目标履行其职责。[1] 但是,作为公司管理者的董事、经理对公司整体利益最大化目标承担信义义务的法理基础、演化历程,对于正确理解(控制)股东何以承担信义义务具有重要意义,故而有必要对其进行简要地探讨。

就信义义务的功能而言,信托产生的信义关系及信义义务是衡平法的组成部分,衡平法提供普通法没有的救济方式,以解决普通法救济力度不足或者没有救济的窘境。[2] 也就是说,信义义务产生的原因就在于普通法难以实现对受害者的保护,而由法院创设形成一种补充救济方式。就信义义务的来源而言,较为普遍的观点是,美国法院判例法中的股东信义义务起源于英国的信托判例制度。在13世纪后期,英国开始出现一种新的土地"用益"方式:土地的所有者按照契约的约定,将土地转交受让人所有,受让人将土地管理的收益交给第三人。在出现受让人不按约定履行义务时,因为土地已归受让人所有,出让人只能寻求衡平法院的救济。衡平法院则在承认受让人拥有土地所有权的同时,强调其有义务为第三人的利益持有土地。信托判例制度

---

〔1〕 参见邓峰:《普通公司法》,中国人民大学出版社2009年版,第438页。

〔2〕 参见徐化耿:《信义义务研究》,清华大学出版社2021年版,第44页。

由此形成。[1] 对信义义务的最终形成起到积极推动作用的是英国 York Building Co. v. Mackenzie 一案。[2] 在该案中,法官认为只要存在某项事业的授权经营,受托人均会处于信托关系中,因此不必冠之以信托之名。从此以后,英国开始出现以"信义"一词界定非传统的信托关系的实践,如商业合伙人之间、公司与董事的关系等,信义义务由此而形成。

有学者对信义义务的来源提出了质疑,认为在公司中信义义务与信托制度中的信托关系并不具有类比性,公司与信托区别十分明显:公司系具有独立地位的法人格主体,故而,公司的利益与董事、高管的利益是明确区分的,但在信托中并不存在这种区分;在公司中,虽然董事、高管拥有广泛的管理权,但股东仍拥有公司重大事项的最终决定权,而在信托中,信托人并不拥有对信托财产重大管理事项上的决定权;信托制度禁止发生与受托人利益相冲突的交易,但在公司制度中,只要交易的价格公允并进行信息披露或者股东会批准,利益冲突的交易一般可以进行。因此该学者认为,在公司制度中的信义义务与信托制度中的信托人与受信人之间的关系存在重大区别,其在内涵上更加接近委托代理关系中的诚信义务。[3]

秉承公司契约理论的学者主张,公司契约具有不完全性,而信义义务的作用就是对不完全契约中的条款的补充。这种补充分为两个层面:面对公司契约条款的不完全性(受到人类理性的制约或者为了节约缔约成本等原因),各当事方应本着相互信赖与忠诚的原则,对相互间的权利、义务作出补充约定;如有当事方违反该原则诉至法院,则由法官对违反这种诚信的行为进行事后的制裁,这种制裁便构成了责任机制的补充。[4] 但也有学者对此提出批评,认为该观点虽然意识到了信义义务在不完全契约中的重要性,但将信义义务的法源仅仅归结于不完全契约,难免会以偏概全。因为公司存在于多元的社会关系中,而不是仅仅存在于各种制度与市场两者之间,社会规

---

〔1〕 参见张捷:《英美公司董事信义义务的起源与启示》,载《世界经济情况》2007 年第 12 期。

〔2〕 8 Bro P. C. 42,64,1795.

〔3〕 参见邓峰:《普通公司法》,中国人民大学出版社 2009 年版,第 438 ~440 页。

〔4〕 参见张维迎:《理解公司——产权、激励与治理》,上海人民出版社 2014 年版,第 329 页。

范、商业惯例以及文化传统均可构成信义义务的来源。同时,在不同类型的公司中,特别是公共性较强的公司中,不完全契约的空白条款补充的解释力会存在不足。[1]

笔者认为,总体上信义义务系各种商事实践(既包括英美法系中的信托行为,也包括大陆法系中的行纪、代理、托管等商事行为)长期演化的结果。在日常的商业交易中,各商业主体应本着诚信经营的态度,合理关切交易相对方的利益,自觉遵守各种制度规范、契约约定、商业惯例甚至是合作共识等,以促进自身利益的实现。而按照公司契约理论中关于正式契约与非正式契约的一般理解,这些制度规范、契约、惯例与共识显然构成正式契约或非正式契约。随着市场交易频率的加快以及交易规模的不断扩大,市场交易中的信义关系最终得以确立。这种信义关系随着商事组织的形成,自然内化至合伙组织成员之间或公司成员之间,股东之间的信义义务逐步形成。故而,商业主体在长期实践中所形成的信义关系,以及在信义关系基础上经由判例法确认进一步形成的信义义务,在很大程度上是具有契约义务属性的。

(二)信义义务的适用情形

自我国学界引入美国法院判例法中的股东信义义务规则以来,对该规则适用范围的基本认知是,该义务既适用于董事、高管对公司(全体股东),又适用于多数股东对少数股东。但事实上,关于控制股东是否应对少数股东承担信义义务,即使在英美法系代表性国家内部,学者们的观点仍存有很大的争议,各国判例法的实践亦呈现很大的不同。

伯利、米恩斯在20世纪30年代提出公司所有权与经营权分离的基本命题,此后学者们就一直没有停止对两权分离及其所带来的代理成本问题的思考。经过多年的理论研究及裁判实践经验的积累,学界与业界的普遍共识是,对董事、高管课以信义义务能够监督其可能出现的偏离公司利益的行为,降低其对公司的代理成本。但是,董事、高管对公司的信义义务不同于控制股东的义务:前者义务的核心是,作为公司的管理层,其不得把自身的利益置

[1] 参见邓峰:《普通公司法》,中国人民大学出版社2009年版,第443页。

于公司的利益之上;但是后者却截然不同,控股股东有权在一定范围内为了自我利益而行使控股权,且不需要绝对地服从公司利益或小股东利益。投资就是为了收益,否则任何一个理性经济人都不会投资设立公司。[1] 这样,自然会产生为了降低控股股东对少数股东间的代理成本,是否应课以控制股东信义义务的争论。

美国的西格尔(Siegel)教授对此持反对意见。因为从对"fiduciary"一词的词义("一方负有为另一方利益而行事")的理解来看,控制股东是不应负有信义义务的,现实中亦不会有投资者为了公司其他股东的利益而获得公司的控制权。[2] 在实践层面,比较传统的英联邦国家,尽管存在对控制股东行为的限制,但一般并不认为控制股东对少数股东负有此种信义义务,甚至拒绝使用控制股东信义义务的提法。例如,在英国并没有形成控制股东对(少数)股东承担信义义务的一般规则,因为英国公司制度认为表决权是股东的一项财产权利,只要此种权利的行使是善意的且不构成对少数股东的欺诈,就不存在信义义务。(但正如前文所述,在英国成文公司法中存在"不公平损害"救济制度,通过该制度,法院亦能够对权益受损的少数股东提供相应的救济。)[3]又如,在包括澳大利亚在内的英联邦国家,信义义务的定义比较严格,因此,在措辞上没有对控制股东施加一种普遍的"信义义务",而只是在某些情况下,对控股股东的投票权进行"衡平"限制。[4]

但是,课以控制股东信义义务确实有助于降低其对少数股东的代理成本。因为信义义务系公司这一不完全契约的隐性补充条款,即在书面契约未对当事方的权利、义务作出明确约定且在交易成本很低时,理应包含的默示

[1] 参见黄辉:《现代公司法比较研究——国际经验及对中国的启示》(第2版),清华大学出版社2020年版,第250页。

[2] See Marry Siegel, *The Erosion of the Law of Controlling Shareholders*, Delaware Journal of Corporate Law, 1998, p. 27.

[3] 参见张学文:《有限公司股东压迫问题研究》,法律出版社2011年版,第44~45页。

[4] 参见黄辉:《现代公司法比较研究——国际经验及对中国的启示》(第2版),清华大学出版社2020年版,第251页。

条款。[1] 由此，在公司股东之间未就权利、义务作出约定的情形下，作为不完全契约隐性补充条款的信义义务是可以适用的。美国过半数的州近年来的裁判实践验证了这一点，即法院将原来仅适用于董事、高管的信义义务规则，逐步适用于公司股东之间。尽管《布莱克法律词典》对"fiduciary"一词采用了狭义的解释，即某人为他人负有的最高程度的诚实与善意且代表他人最佳利益的义务。[2] 但这并不意味着英美法系内部各国对其内涵的理解是一致的态度。在美国，由于业界对信义义务内涵的理解并不仅限于上述词典的定义，而是将其适用于更加广泛的信义关系之中。由此可见，即使是在英美法系国家之间，学界及业界基于对"信义义务"内涵的不同把握以及在实践中的不同理解，也会出现不同的判例法实践。

在公司的运营过程中，由于控制股东往往在公司重大事务方面拥有最终的决定权，因此其在事实上支配了公司。借此，控制股东可以利用该优势地位滥用支配权，为了实现自身利益的最大化忽略甚至是损害公司其他股东，特别是少数股东的权利。因此，课以控制股东的信义义务就存在其合理性：该义务的核心本质是要求具有控制地位的人必须善意行为（act in good faith），多数股东对公司的控制关系导致了信义义务的产生。[3] 这样，一旦出现控制股东滥用控制权而损害其他股东利益的行为时，少数股东可诉至法院，请求法院追究控制股东违反信义义务的责任，从而有利于惩罚、阻吓其滥权行为。

从更加广阔的视角上看，信义义务系在市场主体长期交易过程中演化所形成的实践理性——在重复的交易过程中，各方只有恪守信用才能实现持久的合作与稳定的利益。之后，此种理性在商事组织（合伙、公司）形成后，逐步内化为组织内成员彼此之间、对他方利益合理关切的一种法律义务。因

[1] 参见[美]弗兰克·伊斯特布鲁克、[美]丹尼尔·费希尔：《公司法的经济结构》，罗培新、张建伟译，北京大学出版社2005年版，第7页。

[2] See Bryan A. Garner, *Black's Law Dictionary* (*Editor in Chief*), West Publishing Co., 2004, p. 545.

[3] 参见黄辉：《现代公司法比较研究——国际经验及对中国的启示》（第2版），清华大学出版社2020年版，第247页。

此,信义义务既可以适用于获得公司控制权的董事、高管,也可以适用于处于公司支配地位的股东。只不过以董事、高管为代表的公司管理层对公司(全体股东)的信义义务的主要内容是忠诚义务、勤勉义务。而控制股东对少数股东的信义义务的主要内容是其在控制公司、谋求自身利益的同时,应本着善意、合理地关照少数股东的权益。

(三)信义义务与股东合理期待的关系

裁判实践表明,课以控制股东信义义务有益于阻吓其滥用控制权、减少损害少数股东利益行为的发生,但这也引发了公司股东是否享有与信义义务相对应的信义权利或诚信权利及其功能的争议。如果法律可以赋予股东信义权利,则股东同样可以借此来实现对自身受损利益的救济。对此有学者主张,可以通过立法方式赋予公司股东合理期待权,以代替信义义务的表述。[1] 反对的学者则认为,在各类公司关系中,与义务相对应的并不仅仅只有权利。除了通常的权利、义务关系外,尚有权力、义务,权力、责任以及权利、无能力等对应关系。[2]

笔者认为,上述争议实际上涉及信义义务的属性以及信义义务、股东压迫、股东合理期待权利之间的关系这两个问题的不同理解。对于信义义务的内涵问题,尽管学界目前对其是否适用于公司的控制股东仍存有不同的意见,但对于其本身性质的理解还是较为一致的。尽管信义义务也要求处于控制地位的股东合理关切其他股东的利益,但如果控制股东不履行该义务,其就会转化为一种责任追究机制,在滥用公司支配权,造成其他股东利益受损时,赋予其他股东寻求救济的一种法律路径。因此,我们不宜像一般的法律权利、义务关系那样,将其与"信义权利"相对应;同时,在实践层面,亦无必要另起炉灶为股东设计一套"信义权利"来替代信义义务,因为无论是信义义务还是所谓的"信义权利",它们的理论基础与制度功能都是一致的,而唯一的区别只不过是看待问题的视角有所不同而已。

---

〔1〕 See F. Hodge O'Neal, *Close Corporation: Existing Lelgislation and Recommended Reform*, The Business Lawer, 1978, p. 873 - 888.

〔2〕 参见邓峰:《普通公司法》,中国人民大学出版社 2009 年版,第 448 ~ 449 页。

那么,我们又应当如何正确理解信义义务、股东压迫与股东合理期待权利的关系问题呢?前文已述及,股东压迫与股东合理期待之间是一种侵害股东利益行为与判断标准的关系问题,即公司(少数)股东可以就控制股东实施压迫行为向法院提起诉请,法院则依据其就公司契约的合理期待是否遭受实质性挫败或者落空,进而确定是否对其实施法律上的救济。他们之间的关系已经在第二章中进行了充分的论述,故此处不再赘述。当前所要分析的是,信义义务与股东压迫之间的关系以及信义义务与股东合理期待之间的关系问题。

我们可以通过对股东压迫内涵的解读以及表现形式,来说明其与控制股东信义义务之间的关系。正如前文所述,在封闭式公司内部,控制股东往往滥用多数决损害其他股东特别是少数股东利益,由于缺乏有效的退出机制,从而后者很容易被控制股东锁定在公司内部,形成股东压迫。由此可见,本书所谓的股东压迫行为,在很大程度上就是控制股东违反信义义务的行为。诚如美国哈佛大学著名公司法教授罗伯特·C.克拉克所言,压迫行为在某种程度上应视为控制股东违反对少数股东之忠诚信托义务的表现。[1] 既然股东合理期待系股东压迫的司法判断标准,而股东压迫在本质上又属于控制股东违反信义义务、滥用多数决的一种表现形式,那么,信义义务规则与股东合理期待之间的关系就是:股东合理期待遭受实质性挫败或落空系多数股东违反信义义务的判断标准。但需要说明的是,股东压迫与股东违反信义义务之间亦有细微的区别,即股东压迫主要针对人合性较强的封闭式公司,而控制股东的信义义务的适用范围则不仅适用于封闭式公司,有时法院还将此义务适用于规模较大的、股份公开上市的股份公司的股东之间。

同时我们注意到,有学者在对股东压迫问题展开研究时,认为英美法系国家法院将信义义务原则与股东合理期待原则同时作为判断控制股东是否存在压迫行为,进而决定是否对少数股东给予司法救济的标准。[2] 笔者赞

---

〔1〕 参见[美]罗伯特·C.克拉克:《公司法则》,胡平等译,工商出版社1999年版,第656页。
〔2〕 参见张学文:《有限责任公司股东压制问题研究》,法律出版社2011年版,第29页。

同将股东合理期待作为是否存在股东压迫行为的判断标准，但并不认为信义义务亦是此种行为的判断标准，因为信义义务与股东合理期待的区别十分明显。

其一，两者的法律属性不同。前文已述及，信义义务是市场交易理性实践长期发展的产物。在合伙组织、公司等商事组织出现后，信义义务亦内化至这些组织的成员之间。就商事公司内部而言，该义务最初仅适用于董事、高管对公司所承担的忠实、勤勉义务。后来经由美国判例法确认，逐步发展并适用于控制股东与少数股东之间。而股东合理期待，系股东基于公司契约而享有的不受剥夺的权利。这种合理期待的内容主要是股东加入公司或者公司经营期间关于公司结构、持股比例、章程条款等形成的期待利益，在本质上，其源于公司契约所形成的各种股东权益。

其二，两者的制度功能不同。相关文献资料统计结果表明，在美国判例法上，股东之间的信义义务，特别是控制股东对少数股东承担信义义务已获得多数州法院的认同，它是一种少数股东在权益受损后向法院寻求司法救济的途径。英国公司制度并未采用信义义务的救济路径，而是以不公平损害救济制度来衡平公司多数股东与少数股东之间的利益冲突。但是，正如前文所揭示的那样，无论是美国各州法院判断多数股东的行为是否违反了信义义务，还是英国各级法院在判断何为不公平损害行为时，均以判例法的形式，将股东合理期待遭受实质性受挫或落空作为是否对少数股东实施司法救济的判断标准。显然，作为救济路径的股东信义义务与作为确定是否损害股东权益准则的股东合理期待，存在明显的功能差异。

鉴于两者在法律属性、制度功能上的明显差别，故而，不宜将信义义务原则作为控制股东实施压迫行为的判断标准。根据克拉克教授的观点，如果将股东压迫行为理解为控制股东违反对少数股东之“忠诚信托义务”的话，那么，将股东合理期待作为（控制）股东违反信义义务的标准更具有合理性。

二、英国法中的“不公平损害”救济路径

在英国，公司制度赋予各级法院以“不公平损害”救济制度来实现少数

股东权益的保护。该制度首先由1985年《英国公司法》第459条首创,2005年《英国公司法》修订时法律委员会对其救济程序、救济措施作出简化与完善。该制度现已成为英国(少数)股东制衡控制股东滥用多数决、维护自身利益的主要救济路径。

现行的不公平损害救济制度体现为《英国2006年公司法》第994条的规定。根据第994条第1款的规定,公司成员有权基于下述理由,向法院申请本条款规定下的法令:公司事务正在或已经进行的、以不公平损害方式损害所有或部分成员(至少包括其自身)的权益行为,或者实际上被提议的公司作为、不作为(包括代表其作为或不作为)的行为构成或将会构成上述权益的损害。[1] 由此可知,第994条规定的不公平损害救济制度本身具有概括性特征。为获得对该制度的准确把握,需要对其核心要素展开分析。这些要素涉及如何正确理解不公平性的含义、公司事务的含义、成员利益的确定以及不公平损害行为类型。鉴于前文已经对"不公平性"的含义进行了较为充分的探讨,故而本处将仅对后三个要素的内容进行分析。

(一)不公平损害中的公司事务

根据《英国公司法》第994条第1款的规定,不公平损害救济的范围仅限于公司事务的行为,亦即只有在控制股东或公司董事处理或者将要处理"公司事务"且该行为已经或者将会对某些或者某个股东造成不公平损害时,方可适用该救济制度。[2] 那么,何为"公司事务"呢?《英国公司法》的实践表明,该词语的含义是通过判例法的方式得以逐步明确的。

按照上述条款的规定,能够申请不公平损害救济的行为只能是控制股东或者董事所实施的公司职权行为,而不是他们实施的个人行为。如果控制股东或者董事实施了损害其他股东利益的个人行为,则不得依据该条款的规定申请救济。但是,在具体的公司实践中,两者的区分并非总是那么的泾渭分明。而英国法通过判例制度,不断探寻两者之间的界限。

---

〔1〕 参见《英国2006年公司法》,葛伟军译,法律出版社2008年版,第399页。

〔2〕 参见林少伟:《英国现代公司法》,中国法制出版社2015年版,第253页。

在 Re a Company 一案中,哈曼(Harman)法官认为,控制股东或董事的以下行为不属于公司事务:对员工或顾客的不礼貌或者存在冒犯性的行为;被告之律师以个人身份请求申请人将股份转让给被告以及让申请人辞去董事职务的行为;向银行偿还公司所欠之借款,但其未将此事通知公司的行为。[1] 该判例对何为非公司事务行为的总结,为我们勾勒了公司事务的大致范围,即在公司控制股东或董事利用职权所实施的相关行为中,如果公司控制股东或董事所实施的行为未利用其控制权或管理权的便利,则一般不宜认定为公司事务。通过 Arrow Nominees Inc. v. Blackledge 一案法院又将何为公司事务进一步明确。在该案中,原告诉称,公司的大股东与公司之间达成的供货协议,不公平地损害了其合法权益。但法官认为,大股东在与公司签署协议时,并未利用其控制地位对协议的协商、签订形成干扰,亦未妨害公司与其他供货商之间的自由谈判。因此,大股东与公司签署协议的行为系个人行为,而非公司事务。[2]

同时,英国的判例法还认为,股东投票表决权是股东行使其权利的表现,行使投票行为本身并不构成公司事务,哪怕是该投票行为受到公司董事会的影响。[3] 但是,如果股东会以投票的方式通过的决议内容本身导致股东权益的损害,则该股东有权申请不公平损害救济。哈曼法官认为,对两者进行区分的一个关键点是,股东遭受利益的损失,究竟是股东个人行使权利的结果还是公司行为的结果。[4] 简言之,股东行使投票表决权尽管会对股东会决议的通过与否产生实质性影响,但行使投票权行为本身并不是公司事务,而通过投票表决通过的股东会决议才是公司事务,因此,如果决议内容构成对股东权益的侵害,则该股东有权申请不公平损害救济。

值得一提的是,英国上诉法院还通过 Gross v. Rackind 一案,将公司事务的概念由原先的本公司,拓展至其母公司或子公司。当母公司之子公司履行

〔1〕 参见林少伟:《英国现代公司法》,中国法制出版社 2015 年版,第 253 页。
〔2〕 参见林少伟:《英国现代公司法》,中国法制出版社 2015 年版,第 253 ~ 254 页。
〔3〕 Re Astec (BSR) plc[1998]2 BCLC 556, 575h—i.
〔4〕 Re Unisoft Group Ltd. (No. 3)[1994]BCLC 609, 623c—f.

公司事务的行为损害母公司股东的利益时，该股东可以依照该判例所确立的规则申请不公平损害救济。反之亦然。但该案所确认的规则亦受到部分学者的批评。他们认为，上述规则的操作在事实上否认了公司作为独立法人格的存在。但也有学者认为，将公司事务的概念扩张至母公司或子公司，并非对公司独立法人格的否认，而是在承认公司享有独立人格的前提下，保护股东的合法利益在受到其他股东或董事损害时所提供的一种救济措施。[1]

通过对公司事务相关判例的梳理，不难发现，英国法院对公司事务的理解可以分为三个层面：其一，公司事务须是公司控制股东或董事实施的职权行为，而非其个人行为；其二，公司事务系公司控制股东或董事以公司名义实施的职权行为；其三，公司事务并不限于本公司的控制股东与董事实施职权行为，有时它还可以扩展到公司的母公司或子公司的股东或董事。这样，经由判例法的探索，抽象的"公司事务"概念逐步变得清晰且具有某种程度的可操作性。

（二）不公平损害中的成员利益

在不公平损害制度中，另一个需要探讨的核心概念是成员利益。因为对公司成员利益内涵不同的理解，在某种程度上决定了不公平损害救济制度的适用范围。对此，英国判例法所确认的总体规则是，公司成员利益既包括全体股东的利益，也包括部分或特定股东所享有的利益。一般而言，成员利益须基于股东身份而享有。[2]

公司成员利益受公司的规模大小、组织形式等因素的影响。在规模较小的封闭式公司中，由于人数较少、股东之间的私人关系比较密切，故而彼此信任度较高；同时，由于公司所有权与经营权的分离程度不强，股东往往以董事等身份参与公司的日常管理与经营，所以作为公司成员的各种利益——通过投资获取红利，通过参与公司管理降低公司成本等利益，甚至是获得心理满足感等精神利益均包含其间。但在规模较大的公开公司中，特别是上市公司

〔1〕 参见林少伟：《英国现代公司法》，中国法制出版社2015年版，第254～255页。

〔2〕 Re a Company (No. 00477 of 1986) [1986] BCLC 376, 378h.

中,股东之间并不存在私人信任关系,一般也不参与公司的经营管理,而是更多的关注投入资金的回报。[1] 由此可见,虽然在各种公司中股东均普遍享有剩余索取权与剩余控制权,但事实上,公司成员对其利益的关注会随着公司规模、组织性的不同而呈现较大的区别。

同时,不能将公司成员的利益简单地理解为公司成员的权利。成员权利多由成文公司制度、判例法、公司章程及其修正案作出规定,股东协议亦可对股东彼此间的权利、义务作出约定。但是,股东利益的范围要比股东权利大。[2] 在 Re Sam Weller 一案中,法院认为,按照对 1985 年《英国公司法》第 459 条的一般理解,利益的范围要比权利的范围更加广泛。[3] 整体而言,公司股东的权利是相同的,但是他们会有不同的利益。因此,公司事务的某个行为可以对部分股东的利益构成不公平损害,尽管从股东权利的角度来看,该行为平等地影响了所有的股东。[4] 因此,有学者对两者之间的关系进行了精辟的总结:侵害了股东权利,必然损害其利益,但反过来,损害其利益,则未必侵害其权利。[5]

既然股东利益的范围要更加广泛,那么,其广泛性又体现在何处呢?哈曼法官所阐发的观点也许能给我们带来有益的启发。在 Re a Company 一案中,他指出,对于规模较小、人数较少的封闭式公司,股东之间彼此约定,不以取得公司的分红而是以参与公司经营管理的方式获得薪酬。在此种情形下,他们基于股东身份的期望被聘任为公司董事的期望所涵盖。因此,将其逐出董事会不仅是对其董事资格的免除,而且会对股东基于身份而享有的利益造成损害。[6] 根据该判例原则,有学者总结了可能会对股东利益构成不公平损害的若干情形:以董事身份参与经营的职位、公司作出重大决策前的股东

---

〔1〕 参见葛伟军:《英国公司法要义》,法律出版社 2014 年版,第 318 页。

〔2〕 参见葛伟军:《英国公司法要义》,法律出版社 2014 年版,第 321 页。

〔3〕 该判例系 1990 年作出,所以法院援引的是 1985 年《英国公司法》第 459 条对不公平损害的规定。该条款内容与《英国 2006 年公司法》第 994 条中的内容基本相同。

〔4〕 Re Sam Weller & Son Ltd. (1990) 1 Ch. 682, BCLC 80.

〔5〕 Mayson Stephen W., French Derek and Ryan Christopher Mayson, *French &Ryan on Company Law*, 26th ed., Oxford University Press, 2009, p. 568 – 569.

〔6〕 Re a Company (No. 00477 of 1986) [1986] BCLC 376.

被咨询权以及作为公司债权人或者借贷资本供应者的利益。[1] 尽管学者所总结的情形可能并不全面,但经由判例法的发展,法院不断扩大股东利益本身就说明其范围要大于股东权利的范围。

需要强调的是,在具有人合性的封闭式公司特别是准合伙性质的公司中,法院除了依据公司制度、公司章程以及书面协议的约定促进股东利益的实现外,股东有权基于商事惯例、共识与默契而达成默认的、不成文的契约条款,从而享有对公司及其他股东的合理期待。换句话说,股东的此种合理期待亦构成股东利益的内容。在股东的合理期待因公司行为而遭到实质性挫败或落空时,股东亦有权向法院申请不公平损害救济。正是因为意识到了股东权利与公司利益之间的不同,因此,在不公平损害制度的适用过程中,法院不仅仅把此种利益与股东权利对应起来进行考察,而且更多地考量其他公平性因素,不断通过判例法对成员利益作出扩充,以实现对(少数)股东的合理救济。

(三)不公平损害中的损害行为

《英国公司法》未对不公平损害中的损害行为作出明确规定,但是,通过相关判例的不断发展与类型总结,加深了对此类行为的认知。借此,我们可以对哪些行为构成损害而哪些不构成损害作出基本的判断。例如,有学者对不属于不公平损害救济中的损害行为进行了总结:为了公司集团的整体利益,母公司拒绝偿还子公司所负之债务;兼任公司董事的股东的行为使公司的生存受到威胁而解除其董事职务;公司成员间的信任关系破裂,但成员能够通过表决权的行使维护其利益;等等。[2] 同时,亦有学者对不公平损害制度中的损害行为作出归纳,这些行为主要有:被排挤出管理岗位、拒不提供公司相关信息、不正当地操纵持股、不正当地修改公司章程、董事违反其义务或

---

〔1〕 参见林少伟:《英国现代公司法》,中国法制出版社 2015 年版,第 258 页。

〔2〕 Sealy Len & Worthington Sarah, *Sealy's Cases Materials in Company Law*, 9th ed., Oxford University Press, 2010, p. 659 – 660.

薪资过高、拒绝分配股利、公司管理不善、公司事务违反规定的程序。[1] 还有学者将损害行为的类型作出了相似的概括：侵占或挪用公司资产、公司管理不善、被免除董事职务或管理职位、未与股东商议或提供相关信息、向董事支付过高薪资、未能合理派发股利、不恰当配售公司股份。[2] 通过学者对上述不公平损害行为的总结不难看出，这些行为大体上可以归为三类。

第一类，是对股东盈余分配权的侵害，包括：未能合理派发红利、被免除董事或管理职位、董事薪资过高等。股东购买公司股份加入公司，或者出资设立公司的根本目的就在于通过公司的经营，获得股息的分配。因此，公司不能合理地分配股息，显然构成对股东的不公平损害。与此相关的是，在人数较少的封闭式公司中，股东之间往往约定，其可以董事等身份参与公司的管理，并以支付薪资的方式来变相实施公司的股息分配，同时也可以将其薪资作为公司的成本在盈余中扣减以达到合理避税的目的。在此种情形下，如果股东兼任的董事、经理等职位被免除，其无法获得相应的薪资，自然无法获得以薪资形式体现的股息。同样道理，如果控制股东利用其支配地位，任命其自身或其亲信兼任公司董事、经理等职位，并支付过高薪资，会侵蚀公司的盈利、压缩股东可分配利润的空间，显然，这也会对其他股东产生不公平损害。那么，如何判断过高薪酬呢？普通法认为，薪资数额的确定应以客观标准为依据，比如以同行业同规模的其他公司董事人员的薪酬为参照依据。[3]

第二类，是对股东的公司控制权的侵害，包括：不恰当配售公司股份、不正当地操纵持股、未能与股东商议或提供公司相关信息。不恰当地对公司股份进行配售，是指公司董事违反《英国公司法》的相关规定，稀释股东所持有的股份，导致其相对应的公司表决权减弱以及相应的可得利益降低，从而损害股东利益构成不公平损害的行为。[4] 不正当地操纵持股则与不恰当配售股份的损害行为既存在交叉，又有所不同。交叉之处在于，不正当操纵持股

---

〔1〕 See Paterson Paul, *A Criticism of the Contractual Approach to Unfair Prejudice*, Company Lawyer, 2006, p. 206 - 209.

〔2〕 参见林少伟：《英国现代公司法》，中国法制出版社2015年版，第268～275页。

〔3〕 参见林少伟：《英国现代公司法》，中国法制出版社2015年版，第273页。

〔4〕 参见林少伟：《英国现代公司法》，中国法制出版社2015年版，第274页。

包括公司董事会未按照《英国公司法》及公司章程所确定的比例向股东配售股份,或者在明知股东没有相应财力接受配售新股的情形下,仍发出相应的要约。因此其行为同样是对股东所持股份的稀释,并可能造成股东对公司表决权的减弱以及其可得利益的降低。不同之处在于,不正当地操纵持股尚包括其他损害股东对公司控制权的行为。如董事会为了获得公司控制权而采取拒绝外部人发出收购要约的相关措施,即使其是在职权范围内实施的行为,也仍构成对股东、对公司的控制权的损害。[1] 未能与股东商议主要是指在公司的管理过程中,部分股东虽不直接参与公司经营,但董事应就公司管理的重大事项(如公司利润的分配)与股东商议,否则就有可能损及股东的相应利益(如建议权与批评权等)。未能提供公司相关信息及其所造成的损害,较易理解,此处不再赘述。

第三类,是董事、经理等为代表的管理层对公司利益的侵害,包括:侵占或挪用公司资产、公司管理不善。尽管在类型化区分上,这些损害行为属于董事对公司信义义务的违反。但是,在不公平损害制度中,这些损害行为的运行方式与董事信义义务是不同的。由于受 Foss v. Harbottle 规则的影响,如果董事、经理违反忠实、勤勉义务损害股东利益,股东只能以公司的名义对其行为提起派生诉讼。但在股东不公平损害制度中,当董事、经理特别是公司(控制)股东担任董事、经理的行为损害股东利益时,股东可以个人的名义对其提出诉请,从而大大方便了股东对其利益的维护。当然,法院在认定董事、经理管理不善时,其行为仍受商业判断规则的保护。因此,只有在董事、经理出现某些严重管理不善,或者其作出非特定商业决策的失职行为时,股东的诉请才可能得到法院的支持。

不正当地修改公司章程难以归入上述具体类别,需要单独对其进行分析。尽管从公司契约理论看来,公司章程属于股东之间典型的公司契约。但是,如果公司控制股东出于不正当目的,利用其支配地位对公司章程进行修改,如对少数股东的表决权、股息分配权、股份转让权进行限制,或者强迫其

---

〔1〕 参见葛伟军:《英国公司法要义》,法律出版社 2014 年版,第 324 页。

转让股份，损害少数股东的利益时，少数股东有权申请不公平损害制度的救济。当然，公司的实际控制人未按照公司法或公司章程规定的程序，实施公司行为，则会构成明显的损害行为，如不合理地推迟召开股东会或不召开年度股东大会等。但仅有轻微的程序不当，对股东利益的影响甚微，则一般不宜认定为损害行为。[1]

通过上述类型化分析，不难发现，英国不公平损害救济制度的损害行为，多体现为公司控制股东（或者以其兼任董事、经理等高管的身份）以决议或者修改公司章程等方式实施损害（少数）股东剩余财产权与剩余控制权的行为。由于该制度绕开了 Foss v. Harbottle 规则所带来的诸多不便，使利益受到损害的股东，特别是少数股东能够方便地进行直接诉讼。有学者以此与信义义务规则相类比，认为，该制度在大股东与少数股东之间建立了非信义上的义务关系，少数股东可以据此而申请救济。[2] 整体而言，不公平损害制度因其便捷的程序、广泛的适用范围，有力地促进了公司股东合理期待的保护。

三、大陆法系国家股东利益救济路径

通过上述分析，我们对美国法院判例法中的"信义义务"救济路径以及英国成文法上的"不公平损害"救济路径的基本脉络有了总体的认知。那么，大陆法系国家的公司制度又是如何实现对少数股东权利进行救济的呢？在传统大陆法系国家中，德国、法国、日本三国的公司制度颇具代表性。但由于日本在 2006 年《日本公司法》修订时，废除了有限公司的同时，引入了一种很新的公司形式，即合同公司。［实质上就是美国法上的有限责任公司（Limited Liability Company，LLC）。其特征是合同公司是法人，其股东的内部关系适用合伙规则，即准用无限公司的规定，但股东承担有限责任。[3]］因此，本节将重点对德国、法国公司制度中的股东权益救济路径进行考察，并对

〔1〕 参见葛伟军：《英国公司法要义》，法律出版社 2014 年版，第 325 页。
〔2〕 参见葛伟军：《英国公司法要义》，法律出版社 2014 年版，第 333 页。
〔3〕 参见王保树主编：《最新日本公司法》，于敏、杨东译，法律出版社 2006 年版，第 4 页。

修订后的日本公司制度的司法救济路径进行简要评述。

此外,需要注意的是,与英美法系采用"董事会"中心主义不同,大陆法系国家的公司制度,多采用"股东会"中心主义,所以在大陆法系国家,股东(大)会往往享有更多的权利。这也就不难想象,在大陆法系国家中,控制股东滥用多数决对少数股东利益侵害的情形会更加突出。

(一)德国判例法中的"诚信义务"

由于德国公司法采用股东会中心主义,股东大会对公司重大事项拥有最终的决定权,故而控制股东常常利用资本多数决侵害少数股东的权益。《德国股份法》第241、242、243条则分别对股东大会的决议无效的原因、无效的补救、撤销的原因作出了明确的规定。[1] 同时,据德国学者的考证,《德国有限责任公司法》中没有对股东决议的无效和撤销作出规定,立法者规定可以参考"一般的法律原则"。按照德国学者的一般理解,只要有限公司的特殊性没有要求适用另外的规定,那么就可以相应适用《德国股份法》第241条等条款的规定。[2] 由此可见,依照德国公司制度,无论是股份公司还是有限公司的股东,其向法院提起股东(大)会决议无效或撤销之诉,是其遏制多数股东滥用资本多数决实现其权益救济的基本路径。

同时,也许是受到《德国民法典》第39条规定的社员有权退出社团的影响,《德国商法典》第131条规定,在股东合同未作出特别约定的情形下,股东在履行通知终止的程序后,即可退出公司。[3] 这就意味着,虽然股东之间可以契约的方式对股份的转让作出限制,但在立法层面,无限公司股东的股份转让权受到《德国商法典》的保护应无异议。如果存在公司控制股东滥用多数决侵害其他股东利益的行为,并造成股东期待股息落空、公司目的改变或者投资风险徒增时,股东可以申请退股并获得相应的补偿。[4] 但是,在强调

---

〔1〕 参见《德国商事公司法》,胡晓静、杨代雄译,法律出版社2014年版,第177~179页。

〔2〕 参见[德]托马斯·莱塞尔、[德]吕迪格·法伊尔:《德国资合公司法》(第6版)(下册),高旭君等译,法律出版社2019年版,第711页。

〔3〕 参见《德国商事公司法》,胡晓静、杨代雄译,法律出版社2014年版,第11页。

〔4〕 参见曹颖芳:《公司股东利润分配请求权问题研究》,海南大学2017年硕士学位论文,第5~8页。

信任关系的封闭式公司中,少数股东难以行使退股权实现自身权利的救济。因此,封闭式公司之少数股东基于缺乏有效的退出路径从而形成股东“压迫”。面对此种情形,除了德国公司制度中的申请股东会决议无效、可撤销救济路径外,德国联邦最高法院还通过课以公司(控制)股东“诚信义务”的方式实现对少数股东受损利益的救济。

显然,公司股东的“诚信义务”并非源于《德国商法典》或公司成文法的规定,而是德国联邦最高法院利用法律类推技术适用民法典的结果。早在1907年,德国学者马克斯·哈亨堡(Max Hachenburg)在其《有限公司的权利》一文中,开创民法典诚实信用原则在公司法中能否具体运用之理论探讨的先河。该学者认为,有限公司股东基于公司契约而享有表决权,因此,股东应按照《德国民法典》第157条规定的诚实信用原则来行使表决权,如果该权利的行使是为了满足个人的利益而牺牲公司的利益,则属于违反诚信原则的表决权滥用,是不可原谅的。哈亨堡使用股东大会决议中表决权滥用这一观点,被认为是之后有限公司诚信义务形成的萌芽。[1]

在实务操作层面,rayihi法院起初并不承认滥用表决权的观点,而是采用“行使表决权的自由中,也包含着多数派侵害少数派的自由”的立场。但是通过Hibernia一案(在该案中,股东在没有优先购买权的情形下通过增资决议,其效力引发了争议)的审判,rayihi法院的态度开始发生转变,认为对于认定是否违背了良俗,应当“综合决议的内容、动机及目的”做出判断。本案中的增资与其说是为了公司利益而采取的不可避免的措施,还不如说是“公司的多数派,轻视公司的利益,为了谋取自身的利益而进行的”。以此,在“二战”前的德国,rayihi法院根据《德国民法典》的一般条款,对有限公司少数股东进行司法保护的框架就初步形成了。“二战”以后,联邦普通法院在1953年的一项案例的判决中对有限公司股东的诚信义务的内涵做出了说明:不仅包含了不得为了私利侵害公司利益的消极请求,还包含了通过的公司章程规

---

〔1〕 参见[日]高桥英治:《企业集团与少数股东的保护》,崔文玉译,法律出版社2014年版,第156~157页。

定应致力于公司利益增长的积极义务。[1]

之后，德国联邦法院将股东的诚信义务又扩展至股份公司。1988 年，联邦最高法院开始承认股东对股份公司负有诚信义务。之后，在莱诺字体公司（Linotype-Urteil）案以及吉梅斯（Girmes-Urteil）案中，法院对诚信义务的认知取得了突破性进展。在这两个案件中，联邦最高法院首次判定：公司控制股东对少数股东负有诚信义务；随后又判定少数股东亦对控制股东承担诚信义务。以此，有关股份公司的法律状况与人合公司和有限责任公司基本上相同了。股份公司股东间诚信义务的范围借鉴了有限责任公司和人合公司相关司法判例中所积累的经验和分类。为了实现股份有限公司的共同目标，其股东的诚信义务应该包括三个方面的内容：禁止损害企业利益；公司股东（特别是控制股东）应合理关切其他股东的利益；公司股东应严肃而负责地行使股东权及其影响力。[2] 但是，仅仅确定（控制）股东的信义义务的适用范围是不够的，诚信义务在实践中的应用，必须根据具体案件的情况来确定。它首先要求根据比较均衡的原则来考虑相关各方的利益。同时又必须注意，法院不能过分干预、限制公司的自由决策权限。确定诚信义务内容就是为了表明：哪些是属于符合诚信义务的行为及其最核心的界限。在确定其内涵时，必须考虑公司的结构和股东在公司的地位。这样，诚信义务更主要的是规范下列多数股东和稳定股东团体行为的行为规则，即那些有可能对公司管理机构施加重大影响的多数股东和股东团体，他们当然也有可能影响外部股东的利益。这样诚信义务就成为保护少数股东利益的关键。[3]

通过上述分析可知，德国联邦最高法院通过判例课以公司股东之间负有诚信义务的方式以制衡多数股东滥用资本多数决、侵害少数股东权益的行为，这可以视为对上述德国公司制度规定的股东会决议无效、可撤销法定救

〔1〕 参见［日］高桥英治：《企业集团与少数股东的保护》，崔文玉译，法律出版社 2014 年版，第 156～165 页。

〔2〕 参见［德］托马斯·莱塞尔、［德］吕迪格·法伊尔：《德国资合公司法》（第 6 版）（上册），高旭君等译，法律出版社 2019 年版，第 147～148 页。

〔3〕 参见［德］托马斯·莱塞尔、［德］吕迪格·法伊尔：《德国资合公司法》（第 6 版）（上册），高旭君等译，法律出版社 2019 年版，第 149 页。

济路径的有力补充。遗憾的是,虽然德国联邦最高法院通过判例揭示了股东诚信义务的内涵及适用范围,但是却并未发展出明确的司法判断标准,这在某种程度上影响了股东诚信义务判例规则功能的发挥。

(二)法国判例法中的"权利滥用"禁止

与德国公司制度有所不同,法国的公司制度主要由《法国民法典》、《法国商法典》以及《法国商事公司法》(含两合公司、合股公司、有限公司、股份公司)组成;同时,2003 年颁布的《法国经济创新法》等法规亦涉及公司制度内容。因此,法国公司制度实际上是关于规范公司的一系列法律、法规的组合。[1]

法国民事类公司制度的典型特征是,章程修改以及相关公司重大事务的决定均由股东一致同意方可作出决议。例如,《法国民法典》第 1836 条规定,如无相反条款规定,公司章程只有经过全体股东一致同意方可修改。第 1846 条规定,公司由一人或数人管理;指定经理管理人的规则及经营组织方式,由章程规定。第 1852 条规定,对于超出经理管理人权力之决定,依照公司章程的规定作出;如章程未对此作出规定,则由(股东)一致同意作出。[2] 由此可见,无论是公司章程的修改,还是公司指定管理人、公司经营组织方式以及经理越权经营之追认,均由公司章程对其规定或有股东一致同意的确认。鉴于只有经过股东一致同意才能决定公司章程的修改,所以上述关于公司章程制度的设计有利于防止控制股东的多数决滥用。同时,《法国民法典》第 1869 条规定,民事类公司的股东,经其他股东一致同意或多数股东同意后,有权按章程规定请求退还公司股份、偿还股份所对应的价值。同时,股东亦可因"正当理由"请求法院以裁判的方式,准许其退出公司。[3] 与德国有限公司法授权章程对营业份额的转让作出限制不同,法国公司法的此种规定,有利于在公司股东之间不合适时及时退出公司。因此,对于少数股东而言,这无疑增

---

〔1〕 参见贾林清:《论法国公司法关于防止股东滥用权利制度的借鉴价值》,载《法学家》2007 年第 2 期。

〔2〕 参见《法国公司法典》,罗结珍译,中国法制出版社 2007 年版,第 25 ~ 28 页。

〔3〕 参见[法]伊夫 · 居荣:《法国商法》,罗结珍、赵海峰译,法律出版社 2004 年版,第 249 页。

加了一种保护方法。

但是,在商事公司法中,如在有限责任公司、股份公司中,多数决原则仍然广泛存在。例如,《法国商事公司法》第 60 条规定,除公司的国籍变更需经全体股东一致同意外,对章程进行的任何其他修改,须经至少代表公司股份 3/4 的股东之同意作出决议。更高多数的条款约定视为未订立。[1] 显然,只要不是全体公司股东一致同意而适用资本多数决,法国公司的(少数)股东就会面临控制股东滥用资本多数决的情形。

法国学者维罗尼克·马格尼尔(Véronique Magnier)教授认为,法国公司法学界曾受公司契约理论的影响,把公司各当事方协议的约定作为公司股东的权利来源。但是,法国学界、业界却并未坚持公司契约的思维进路,而是通过立法建构股东权利体系,并以完备的、体系化的股东法定权利规定防止资本多数决滥用——公司制度以立法的方式确立各类股东权利,股东可通过各种权利的行使,充分实现其作为投资人的利益。而防止资本多数决滥用的规定则是从全体股东整体利益的角度出发,以限制个体股东(主要是控制股东)权利的行使为代价,避免其他股东利益受到损害的利益平衡机制。这种平衡股东之间利益的机制便是《法国商事公司法》第 360 条所体现的多数决滥用的无效。《法国商事公司法》第 360 条规定:不符合该法及公司契约的章程修改无效;违反该法强制性规定或公司契约的强制性条款的决议无效。[2] 但是,以股东会决议违反公司法的强制性规定、公司契约约定的强制性规定或者以章程修正案违反公司法规定或公司契约约定而无效,显然在适用范围上较为狭窄,不利于对公司少数股东的保护。

鉴于此,法国法院在裁判实践中又确立了以禁止权利滥用制衡资本多数决的案例,试图弥补公司成文立法对少数股东救济的不足。在原则上,任何股东都有权对股东会之决议构成权利滥用向法院提出异议。法院会进行考量,如果公司股东会决议的内容仅仅考虑了多数股东的利益而对少数股东的

〔1〕 参见卞耀武主编:《法国公司法规范》,李萍译,法律出版社 1999 年版,第 46～47 页。
〔2〕 参见卞耀武主编:《法国公司法规范》,李萍译,法律出版社 1999 年版,第 215 页。

利益加以侵害，则会倾向于认定，控制股东存在滥用权利的情形，因而判令决议无效，并由控制股东承担相应的法律责任。[1] 判断股东是否滥用权利的总的原则是：获取个体的私利的行为破坏股东之间的权利平等原则，且损害公司整体利益或者其他股东利益。[2]

由此可见，法国公司制度中的少数股东的司法救济路径是以股东会决议、公司章程修改无效为主，以禁止权利滥用为辅的方式来制衡控股股东滥用资本多数决的。但同样遗憾的是，尽管法国法院通过判例确认了（控制）股东是否滥用权利的原则，但在裁判实践中禁止滥用权利仍然是一个难以有效界定的概念。在此情形下，法院在审理股东之间权益纠纷的案件中，仍面临不小的挑战。

除了德国、法国公司制度的救济路径外，《日本公司法》2005年修订后反映的立法价值取向与趋势亦值得关注。《日本公司法》最新修订的重大变化是，实现了股份公司和有限公司两者的一体化，不再保留有限公司的形式。同时，引入了一种新的公司形式，即合同公司。在实质上，合同公司就是美国公司制度上的有限责任公司。此种合同公司的特点是：其具有法人的主体地位，股东承担有限责任；同时，在其内部关系上，股东之间是合伙关系，适用合伙的规则。简言之，该类公司的特征就是适用无限公司的规则，但股东承担有限责任。[3]

在合同公司这种组织形式中，因为在公司内部股东之间适用合伙规则，所有的公司重大决策事项均由股东一致同意才能作出最终决定，所以多数股东滥用权利的情形得到了遏制，少数股东的权益亦能得到最大限度的维护。虽然在人数较少、规模较小的合同公司中，股东之间的信任关系更有利于公司的稳定经营与长远目标的实现，但是公司效率会因重大事项一致同意而受到减损。

---

〔1〕 参见曹颖芳：《公司股东利润分配请求权问题研究》，海南大学2017年硕士学位论文，第5~8页。

〔2〕 参见贾林清：《论法国公司法关于防止股东滥用权利制度的借鉴价值》，载《法学家》2007年第2期。

〔3〕 参见王保树主编：《最新日本公司法》，于敏、杨东译，法律出版社2006年版，第4~5页。

同样需要说明的是,《日本公司法》废除了有限公司这一商业组织形式,在一定程度上解决有限公司因股份转让受限而致使少数股东经常遭受"压迫"的窘境。但是,在2005年《日本公司法》所保留的股份公司中,大部分均是非公开公司,这些公司的股份同样缺乏像公开上市的公司那样存在可以自由交易的二级市场,因此,其(少数)股东同样会面临无法及时转让股份而受困于公司内部的问题。

(三)我国公司法中的"权利滥用禁止"路径

据学者考证,我国现行的公司制度,无论是在制度结构上还是在规则上,均借鉴了法国公司法与荷兰公司法的早期模式,并由此产生了路径依赖。[1]因受到这些国家公司制度的深刻影响,我国公司制度在少数股东利益保护上亦呈现明显的以股东会决议无效、可撤销为中心,以股东不得滥用权利为兜底条款的救济路径。这集中体现为我国《公司法》第20、22条的相关规定。其中第20条规定,股东不得滥用其权利损害其他股东的利益;第22条规定,股东(大)会决议内容违反法律、行政法规的无效,会议的内容违反章程或会议的程序、表决方式违反法律、行政法规的可申请撤销。此外,《公司法解释(四)》第5条还增加了股东会决议不成立的规定。

该种股东利益的救济路径遭到了学界的激烈批评。例如,有学者认为,按照私法的一般原理,股东的权利范围应通过法律、法规、章程等规则以及股东协议厘定,股东权利的行使亦应在法定或约定的范围内行使。而所谓的权利滥用的表述,系立法者以所有权的视角来看待、理解公司股东权利的。因此,该概念是否适用于对股东权利制约的正确方式,尚有疑问。同时,股东权利滥用具有明显的道德判断属性。[2] 笔者认为,既然我国《公司法》第20条的规定已经使用了滥用权利的措辞,那么正确理解并将其适用于公司实践才是问题的重心。有学者对各级法院在实践中如何认定股东是否滥用权利进行了实证分析。研究结果表明,法院在此类案件的裁判中表现出的明显趋势

---

〔1〕 参见邓峰:《代议制的公司》,北京大学出版社2015年版,第61页。

〔2〕 参见邓峰:《普通公司法》,中国人民大学出版社2009年版,第413~415页。

是:重视股东权利行使的法定程序及股东之间的内部自治,强调股东权利行使的外部法律界限。亦即,只要股东行权符合法定或章程规定的程序,法院便尊重"股东自治"、保持司法克制。[1] 同时,2012 年 9 月 18 日,最高人民法院在其发布的第 10 号指导案例"裁判要点"中指出,"人民法院在审理公司决议撤销纠纷案件中应当审查:会议召集程序、表决方式是否违反法律、行政法规或者公司章程,以及决议内容是否违反公司章程。在未违反上述规定的前提下,解聘总经理职务的决议所依据的事实是否属实,理由是否成立,不属于司法审查范围"。显然,该指导案例同样秉承了重视股东行使权利程序是否违反法律、法规以及公司章程,至于行使权利的内容是否合理,则属于私法自治的领域。

应当说最高人民法院发布的第 10 号指导案例中的裁判要旨,发挥了引导各级法院裁判实践的功效,在某种程度上缓解了《公司法》第 20 条"不得滥用股东权利"过于抽象的不足。但是,该指导案例仅重视股东的权利行使程序,不对其内容的合理性进行司法审查,仍难以实现对少数股东利益的保护。在现实的公司实践中,股东不仅享有基于法律制度、公司章程规定以及股东协议等正式契约约定的权利,而且还享有基于股东之间的共识与默契等非正式契约而产生的利益。如果仅将股东权益限制在实然法的法定空间中以及本身亦受到资本多数决支配的公司章程范围内,且仅重视(控制)股东的行权程序,忽略其权利行使的合理性,显然不利于对遭受资本多数决侵害的少数股东实施司法救济。

在更深的层次上,我国少数股东司法救济所面临的窘境也许与大陆法系国家公司制度均未在司法实践中发展出明确的裁判标准有关。大陆法系代表国家德国、法国的公司制度,均以股东(大)会决议的无效、撤销的方式作为制衡资本多数决滥用、股东权益保护的基本救济路径,同时,两国的法院还在实践中发展出了各具特色的补充救济路径,即德国联邦最高法院判例中的

[1] 参见楼秋然:《〈公司法〉第 20 条中"滥用股东权利"规定的理论与实践》,载《西部法学评论》2016 年第 3 期。

股东诚信义务救济路径以及法国法院裁判案例中的禁止权利滥用的救济路径。这些补充救济路径在一定程度上确实能够弥补股东(大)会决议无效、可撤销的不足,但是由此带来的问题是,诚信义务与禁止权利滥用本身亦是十分抽象、模糊的原则,尚需要通过相关判例进一步厘定其适用范围、明确其具体判断标准。我国立法机构在公司制度设计时,沿袭、传承了大陆法系的股东权益救济路径,因此也不可避免地带有相应的制度缺陷。

此外,股东派生诉讼亦属于股东保护自身利益的救济路径。公司法发达的西方国家,如美国、英国等国家的公司制度均对其作出规定。我国在2005年《公司法》修订时亦引入了该项制度。股东派生诉讼的基本功能是,当公司管理层(董事、高管等)的行为损害公司(全体股东)的利益,但(控制股东掌控下的)公司不追究其责任时,法律赋予公司(少数)股东以公司名义对其提起诉讼的权利,以维护公司整体利益。从立法设计的初衷上看,股东派生诉讼同样有助于遏制控制股东滥用权利、保护少数股东权益。

但是,由于我国在公司治理结构上采用了股东会中心主义,即在股东会与董事会的权利划分中,将(公司全部重大事项的决定权)权利授予股东会。[1] 所以,相对于英、美等发达国家的董事会拥有包括新股发行、派发股利等广泛的权利,我国公司制度却并未赋予董事会相应的权利,而是将权利赋予了股东(大)会。在此前提条件下,追究以董事为核心的管理层的责任会造成其权利与义务的不对等。同时,经过长期的判例法实践,英、美、日等发达国家均发展出了较为完善的业务判断规则,亦即董事在其权限范围内作出决策,如果该决策有着合理的依据,没有受到"符合公司最佳利益"以及"基于诚信"以外的影响,则法官不得以自己的判断来代替董事的判断。[2] 作为免除追究董事因决策失误给公司造成损失的商业判断规则,其目的在于保证公司董事进行适度的商业冒险,以促进公司的整体利益的发展。而我国公司制度同样缺乏此种免责的规则。

---

〔1〕 参见邓峰:《代议制的公司》,北京大学出版社2015年版,第45页。

〔2〕 参见[日]近藤光男:《判例法中的经营判断规则》,梁爽译,法律出版社2019年版,第4页。

同时,诚如前文已述及的那样,在公司规模较小、人数较少、人合性较强的有限公司中,出于自身获得管理职位以及合理避税等需要,股东往往兼任公司董事,参与公司管理。在此情形下,当公司股东组成的董事会成员,在代表公司执行公司事务的过程中,或者通过的董事会决议损害公司少数股东利益时,其在本质上,与其说是公司董事对全体股东的代理成本问题,倒不如说仍然属于多数股东对少数股东的代理成本问题。与其适用股东派生诉讼追究董事的责任,不如直接适用制衡资本多数决的相应规则更为直接、简便。上述因素的存在,使股东派生诉讼所具有的股东利益救济功能在封闭式公司中的实际效果并不是十分显著。

第二节　股东固有权的司法救济措施

当公司(少数)股东遭受资本多数决侵害后,全面、多样的救济措施对于其股东合理期待的实现同样意义重大。正因如此,各国的公司制度多对股东利益的司法救济措施作了明确的规定。但受不同的政治经济体制、文化传统、司法理念等因素的影响,两大法系的具体救济措施呈现出不同的特征。本节在对股东固有权司法救济措施进行一般性的探讨后,针对少数股东遭受压迫时的司法救济措施展开具体的分析。

一、股东固有权权利救济措施概述

为了促进股东合理期待的实现,或者在股东合理期待遭受实质性挫败后,便于法院提供相应的司法救济,以美国、英国为代表的英美法系国家,往往通过成文法及判例法对利益受损的股东实施形式多元的司法救济措施。而以德国、法国为代表的大陆法系国家,司法救济措施没有英美法系国家那样丰富,少数股东权益保护力度相对较弱。

(一)两大法系代表国家的股东权益救济措施

整体而言,美、英两国的公司制度经过成文法与判例法的发展,(少数)股东救济措施已经日臻完善,形成了系统而全面的体系。此外,立法还授权法院颁布一些临时性的救济法令，以增加对（少数）股东救济的灵活性。而在德国、法国公司制度中的法定救济措施，则是股东会决议的无效与可撤销。尽管德国、法国最高法院均通过相关案例，扩大对少数股东的权益保护范围，但判例法所确认的救济措施基本是临时性的，不具有普遍意义。显然，这些股东救济措施难以对少数股东提供周全的司法救济。从借鉴、完善我国股东权益救济措施的角度来看，结合上述国家的立法制度以及学界通说，对相应的救济措施进行简要的梳理，有利于我国学界、业界在扬弃的基础上，合理借鉴这些救济措施。

在美国成文公司制度中，《美国封闭公司附加规定》规定的（少数）股东司法救济措施具有代表性。该规定第 41 条第 1 款规定，法院可以提供下列一个或多个救济方式：履行、禁止、变更或宣布诉讼程序中的公司、股东、董事、经理或任何其他当事人的行为均属无效；撤销或变更公司章程或章程细则中的任何规定；解除任何董事或经理的职务；将任何人指定为董事或经理；对争议事务进行调查；指定管理人处理公司商业与事务；指定临时董事，在法院规定的项目和条件下处理公司事务；支付股息；赔偿受侵害方的损失。第 2 款规定，如果法院发现诉讼程序中的一方当事人存在专横跋扈、恶意缠讼或者其他缺乏诚信的行为，可对一个或多个当事人发生于程序中的合理费用予以支持。第 42 条规定，如果法院第 41 条第 1 款规定的普通救济措施不充分或不适当，或可能不充分或不适当，则法院可以下达公司或者股东购买申请救济的股东的全部股份的命令或者解散公司的命令。[1]

同时，美国各州的公司法对（少数）股东的司法救济措施的规定亦各有特色：明尼苏达州的公司法则通过概括授权的方式，赋予法院采用任何正当的、合适的股东救济措施的权利。[2] 新泽西州公司法则规定，法院有权以裁判的方式为股东提供指定公司看护人、任命临时董事以及出售公司股份等救

〔1〕 参见虞政平编译：《美国公司法规精选》，商务印书馆 2004 年版，第 164～166 页。

〔2〕 Minn. Stat. § 302A. 751, subdiv. 1 (2004).

济措施。[1] 显然,无论是《美国封闭公司附加规定》中具体而全面的司法救济措施,还是各州公司立法的概括式授权,均有利于法院对合理期待遭受挫败后的(少数)股东实施多元化的司法救济。

而英国公司制度则系统性地授权法院对公司股东采用可行的司法救济措施,这一点集中地体现在《英国公司法》第 996 条第 2 款的规定中。根据该规定,法院有权对公司未来事务的执行进行调整;要求公司不得进行或不得继续进行被诉行为或者要求公司从事应为但因疏忽未做到的行为;授权股东代表公司或以公司名义提起诉讼;要求公司在未经法院许可不得对章程作出相关修改;要求公司自身或股东购买任何其他股东的股份。[2] 为了防止这些司法救济措施难以应对纷繁复杂的公司实践,《英国公司法》第 996 条第 1 款还明确授权法院,只要诉状有合理的理由,其可以颁布合适的法令,对被诉称事项予以救济。[3]

同时,鉴于在封闭式公司中(控制)股东实施不公平损害救济往往会形成对(少数)股东的压迫,后者难以通过合理的途径及时退出公司,因此在司法实践中,当法院认定少数股东受到不公平损害时,其最常用的救济措施是让公司或者股东以合理价格购买该股东所持有的股份。这样既有利于公司现有股东继续从事公司经营,也有利于遭受压迫的股东收回投资,全身而退。

与美国、英国多样化、体系化的股东司法救济措施不同,作为大陆法系国家代表的德国、法国,其公司制度中的股东救济措施相对较少。在德国法上,公司(少数)股东有权根据《德国股份法》第 243 条第 1 款的规定,撤销违反法律规定的股东大会决议,或者阻止股东行使自己的权利。[4] 对于有限公司而言,法院对违反诚信义务的股东,采取何种处罚,主要取决于争端的性质。可以考虑的处罚包括:对违反诚信义务的一方当事人提起履行给付的诉

---

〔1〕 See Barry F. Gartenberg, *The New Jersey Revised Uniform Limited Liability Company Act's Oppression and Dead-lock Remedy*, Oct New Jersey Lawyer 290(2014).

〔2〕 参见《英国 2006 年公司法》,葛伟军译,法律出版社 2008 年版,第 623 ~ 624 页。

〔3〕 参见《英国 2006 年公司法》,葛伟军译,法律出版社 2008 年版,第 623 ~ 624 页。

〔4〕 参见[德]托马斯·莱塞尔、[德]吕迪格·法伊尔:《德国资合公司法》(第 6 版)(上册),高旭军等译,上海人民出版社 2019 年版,第 152 页。

求、停止侵权行为的诉求、要求进行查询的请求、提起损害赔偿的请求等。在法国，根据成文公司法，股东可以通过请求法院宣布股东(大)会决议无效、可撤销等救济措施维护自身的利益。在裁判实践中，控制股东一旦存在违反法律法规的规定、滥用资本多数决的情形，则(少数)股东可以向法院申请股东会决议的无效或可撤销。

通过上述的梳理与分析，可以发现两大法系代表国家股东权利救济措施的特征：其一，就救济措施的类型而言，在英美法系国家，法官除依据成文法对股东进行救济外，其还有权依据衡平法赋予的权利，为股东提供其他多样化的救济措施，如向公司选派董事、对争议事务进行调查等。而在大陆法系国家，救济措施在很大程度上被限制在成文法规定的股东会决议无效、可撤销，以及赔偿损失等有限范围内，而法官仅能通过最高法院的判例有限突破法定的救济措施，整体而言救济措施的种类较少。其二，就救济措施的效果而言，在英美法系国家，股东利益受到损害时，由于法定的救济措施与法官适用的救济措施往往能够形成优势互补，因此救济措施具有针对性、适应性的特征，能够使少数股东获得较为全面的救济；而在大陆法系国家，法院提供的救济措施往往被限定在法律规定的范围内，针对性、灵活性不强，如请求法院确认股东会决议无效的救济措施就未能考虑到股东纠纷发生后，彼此之间的人合性基础遭到破坏、难以再建立融洽的合作关系继续经营公司的客观现实。救济措施的实际效果不甚理想。而英美法系国家的公司制度则考虑到这些因素，因此往往授权法院适时颁布公司或股东提起诉请回购股东股份的命令，或者在特定情形下颁布解散公司的命令。

(二)我国公司制度中的股东权益救济措施

前文已述及，我国公司制度规定的司法救济措施，在框架上基本沿袭了大陆法系国家公司制度所规定的类型，但要比德国、法国公司制度中的救济措施要全面一些。这些救济措施包括：要求公司或股东为或不为一定行为(如《公司法》第 33 条规定的股东查阅权)；股东(大)会决议的无效、撤销与不成立(《公司法》第 22 条、《公司法解释(四)》第 5 条)；股东滥用权利损害其他股东利益的赔偿责任(《公司法》第 20 条第 2 款)；司法解散公司(《公司法》第 182 条、《公司法解释(二)》第 1 条)。同时,尚有在性质上兼具股东权利与股东自我救济性质的异议股东股份回购请求权(《公司法》第 74 条、第 142 条第 4 款)。此外,最高人民法院《关于适用〈中华人民共和国公司法〉若干问题的规定(五)》(以下简称《公司法解释(五)》)第 5 条规定,涉及股东重大分歧案件时,股东之间可以在自愿协商一致的基础上,让公司、其他股东或者第三人购买提起诉讼股东的股份。该条款的功能是,当其他救济措施无法解决股东之间的利益冲突时,可以让部分股东通过转让股份、退出公司的方式解决争议或其利益受损的状态,避免公司遭到司法解散。就此意义而言,其亦具有少数股东司法救济措施的属性。[1]

应当说,我国公司制度规定的上述司法救济措施顺应了公司立法逐步强化少数股东权利保护的发展趋势,在某种程度上亦能够实现对利益受损之少数股东的合理救济。但客观而言,这些措施仍存在不少缺憾。特别是在股东之间因利益冲突不断而导致人合性基础丧失、少数股东遭受股东压迫、身陷艰难处境无法及时脱身时,现行的司法救济措施难以为少数股东提供适当的司法保护。

整体而言,这些救济措施,既具有各自的优势,又存在一定的局限性。在某种程度上,他们无法有效解决股东之间愈演愈烈的利益冲突,因此,少数股东亦难以摆脱遭受持续性压制的困境。

1. 难以有效解决公司股东之间的冲突

作为一项具体的司法救济措施,"为或不为一定行为"是通过课以公司或股东特定义务的方式,来保护公司其他股东的权益。该救济措施具有操作简便、针对性强的特点。但是公司在存续期间其经营具有长期性,公司所做出的决策行为难免带有连续性。在此情形下,即使少数股东能够通过该类救济措施获得一时的保护(如法院判令公司提供相应的会计账簿,能够实现少

---

[1] 《公司法解释(五)》第 5 条规定:人民法院审理涉及有限责任公司股东重大分歧案件时,应当注重调解。当事人协商一致以下列方式解决分歧,且不违反法律、行政法规的强制性规定的,人民法院应予以支持:公司回购部分股东股份、其他股东受让部分股东股份、他人受让部分股东股份、公司减资、公司分立、其他能够解决分歧,恢复公司正常经营,避免公司解散的方式。

数股东的知情权等），但在控制股东掌控下的公司在随后的经营过程中仍会通过各种方式，阻碍少数股东信息知情权的实现，并导致控制股东与少数股东之间关系的恶化。

股东会决议的无效、撤销与不成立亦存在此问题。股东压制的司法实践表明，控制股东实施的滥用多数决行为具有较强的隐蔽性，其未必会违反公司制度有关强制性效力规定或者公司制度、公司章程的程序性禁止规定。例如，排除少数股东参与经营管理就是一种较为隐蔽的股东压制方式。多数股东可以按照法定程序通过更换少数股东担任董事的决议。从表面上来看，决议并未损及少数股东的利益，但事实上，股东积极参与公司经营管理不但可以近距离监督公司和多数股东的经营行为，而且还使其能够通过在公司工作获得相应的报酬。在少数股东被排除在公司中工作的情形下，不但丧失了获得投资回报的机会，财务状况和生活水平也将受到重大影响。[1]

赔偿损失虽然在理论上适用范围最为广泛，但是其实际效果会受到各种因素的制约：其一，损害赔偿的适用以存在实际的损失为要件。现实中，更多的少数股东遭受压制行为不易确定其损失金额，上文提及的排除少数股东在公司的任职、剥夺少数股东的工作和任职报酬的例子即是如此。其二，赔偿损失的司法适用须以股东滥用权利为前提。但是，在司法实践中，如何认定滥用股东权利显得困难重重。由于缺乏判例法传统，各级法院仅能以现行公司制度的规定为标准对其作出认定。而我国公司制度现阶段尚不够完善，这种法定标准显然使相当多的滥用股东权利行为被排除在应受法律保护范围之外。这样一来，赔偿损失这种司法救济措施在司法实践中便大打折扣。

2. 难以妥当解决少数股东遭受持续性压制问题

显然，为或不为一定行为，股东会决议无效、撤销与不成立属于使受损的股东利益恢复至未受到侵害状态时的权利恢复型救济措施，具有防御性救济的属性——仅能对某次具体的滥用权利行为实施救济。而在长期的经营过程中，公司的行为具有主动性——控制股东拥有公司决策的资本多数决的便

〔1〕 参见张学文：《有限责任公司股东压制问题研究》，法律出版社2011年版，第83页。

利,这就为其多次实施侵害少数股东利益的行为提供了空间。在现有司法救济措施难以有效解决股东之间的利益冲突的情形下,股东之间的利益冲突自然日益加剧,进而导致股东之间信任关系遭到彻底破坏。此时,控制股东往往通过资本多数决以各种方式再三地侵害少数股东利益,形成更为严重的持续性股东压制。当股东之间利益冲突尖锐、人合性丧失时,股东之间通力合作、共同经营的基础已经动摇,防御型诉讼和权利恢复型诉讼并未触及股东之间的真正矛盾。[1]

而请求司法解散公司,具有从根本上解决股东之间利益冲突的特征,且在很大程度上能够克服股东信任基础遭到破坏后,持续性的压制给少数股东利益带来更多损失的缺陷。但是,司法解散公司亦存在明显的不足:就该制度本身的适用效果而言,解散公司虽可以让股东脱离苦海,免受压迫,但同时也剥夺了其他股东继续经营公司的愿望。[2]

同时,根据《公司法解释(二)》第1条的规定,司法解散公司的适用条件是:持续两年以上无法召开股东(大)会、不能做出有效的股东(大)会决议、公司董事长期冲突且无法通过股东(大)会解决的以上三种情形,致使公司发生严重困难。通过该条款的文义解读不难发现,我国在司法解散公司的功能定位是:仅将其用于解决"公司僵局"的狭小范围内,其本应具有的解决股东压迫行为的司法救济功能并未得到应有的体现。显然,《公司法解释(二)》在适用中亦存在较大的局限性。

显而易见的是,由于我国公司制度中各类司法救济措施自身的不足,特别是对司法解散公司在功能定位的保守性,使少数股东遭受持续性压迫时,法院难以适用司法解散公司从根本上解决股东之间的利益冲突。目前,这一问题并未引起国内学界与业界关注。基于此,下文拟从比较法的视角聚焦于解决持续性股东压制的两种特别救济措施——转让股份退出公司、司法解散公司,以期通过对这两种英美法系代表国家常见的救济措施的探讨,为我国

---

〔1〕 参见杨靖、张敏:《股东之间利益冲突与退出公司机制的反思》,载《法律适用》2012年第2期。

〔2〕 参见林少伟:《英国现代公司法》,中国法制出版社2015年版,第245页。

公司制度的完善提供有益的启发。

二、股东固有权的特别救济措施分析

面对人合性基础丧失后的持续性压制，股东之间在无法通过其他措施解决严重的利益冲突时，法院颁布购买令，让（少数）股东及时转让股份、退出公司，或者颁布解散令，司法解散公司，成为较为合理的司法救济措施。

（一）司法判令股东退出公司

与异议股东主动行使股份回购请求权转让股份、实现事先的自我保护不同，司法判令股东转让股份、退出公司，是由法院通过司法裁判的方式，判令（少数）股东将其股份转让给公司或者公司其他股东，实现其退出公司、收回投资的一种司法救济措施。该救济措施的特点是，能够使少数股东从公司全身而退。

1. 司法判令股东退出公司的法理解释

封闭式公司最为显著的特征，就是公司制度或章程对该类公司的股份转让进行不同程度的限制。传统的公司法原理认为，对封闭式公司股份转让进行限制的目的是防止无关的第三人成为公司的股东，以维护公司现有股东之间的人合性——股东之间的信任关系。[1] 那么为什么公司法制度如此强调股东之间的信任关系？股东之间的信任关系对其自身利益以及公司经营管理、未来发展又有哪些影响？

德国学者尼克拉斯·卢曼认为，信任是简化复杂性的机制之一。他指出，信任与冒险有很大的关系，是一种风险投资。[2] 我国学者郑也夫在卢曼学说的基础上进一步提出，信任是一种态度，即相信某人的行为或周围的秩序符合自己的愿望。这种态度可以表现为三种期待：对自然与社会的期待，对合作伙伴承担的义务，对某角色的技术能力。[3] 但无论是作为简化复杂

---

〔1〕 参见吴高臣：《人合性视角下有限责任公司权利配置研究》，载《烟台大学学报（哲学社会科学版）》2020年第6期。

〔2〕 参见［德］尼克拉斯·卢曼：《信任》，翟铁鹏等译，上海人民出版社2005年版，第30~32页。

〔3〕 参见郑也夫：《信任论》，中国广播电视出版社2006年版，第19页。

性机制的信任,还是相信某人的行为或周围的秩序符合自己的愿望的信任,其均具有特殊的功能:其一,信任可以促进各方的合作。在任何一项交易中,如果交易的一方对另一方缺乏应有的信任,交易就无法进行,合作也就无法出现。其二,信任不但可以促进交易和合作,还可以减少交易成本。如果信任程度低,当事人就只能在交易前花费搜寻信息、讨价还价的成本,甚至是监督与执行的成本。但如果信任程度高,当事人之间缔结的契约就可以非常简单,甚至可能只需要达成口头协议而无须缔结详细、明确的契约条款。[1] 信任的这种促进各方合作、减少交易成本的功能体现在公司制度中,其可以为封闭式公司(如有限公司)的经营管理与长远发展、股东整体利益的增进提供有力的支撑。

首先,公司股东之间的信任有利于弥合股东之间的分歧,提高有限公司重大决策的效率。美国学者亨利·汉斯曼的一项研究结果表明,同一企业的不同投资者在纳税身份、风险偏好以及资金流动性等方面的情况可能各不相同,这就决定了他们对企业财务政策的偏好也会各不相同。[2] 在此情形下,股东之间的信任关系在很大程度上有利于促进股东之间的合作,消弭不同股东之间的分歧,促进公司重大决策意见的统一,使公司沿着全体股东整体利益最大化的方向发展。就此意义而言,人合性的功效丝毫不逊色于资本多数决原则的功能。

其次,公司之间的信任有利于降低有限公司的经营管理成本。由于股东之间存在信任关系,因此股东可以结合自身需要,更多地通过公司章程对有限公司的治理结构以及股东权利、义务配置等作出个性化、便捷化约定,以增强公司经营管理的适应性;而上市公司为典型的资合公司,股东之间系基于资本的联合,为了维护广大投资者的利益,需要通过种类繁多、管理色彩浓厚的强制性规范来实现对公司的监管。相较而言,前者更有利于节约公司经营成本与股东之间的协商成本。

---

〔1〕 参见张学文:《有限责任公司股东压制问题研究》,法律出版社 2011 年版,第 32 页。

〔2〕 参见[美]亨利·汉斯曼:《企业所有权论》,于静译,中国政法大学出版社 2001 年版,第 89 页。

基于股东之间的相互信任关系,在一般情形下,股东之间在通过股东会决议作出的重大决策时均能顾及彼此的利益,即使其偶尔会损害到少数股东的利益,但考虑到公司整体利益的促进以及其能够享受"搭便车"的便利,少数股东往往会选择隐忍不发。但是当多数股东与少数股东的这种信任关系的基础遭到破坏时,股东之间的合作、沟通将变得难以为继,多数股东为了自身利益的最大化,往往利用资本多数决损害少数股东的权益。

而一旦出现利益冲突,少数股东选择与多数股东公开矛盾、诉诸法院,则股东维护自身利益的强烈愿望导致其不再顾及公司利益,与其他股东的矛盾由于诉讼的对抗性进一步激化。此时,一次以补偿股东损害为目的或否定公司某次决议效力的单一诉讼显然并未触及真正的矛盾,也不能预防股东权益受到侵害。[1] 由此可见,在股东之间的信任关系丧失殆尽时,与其将貌合神离的股东"绑定"在公司内部,不如通过司法途径使不信任的少数股东及时退出公司。因而司法判令股东转让股份救济措施的合理性就在于,少数股东可以合理的价格收回投资并退出公司,免受其权益的进一步受损;而公司多数股东亦可维持公司的正常经营,追求公司利益的最大化进而实现自身的利益。

2. 司法判令股东退出公司的司法实践

在公司制度实践中,作为司法救济措施的股东退出公司在不同法系国家呈现出不同的情形:在英美法系国家,如美国、英国等国家,均通过公司立法对其作出相应的规定。而大陆法系国家如德国等,并无明确的立法规定。

在美国公司制度中,司法判令股东退出公司称为股份购买,它是通过立法确认的一种特别救济措施。《美国封闭公司附加规定》第 42 条规定,当该附加规定中的普通救济举措(将可能)不充分或不适当时,法院可以下达股份购买的命令,要求公司或公司的一个或者多个股东以公平价格以及本条第 2 款确定的条件购买申请司法救济的股东的全部股份。[2] 尽管美国公司制

---

〔1〕 参见杨靖、张敏:《股东之间利益冲突与退出公司机制的反思》,载《法律适用》2012 年第 2 期。

〔2〕 参见虞政平编译:《美国公司法规精选》,商务印书馆 2004 年版,第 165 ~ 166 页。

度对“股份购买”这一救济措施的运用,是在普通救济措施不充分或不适当的条件下加以适用的。但是如何判断普通救济措施(将可能)不充分或不适当,立法赋予法院较大的自由裁量权。法官借此可以结合不同的公司实践,灵活地应用该救济措施。

在英国,《英国2006年公司法》第996条第2款第3项对司法判令股东退出公司亦作出了明确规定,即法院可以下达法令,要求公司其他成员或者公司自己购买任何成员的股份,并且如果是公司自己购买,据此减少公司资本。[1] 不过在公司实践中,公司股东在遭受不公平损害时,股东之间往往通过自行协商的方式,以双方均能接受的合理价格让股东(往往是少数股东)转让股份、退出公司。所以当少数股东拒绝以协商的方式转让股份、退出公司后,又向法院提起诉讼,要求公司以公平的价格收购其股份的,法院往往可据此拒绝申请人的救济。因为在法院看来,既然公司已认识到自己所犯的错误,并愿意为弥补这一错误而伸出和平之手,获得对方谅解。那么法院在此种情形下,就不易强行介入。此外,由双方自行谈判解决,不但可节约司法资源,也可减少费用,节约双方宝贵的时间。[2] 而法院之所以赞同公司与股东之间私下协商,由公司以公平的价格收购少数股东的股份,是因为在通常情况下,当准合伙人之间的商业关系和个人关系破裂,并且法院无法修复其关系的情况下,唯一有效的救济措施就是小股东的退出。[3]

在德国,此种救济措施是通过学界观点及法院的司法判例呈现出来的。德国学者认为,如果公司已经不再可能进行内部合作,那么即便不再具备《德国有限责任公司法》第15条(营业份额的转让)、第34条(营业份额的收回)所规定的前提条件,也应当如同在人合公司中那样,允许股东退出公司或者将股东除名。在这种学理的支撑下,德国法院在司法判例中,通过法官的法律续造来满足这种需求。

---

〔1〕 参见《英国2006年公司法》,葛伟军译,法律出版社2008年版,第624页。

〔2〕 参见林少伟:《英国现代公司法》,中国法制出版社2015年版,第275页。

〔3〕 参见[英]保罗·戴维斯、[英]莎拉·沃辛顿:《现代公司法原理》(第9版)(下册),罗培新等译,法律出版社2016年版,第717页。

德国法院起初确定了卡特尔——有限责任公司的成员享有退出权。任何一个卡特尔成员都可以基于重大事由无期限地终止卡特尔合同。最值得注意的是涉及少数股东保护的案件。少数股东得以退出的重大事由在下述情形下便已具备,即大股东无视小股东的利益来追求特定经营政策,这些政策使少数股东的利益遭受难以承受的损害。例如,不分配盈利或者改变企业的经营范围抑或经营结构。当前学界的普遍观点是,股东的退出通过私法的基本原则得以保障——对相关参与人的生活产生重大影响的持续性法律关系可以基于重大事由来解除。[1] 尽管德国最高法院的判例与学界的观点均赞同将少数股东退出公司并获得相应的补偿作为一种司法救济措施,但是目前仍缺乏公司制度的确认。

受大陆法系公司制度的影响,我国公司制度亦未将股东退出公司作为一项独立的司法救济措施。在司法实践中,股东之间的人合性关系破裂、难以修复时,常常出现少数股东面临控制股东的持续性压制却难以及时退出公司,法定的股东司法救济措施却无法彻底解决这一问题的尴尬情形。鉴于此,最高人民法院审时度势,在《公司法解释(五)》第5条中规定,法院审理涉及有限公司股东重大分歧案件时,可以由当事人"协商一致"的方式让公司、其他股东或者第三人购买拟退出公司股东股份得以解决分歧。该解释条款在某种程度上缓解了公司股东之间人合性破裂所形成的股东压迫,亦有利于股东纠纷的彻底解决。

但是对该条款进行文义解读可知,当公司股东之间就重大分歧诉至法院时,法院仅能在当事人自愿的基础上主持调解,实现股东退出公司。换句话说,法院并无权力直接发布命令,使公司或者其他股东(特别是多数股东)购买少数股东的股份。故该条款不具有普遍性和强制力,仅能在较为有限的范围内适用,这就大大减损了其在司法实践中的实际效果。因此,我国公司制度亟需在借鉴美、英两国公司制度中的颁发股份购买令的基础上,合理设计

[1] 参见[德]托马斯·莱塞尔、[德]吕迪格·法伊尔:《德国资合公司法》(第6版)(下册),高旭君等译,上海人民出版社2019年版,第643~645页。

我国的股东退出公司制度，以改变目前缺乏法定的股东退出公司救济措施的困境。

（二）司法判令解散公司

目前，最高人民法院对司法解散公司的功能定位是，一种解决公司僵局应对性措施。[1] 而司法解散公司本身应具有的、作为应对滥用资本多数决、损害少数股东利益所形成的股东压迫功能却未能受到应有的重视。殊不知在美、英两国公司制度的裁判实践中，司法解散公司的适用原因很少是公司经营上的困局，而更多的是申请解散的股东遭受了压迫或不公正对待。[2] 基于此种思考，本书将司法解散公司作为股东合理期待遭受实质性挫败后的一项司法救济措施，对其展开相应的分析。

1. 司法判令解散公司的功能认知

鉴于目前存在对司法解散公司基本功能理解上的偏离，本书认为，有必要对美国、英国司法解散公司的实践进行考察，梳理与分析其适用的具体情形，以纠正司法解散公司功能认知上的不足，揭示其作为股东利益保护的救济措施的制度价值所在。

在美国，根据《美国商业公司法（修订版）》第 14.30 条第 2 款的规定，如股东能够证实下述情形的存在，法院则可判令解散公司：董事们在管理公司事务中已陷于僵局，股东无法打破该僵局且公司会因此受到难以弥补的损害或公司难以再为股东谋取利益；董事或公司实际控制人已经、正在或者将会以非法、压迫、欺诈方式行事；公司股东陷入表决上的僵局，且至少连续两次股东大会无法选出新任董事；公司资产遭到滥用或浪费。[3] 但是在美国各州的具体实践中，部分州对上述司法解散事由进行了限缩，如纽约州公司法。部分州则在上述事由的基础上，增添了一些新的事由，如加利福尼亚州公司法。其中，应引起瞩目的增添事由是，持续地不公平地对待少数股东以及清

---

〔1〕 按照学界一般的理解，公司僵局是指公司股东之间、董事之间发生严重分歧，致使公司股东会、董事会无法正常作出决策，造成经营管理上的困难以及由此引发的公司或股东利益受损的情形。

〔2〕 See Ian M. Ramsay, *An Empirical Study of the Use Oppression Remedy*, Australian Business Law Review, p. 27(1999).

〔3〕 参见虞政平编译：《美国公司法规精选》，商务印书馆 2004 年版，第 132 ~ 133 页。

算对于保护特定数量股东或不满股东的利益确属必要。[1]

《美国商业公司法(修订版)》的规定及各州的立法例表明,虽然司法解散公司被视为处理公司僵局的合理措施,但隐含在这种措施背后的制度逻辑是:公司僵局在事实上是股东之间、董事之间在重大利益问题上的分歧、冲突无法调和,在公司决策管理上的集中反应。如立法或司法无法正确处理公司僵局,就会对公司或少数股东的利益造成损害。在其他司法救济措施无法解决此种僵局的情形下,司法解散公司就成为解决该问题的唯一途径。

在英国,司法解散公司的基本功能同样具有少数股东司法救济属性。法院基于公平、正义(just and equitable)的理由强制解散公司可追溯至1848年的合股公司解散法,后至1948年《英国公司法》正式确立。该法第222条(f)款明确规定,如果法院认为强制解散公司是公平、正义的,则可颁发强制解散令。该条款后来为1986年《英国破产法》第122条第1(g)款所继承。既然法院可以基于公平、正义解散公司,那么如何对其进行把握呢?经过普通法的长期发展,通过归纳相关案例,学者对法院可以颁布解散令的情形作出类型化的界定:公司陷入僵局、无法实现目标或已经实现主要目标、被排除在管理之外、对公司管理缺乏信心、没有支付合理红利。[2] 从类型化总结的内容中不难发现,后三种适用司法解散的情形与股东压制紧密相关。换句话说,司法解散公司与不公平损害的压迫救济在功能上存在重叠之处。

事实上,1986年《英国破产法》第122条第1(g)款所规定的公司能够被解散所依据的不公平情形,要比《英国2006年公司法》第994条规定的不公平损害救济情形广泛得多。在一些案件中,法院否决了基于不公平损害的诉讼请求,却基于准合伙人之间的相互信任关系已经破裂,或者该信任基础已经不存在而作出司法解散的指令。[3] 这也就意味着与不公平损害救济侧重于保护遭受不公平对待的(少数)股东相比,司法解散公司更加侧重于通过

---

〔1〕 参见[美]罗伯特·C.克拉克:《公司法则》,胡平等译,工商出版社1999年版,第653~654页。

〔2〕 参见林少伟:《英国现代公司法》,中国法制出版社2015年版,第333~344页。

〔3〕 参见[英]保罗·戴维斯、[英]莎拉·沃辛顿:《现代公司法原理》(第9版)(下册),罗培新等译,法律出版社2016年版,第720~721页。

解散公司的方式,解救因人合性破裂而受困于公司内部的少数股东。而司法解散公司的本旨,不在于为解散公司而解散公司,而在于赋予少数股东以解散公司为手段的“平衡性权利”,从而旨在为终结封闭型公司的股东之间人合性障碍提供一条法律通道,即通过赋予某些(少数)股东以解散公司权利为武器,从而获得与其他(多数)股东谈判的权利,最终获得退出公司的机会。[1] 就此意义而言,司法解散公司在很大程度上应被视为(少数)股东退出公司的一种特殊制度安排。(少数)股东通过此种安排可以以法律赋予的解散公司权利为武器,与其他(控制)股东谈判,并在获得公平补偿的基础上转让股份、收回投资。

在上述司法解散公司的诸种情形中,除公司目标无法实现或已经实现外,公司管理陷入僵局、股东对公司管理缺乏信心这两种情形,在表象上体现了不同股东力量的均衡博弈,实则隐含了股东行为的违法性或不当性。而被排除公司管理之外、未能合理地支付股息在实质上则属于典型的少数股东遭受压迫的情形,均为英国公司法中的不公平损害行为。

与英国、美国公司制度中显著的股东压迫救济功能相比,大陆法系国家对司法解散公司的规定又是另外一番情景。例如,依据《德国有限责任公司法》第 61 条的规定,如公司目的无法实现或存在其他与公司有关的、应解散的重要事由,合计持有 10% 以上营业份额的股东可向法院申请解散公司。[2] 按照德国公司法学者托马斯·莱塞尔等人的解释,除了法定的原因外,某些客观原因的出现,也能致使公司根本无法经营。股东相互之间存在根深蒂固、难以消除的冲突就是其中一个因素,这将直接危及企业的存续。[3] 显然,该学者对司法解散公司功能的理解具有合理性,但在内容上仍然具有模糊性。《法国商事公司法》第 402 条及相关条款仅对司法解散公司的程序,如

---

〔1〕 参见蒋大兴:《“好公司”为什么要判决解散——最高人民法院指导案例 8 号评析》,载《北大法律评论》2014 年第 15 期。

〔2〕 参见《德国商事公司法》,胡晓静、杨代雄译,法律出版社 2014 年版,第 57 页。

〔3〕 参见[德]托马斯·莱塞尔、[德]吕迪格·法伊尔:《德国资合公司法》(第 6 版)(下册),高旭君等译,上海人民出版社 2019 年版,第 784 页。

提出解散申请人员及股东比例条件等作出了原则性规定。[1] 通过这些立法例可以看出,以德国、法国为代表的大陆法系国家,在整体上将司法解散公司的基本功能仅定位在解决“公司僵局”较为狭窄的范围内,其作为少数股东司法救济措施的功能并未受到彰显。

我国公司制度对司法解散公司的情形也作出原则性的规定。根据《公司法》第182条的规定,在公司发生经营管理上的严重困难,继续经营会使公司利益遭受重大损失且无其他解决途径的,则可由全部表决权10%以上的股东向人民法院申请解散公司。但是在司法实践中,如何正确理解该法条中提起诉讼股东的持股比例,合理把握经营管理上的严重困难、股东利益遭受重大损失以及该法条的适用边界问题缺乏明确的界定。对此,《公司法解释(二)》第1条对《公司法》第182条的适用进行三个方面的解释:

其一,公司全部股东表决权的10%的规定,可以是股东单独持有,亦可以不同股东的合计持有,降低了股东申请司法解散公司的门槛。其二,把经营管理上的严重困难理解为:公司连续两年无法召开股东(大)会;股东表决无法达到法定或者章程规定的标准,持续两年不能作出有效的股东(大)会决议;公司董事长期冲突,且无法通过股东(大)会解决;同时一旦发生其他严重困难,公司续存会使股东利益受到重大损失的情形作为兜底条款。其三,对司法解散公司的适用范围进行界定,即以股东知情权、利润分配请求权等权益受到损害为由提起诉讼的,法院不予受理。

《公司法解释(二)》的上述规定,对《公司法》第182条的规定的司法解散公司的申请主体、适用情形、适用范围进行了明晰,在某种程度上有利于该条款在司法裁判实践中的应用。但遗憾的是,无论是《公司法》第182条或者《公司法解释(二)》第1条的规定,均明显地体现了大陆法系对司法解散公司的基本定位:解决“公司僵局”,而其少数股东受损后的司法救济功能却未能得到充分的体现。司法解散公司的此种定位,既无法使其基本功能得到体现,也无法对控制股东滥用权利起到应有的威慑作用。

---

[1] 参见卞耀武主编:《法国公司法规范》,李萍译,法律出版社1999年版,第229~234页。

2. 司法判令解散公司的合理性

上文英美法系、大陆法系代表国家的不同立法例,反映了其对司法解散公司的不同功能认知。以美国、英国为代表的英美法系国家,重视对少数股东权益的保护,所以更多地赋予其股东权利救济功能。而以德国、法国为代表的大陆法系国家则更加注重公司长期、稳定的经营,故而仅将其限制在出现公司僵局的狭义范围内。因此,揭示司法解散公司本应具有的股东司法救济属性,就需要在理论上分析其制度安排的合理性。

首先,在出现公司僵局时,股东之间已经不再彼此信任,缺乏继续合作的基础。前文已述及,公司僵局的表现形式虽然多样,但其实际根源是资本多数决规则在实践运用过程中所引致的、不可调和的股东之间的重大利益分歧与冲突,以及由此而造成的封闭式公司的人合性基础的丧失。它既表现为在实力均等条件下股东之间的僵持(公司僵局),也表现为表决权实力悬殊所产生的多数股东的"暴政"(股东压迫)。[1] 在此情形下,公司股东之间已经难以再形成彼此的信任关系,合作基础已经丧失殆尽。如公司制度仍将股东"绑定"在公司中无法及时脱身,不但会造成少数股东更多的权益受到损害,而且会波及公司本身甚至是损害第三人的权益,故而司法解散公司具有合理性。

其次,司法解散公司符合公司制度所蕴含的自由、正义价值目标。无论是势均力敌中的公司僵局还是实力悬殊下的股东压迫,在本质上都是控制股东滥用权利所致的合理期待遭受实质性挫败。在此情形下,组建公司的契约基础遭到了破坏。加之封闭式公司不存在自由流转的股份交易市场,司法解散公司可能是股东维护自身利益的最后手段,如不赋予股东此项请求权,公司制度的自由与正义的价值目标则势必难以有效体现。如果股东在利益受损后能够获得此项救济,投资流动性得到了应有的保障,反而能够激发投资者的热情,降低封闭式公司的融资成本。[2]

可以说,正是意识到司法解散公司对股东利益救济的制度价值所在,所

---

〔1〕 参见李建伟:《司法解散公司事由的实证研究》,载《法学研究》2017 年第 4 期。

〔2〕 参见王飞:《论公司司法解散的事由》,载《人民司法·应用》2008 年第 13 期。

以美国、英国公司制度均赋予司法解散公司以股东压迫司法救济功能。但是，这些国家也充分意识到，司法解散公司的直接结果是公司法人格的消灭。而这种法人格消灭无论是对公司经营状况良好的公司本身以及想继续从事公司经营的股东，还是对公司的雇员、公司债权人、当地政府税收而言，均可能会产生严重的负面影响。因此，立法在赋予法院解散公司的职权的同时，亦对其适用条件进行必要的限制。

例如，《美国封闭公司附加规定》第 43 条第 1 款第 1 项就明确规定，本法第 41、42 条规定中所有法院可提供的救济措施均无法解决争议时，法院可将公司予以解散。第 42 条第 1 款亦规定，当法院发现第 41 条第 1 款规定的普通救济措施不充分或不适当，或将可能不充分或不适当，除非公司或公司一个或多个股东以公平价格以及本条第 2 款确定的条件购买申请司法救济股东的全部股份，否则法院可依照第 43 条的规定命令该公司予以解散。[1] 这就说明，法院在适用司法解散公司时，应首先考虑适用公司制度规定的普通救济措施，只有当这些救济措施无法解决争议或者将可能无法解决争议时，才能考虑适用司法解散公司这一救济措施。在英国，1986 年《英国破产法》第 125(2)节规定，只有在缺乏其他救济措施时，才允许基于公平、正义解散公司，而可替代的救济措施主要有：公司或其他股东购买申请人的股份或者能够适用不公平损害制度，获得法定的其他救济措施。[2]

我国《公司法》对司法解散公司的适用作出了限制，即只有在通过其他途径不能解决公司内部的僵局，方可提起解散之诉。应当说，这种立法限制是必要的也是合理的。但是，《公司法解释(二)》第 1 条对司法解散公司的适用情形作出了进一步的解释，即以股东的知情权、盈利分配请求权等利益受到侵害而请求解散公司的，法院不予受理。显然，这种限制背离了英美法系国家公司制度的司法解散公司的设计初衷，不当减少了公司少数股东在遭受压迫时，可以向法院申请维权的法律措施。

---

〔1〕 参见虞政平编译：《美国公司法规精选》，商务印书馆 2004 年版，第 165～166 页。
〔2〕 参见林少伟：《英国现代公司法》，中国法制出版社 2015 年版，第 345～346 页。

第五章　我国股东固有权的理论完善

正如真理对思想体系而言为首要之德，正义为社会各种制度首要之原则。

——[美]罗尔斯

在前文中，笔者通过比较法的视角对股东固有权“标准”类型的立法及不足、现行救济路径与救济措施展开了探讨。在本章中，笔者拟对股东固有权的完善提出理论建议，这些理论建议包括：确立股东固有权设立的契约自治导向，并通过完备的股东权利的“标准条款”来促进股东利益的实现；在维持我国现有股东权益救济路径的同时，建立方便对少数股东权益进行救济的补充路径，引入英美判例法中的少数股东司法救济裁判标准；改进现行法定救济措施并合理借鉴英美法系国家公司制度中的临时救济措施，从而为股东固有权的司法救济提供合理的制度支撑。

第一节　确立股东固有权设定的自治导向

股东固有权系股东基于公司契约而产生，故而确立股东权利设立上的自治导向具有重要意义。在减少国家管制、扩大公司自治已成为公司法学界普遍共识的当下，应鼓励公司各当事方，特别是股东之间以自治的方式缔结彼此这之间的契约,以促进股东利益的实现。同时,为了减少各方重复性的缔约成本,国家应当提供一整套标准的公司契约条款,以便公司参与方在需要时方便援用……在有些情况下,这些标准契约条款可能并不符合具体公司的最佳利益,公司参与人可以改变那些标准,并专门订立适合自身特定情况的具体契约条款。因此,公司法应当主要是任意性规范而非强制性规范。[1]

一、尊重股东之间权利约定的自治安排

在公司契约理论的视角下,公司各股东之间的关系为长期的、不完全的、关系性的契约关系,而公司实践本身又复杂多变,因此,应当赋予股东广泛的自治空间,尊重他们之间的权利自治性安排,只有方便其自由缔结契约才能促进其自身的利益实现。相应地,公司制度在立法理念上应因势利导,进一步赋予公司章程自治权,制定多样化的、可供股东选择的契约化标准条款,以逐步扩大股东自治的深度与广度。

(一)赋予股东自治空间的合理性

赋予股东自治空间,就是鼓励股东对其自身权利、义务作出自治性安排,即允许股东在公司自治的空间范围内以契约的方式(主要体现为股东之间的书面协议),对彼此之间的权利、义务作出约定,并以此作为他们进行公司重大事项决策、参与公司经营管理的行为准则。具体而言,之所以鼓励股东通过书面契约的方式对其利益作出安排,是基于下述因素的考量:

其一,有利于体现股东的真实意志自由,促进其自身利益的最大化。每个人均是其自身利益的最佳判断者,这一点适用于公司股东可谓恰如其分。因为股东作为公司契约的主要参与者,其自然比作为“标准契约条款”的设计者——国家立法机构或者作为这些条款的解释者的法院,更能体会到应当设定什么样的权利、义务条款来满足他们自身的利益需求。不同股东的偏好与利益诉求,公司所处的不同行业、不同的市场需求以及公司采取的不同战

〔1〕 参见黄辉:《现代公司法比较研究——国际经验及对中国的启示》(第2版),清华大学出版社2019年版,第17页。

略目标,均会对股东之间具体的权利、义务关系产生影响。显然仅有公司制度作为公司契约的“标准条款”,无法满足这些多元化的实践需求与不同的利益目标。因此,鼓励股东之间自由缔结公司契约,就应当成为公司法学界与业界共同积极倡导的价值目标。

其二,正如合伙协议对合伙人利益保护具有举足轻重的影响一样,股东契约对于股东利益保护的重要性同样不言而喻。通过契约的签署,股东之间可以就盈利分配、兼任董事及其薪资标准、优先认购权等各项具体权利、义务作出明确约定,可以确保任何股东不会因公司具有支配地位的多数股东的表决权而处于劣势,或者多数股东将其意志强加于其他股东抑或受到不公平损害。[1] 当然按照公司契约理论的观点,具体而详尽的股东协议磋商及其签署会花费一定的缔约成本,股东之间一致同意亦会造成公司决策效率的低下,但考虑到股东契约能够促进股东之间的信任关系及各自利益最大限度的维护,这些缔约成本与效率的损失可以通过股东亲密无间的合作,以及在此基础上公司效率的提高与股东利益的增进来抵销。

其三,股东契约有利于股东特别是少数股东实现其自身利益的事后救济。公司契约标准条款的股东利益救济路径与救济措施本身设计的合理性对公司利益维护具有积极意义(本书将在本章第二节、第三节就这些问题展开具体的分析)。公司股东之间就其自身权利、义务作出的具体的契约安排,当公司(控制)股东欲侵害少数股东利益时,后者可以凭契约的明确约定,向法院申请司法救济。就各国的立法技术与司法水平而言,完善的公司契约“标准条款”、运转良好的司法系统以及裁判经验丰富的法官,能够在现有的公司制度范围内为公司股东利益提供有效的司法救济。但是对于属于新兴市场国家的我国,具体、明确的契约规则的设定,对于法官判断股东行为是否妥当,是否构成对其他股东利益的侵害,可能更为便捷。[2]

总之,在立法理念上应赋予股东签署书面契约的广阔自治空间,因为书

---

〔1〕 参见[英]丹尼斯·吉南:《公司法》,朱羿锟等译,法律出版社2005年版,第252页。
〔2〕 参见罗培新:《公司法的合同解释》,北京大学出版社2004年版,第16页。

面契约不仅有助于实现其利益的最大化,还有利于法院及时为利益受损的(少数)股东提供司法救济。也许是看到了股东契约对股东合理期待的形成、保护具有不可替代的重要作用,所以《美国封闭公司附加规定》第20条规定,封闭式公司的股东可以书面协议的方式,就其权利的行使、事务的管理以及股东之间的关系作出约定。[1] 同时,2006年《日本公司法》废除有限公司的组织形式而增加了合同公司(LLC)。该种公司在内部公司治理上的最大特点是,公司重大事项均需股东一致同意,这就有效避免了多数股东利用资本多数决侵害少数股东利益的情形。显然,美国公司制度关于授权书面股东协议对彼此权利、义务作出约定的立法规定,以及日本的合同公司组织形式的立法例发展方向,均能对我国未来公司制度修订提供借鉴。

(二)我国股东自治的现状及改进

在国内,学界与业界对公司制度的私法本质以及公司自治应有价值的认知经历了曲折的过程。下述一则真实的案例可以说明这一点。虽然该案例发生在2005年《公司法》修订以前,但是,它反映出我国学界、业界在对扩大公司自治、保护股东利益认知上的缓慢转变过程。

2000年,甲、乙、丙、丁四人共同出资设立有限公司,公司注册资本为100万元。四人的出资比例分别为:40%、30%、20%、10%。之后,甲、乙、丙三方与丁签署公司承包经营合同。该合同约定,公司由丁承包经营,公司盈利归丁享有,丁每年向甲、乙、丙支付承包费25万元。承包经营期满,丁需保持公司股权价值不变或增值,如出现亏损则由其弥补。该合同的核心条款还同时载入公司章程。1年后,公司获利120万元(提取公积金、公益金后)。丁认为,依据承包合同,交付甲、乙、丙三人25万元后,剩余盈利应归其所有。但甲、乙、丙则认为,该承包合同违反了1993年《公司法》第177条第4款关于盈利分配比例的规定。双方遂产生争议,诉至法院。受诉法院遂组织南京大学法学院、江苏省高级人民法院的有关专家、学者及相关法院法官就承包经

[1] 参见虞政平编译:《美国公司法规精选》,商务印书馆2004年版,第157页。

营合同的效力问题进行研讨，并形成了三种观点：无效说、有效说、区别说。[1]

本案争议的焦点在于如何正确理解1993年《公司法》第177条第4款的规定。[2] 有学者从裁判案件的实际困境以及章程"选出"盈利分配条款两个角度，提出承包合同有效的观点，并对其进行论证，即如果该承包合同无效，那么由公司经营而产生的利润如何处理将变得十分棘手。因为承包合同已经实际履行且无法恢复原状，更不能作为非法所得予以收缴。但是如果对其进行分配，则按照何种比例分配又会产生新争议。同时，该学者还认为，1993年《公司法》第177条第4款关于有限公司股东分配利润的规定，在性质上应属于股东自治的补充性规定，故而公司股东可以通过章程或协议对该规定进行排除适用。因此，该学者的结论是：承包合同有效不但便于案件的正确处理而且有利于股东自治。[3] 但是认为承包合同无效以及认为部分有效但应区别对待的参会专家、学者均认为，我国1993年《公司法》第177条第4款的规定属于强制性规范，承包合同对其作出不同的约定，因而承包合同的内容应归于无效或者部分无效。显然，上述三种观点存在的争议，在很大程度上反映出学界、业界对股东自治价值认知上的不足。

近年来，随着公司法理论研究的逐步深入以及公司法实践的不断发展，我国学界、业界均已充分意识到股东自治在公司治理、重大决策以及股东权利、义务配置中的重大意义。故而在各方的共同努力下2005年修订的《公司法》大幅增加了授权性、自治性条款，特别是以公司章程自治的方式，赋予有限公司股东较为广泛的自治空间。如《公司法》第34、42、71条关于有限公司中的股东盈利分配、优先认购权、表决权、股份转让，以及第166条第4款关于股份公司盈利分配比例等条款的内容均在不同程度上体现了股东自治。

---

〔1〕 关于三种观点的主要内容以及相应论证内容，参见蒋大兴：《公司法的展开与评判：方法·判例·制度》，法律出版社2001年版，第319～341页。

〔2〕 我国1993年《公司法》第177条第4款规定：公司弥补亏损和提取公积金、法定公益金后所余利润，有限责任公司按照股东的出资比例分配，股份有限公司按照股东持有的股份比例分配。

〔3〕 关于认为承包合同有效的论点以及股东自治的正当性的详细分析，参见罗培新：《公司法的合同解释》，北京大学出版社2004年版，第173～178页。

此种股东自治,有利于股东结合公司自身的不同发展阶段、经营特点,对公司决策机制,股东权利、义务作出灵活安排,亦有利于实现其最大化的盈利目标。

但不可否认的是,《公司法》以授权"公司章程另有规定的除外"的方式(第34条关于盈利分配、优先认购权的自治须经全体股东一致同意)赋予股东自治权本身有较大的局限性:除初始章程外,公司章程修订均是股东资本多数决的产物。在我国公司股权结构整体仍十分集中、控制股东拥有对公司的绝对话语权的当下,此种赋予股东自治的方式反而在很大程度上为多数股东滥用资本多数决、侵害少数股东利益提供了制度空间与操作上的便利。

我们不能因噎废食,在公司法再次修订时,仍应进一步扩大公司的自治空间,赋予股东更加广泛的自治权。但是在赋予公司股东自治权的方式上,应当鼓励股东更多地通过书面契约的方式,对其自身的权利、义务,公司事务重大安排等事项作出约定。同时,可以通过书面契约,赋予股东在特定事项(如公司任职、持股比例等)发生重大变化的条件下,其有权转让其股份、退出公司。以此种形式赋予股东自治的特点是:虽然书面契约的磋商、签署会耗费一定的交易成本,但协议的股东一致同意可以排除公司重大事项的资本多数决的适用,使(少数)股东的利益得到充分的保障。正是因为看到股东协议的此种优势,所以即使在资本多数决原则发源地英国,亦有学者有感而发,在封闭式的小型公司中应通过签署股东协议的方式来实现对其自身利益的维护。[1]

当然,立法在赋予股东自治的同时,也应赋予法院对公司自治进行合理干预的权利。对于股东书面协议而言,只要其内容不违反法律、法规的强制性效力规范,就应赋予其优先适用的效力。但对于公司章程而言,除原始章程外,公司章程修改均受资本多数决支配,因此,它更多地体现了公司控制股东的意志与利益,故而立法应赋予法院适度干预公司自治的权力,以防止或减少控制股东以修改公司章程的方式,对少数股东实施压迫(如有限公司股

---

〔1〕 参见[英]丹尼斯·吉南:《公司法》,朱羿锟等译,法律出版社2005年版,第252页。

东会通过决议,完全禁止股东转让股份等)。当然,司法并不是全面地对公司事务进行干预,应以合理、适度为必要。法院亦应通过审判经验的积累,特别是通过最高人民法院公司法解释或指导性案例的方式,明确干预的限度。

二、合理制定公司契约的"标准条款"

赋予公司股东广泛的自治空间固然重要,但这并不意味着可以忽略公司立法——公司契约"标准条款"在股东权益保护中的作用。事实上,由于股东基于缔约成本的考虑,以及共同经营公司的美好憧憬而忽略书面契约订立的情形亦不占少数。加拿大学者布莱恩 R. 柴芬斯教授对此种情形的分析可谓深刻:通过公司章程或股东协议……少数股东能进入董事会,获得规定的薪金,拥有否决主要公司变革的权力,要求公司以公平的价格买回其股份的权利以及行使其他重要权利。但是在现实中,这种股东之间的私人安排却很少发生。究其原因,除了股东出于对合作的轻率乐观以及缺乏经验外,交易成本也可能阻碍了股东之间的协商。[1]

任何事务均具有两面性。立法赋予股东自治,有利于股东利益的维护。但在现实的生活中,考虑到投资者之间的信任关系、经验不足,或者他们之间具有缔结契约的愿望,但这种缔约的磋商成本(时间成本、机会成本等)过高等原因,股东之间并非总是选择以缔结书面契约来实现自我保护。此时,如若股东缔结的契约条款不完备,抑或因为公司契约的缔结成本过高而没有缔结股东契约时,公司契约"标准条款"的合理制定与完善,对于股东固有权——股东合理期待的实践价值就凸显出来了。

以美国的实践为例。日趋成熟的公司契约理论长期以来是该国公司法学界的主流思想,并体现在其公司制度和相关经济政策中。[2] 例如,除了《美国商业公司法》《美国封闭公司附加规定》等联邦公司立法外,各州均有

[1] 参见[加]布莱恩 R. 柴芬斯:《公司法:理论、结构和运作》,林华伟、魏旻译,法律出版社 2001 年版,第 69 页。

[2] 参见黄辉:《现代公司法比较研究——国际经验及对中国的启示》(第 2 版),清华大学出版社 2019 年版,第 17 页。

其自身的公司法以供投资者选用。而那些能够为股东提供较为周全保护的州(如特拉华州)的公司法,自然会受到投资者更多的青睐。在英国,虽然其公司法不像美国那样为股东设立、经营公司提供多元化的“标准条款”,但其经过历次修订,现行的《英国2006年公司法》的法律条文多达1300条,可谓内容丰富、条款完备,而英国立法机构不遗余力地修订、完善其公司法条款,其主要目的就是在股东协议缺乏明确的约定时,能够为投资者提供低成本的标准契约条款。由此可知,欲实现股东的合理期待,公司立法条款的完善仍不可缺失。下文系我国公司契约“标准”条款的完善的相关理论建议。

(一)完善剩余索取权的“标准条款”

剩余索取权包括盈利分配请求权、股份认购请求权、股份转让及其优先购买权、异议股东股份回购请求权等,故而剩余索取权的“标准条款”完善就涉及立法条款对这些权利的合理预设,其目的在于:为公司股东提供补充性的,或者默示适用的标准条款。

1. 盈利分配请求权条款的完善

前文已述及,我国《公司法》涉及盈利分配的条款主要是第34、37、46条。由于公司立法条款上的粗疏、简略,在缺乏股东书面契约时,(少数)股东的盈利分配请求权往往受到侵害。在此种情形下,《公司法解释(四)》对在实践中遇到的问题进行了进一步的规定。如第15条规定,股东违反法律规定,滥用权利导致公司不分配盈利,造成其他股东损失的,法院应当受理股东的诉请。同时,在最高人民法院审判委员会专职委员杜万华关于《公司法解释(四)》答记者问中对滥用权利作出了有针对性的理解,即在出现董事、高管获得过高薪酬,控制股东隐瞒转移利润或购买和经营无关的财物、服务与在职消费时,即可以理解为滥用权利。[1] 应当说,《公司法解释(四)》第15条的规定与杜万华对我国盈利分配领域中滥用权利的理解是比较到位的。因此,有研究者认为《公司法解释(四)》第15条的规定事实上开启了强制盈利

[1] 参见唐清林、李舒:《公司法解释四裁判综述及诉讼指南》,中国法制出版社2017年版,第348~349页。

分配之诉的大门。[1]

即便是各级法院领会了《公司法解释(四)》相关条款的精神,并通过强制盈余分配解决相关纠纷案件,但关于盈利分配权的重要问题,如“可分配盈利”的标准、公司盈利分配的确认周期仍需要立法进一步明确。这些问题的存在,仍会成为股东盈利分配合理期待实现的极大阻碍。对此本书认为,应从以下几个方面对盈余分配权的相关标准条款进行完善。

其一,公司立法应确定“可分配盈利”的客观标准。在第四章的相关章节中,笔者对西方资本主义发达国家的可分配盈利标准作出梳理,即德国、日本所采用的是资产负债表标准,《美国商业公司法》所采用的是偿债能力标准以及加利福尼亚州采用的负债比率与流动比率标准。本书认为,偿债能力标准考量了公司对债权人利益的保护,又具有股东盈利分配的最大化的价值取向,具有合理性。但是由于偿债能力标准更加看重公司在未来的盈利能力,具有主观性,因此未必适合我国现阶段的引入。而负债比率与流动比率标准亦具有较大的主观性。相较而言,资产负债表标准能够对公司是否存在“可分配盈利”进行准确的判断,操作起来较为简便易行。

其二,公司立法应确认公司盈利分配的周期。我国目前盈利分配请求之诉不断激增的一个主要原因是,缺乏对盈利分配周期的明确规定,即未对在公司存在盈利的情形下,何时分配盈利作出规定。《公司法》第 166 条第 1 款隐含了应以“年度”为周期对公司盈利进行分配的规定,但不够明确,进而未受到业界应有的注意。[2] 而同属于大陆法系的德国,其公司制度对盈利分配周期作出了明确规定。根据《德国商法典》第 120 条的规定,在营业年度结束后,依据资产负债表确定该年度各股东的盈利分配的比例。同时,《德国股

[1] 参见尤甜:《在司法干预与公司自治之间——有限公司股东盈余分配权分析》,载《法制与经济》2017 年第 1 期。

[2] 我国《公司法》第 166 条第 1 款规定,公司分配当年税后利润时,应当提取利润的 10% 列入公司法定公积金。第 2 款规定,公司的法定公积金不足以弥补以前年度亏损的,在依照前款规定提取法定公积金之前,应当先用当年利润弥补亏损。第 4 款规定,公司弥补亏损和提取公积金后所余税后利润,有限责任公司依照本法第 34 条的规定分配;股份有限公司按照股东持有的股份比例分配。从中不难发现,立法机关在进行公司立法时,存在一个基本的假定,公司按照年度进行盈利分配。

份法》第150条亦有类似的规定。[1] 这些规定,对实现公司股东盈利分配权的合理预期起到积极的促进作用。

其三,以公司自治的方式合理降低法定公积金的提取比例。一定比例的公积金对弥补公司亏损、推进公司未来发展等具有重大意义。但是过高的、不当的公积金提取比例,必然会压缩股东合理分配盈利的空间。我国《公司法》第166条对法定公积金与任意公积金作出明确规定,即应提取10%的盈利作为法定公积金,当其累计达到注册资本的50%时,可不再提取。显然这种整齐划一的比例未考虑公积金对不同类型公司的意义。正如前文所述,对于需要持续性投入资金的公司,如高技术、成长性公司,提取较高比例的公积金也许是有益的,但对于普通类型的公司而言可能并无必要。《德国有限责任公司法》第29条第2款规定,在关于盈余使用的决议中,股东可以提取一定金额作为盈余公积金或者作为盈余结转,但公司章程另有规定的除外。《德国股份法》第150条第2款规定,法定公积金的提取比例为年度盈余的1/20,直至该公积金合计达到公司资本的1/10或章程规定的较高比例。[2] 由此可见,在大陆法系代表国家的德国,有限公司是否缴纳公积金及其缴纳的金额,全部交由股东自治。而股份公司提取法定公积金的比例亦不超过年度盈余的5%。显然,我国《公司法》关于盈余分配前法定公积金的提取比例明显过高,且以强制性规范对其作出规定。此种现状,应在《公司法》修订时予以改变,即立法确定一个最低的比例,允许通过股东自治的方式,对法定公积金的比例作出调整,以减少其对公司盈余的不当侵蚀。

2. 新股优先认购权条款的完善

前文已述及,股份认购请求权既包括公司设立时原始股东对公司资本——出资额或股份的认缴,也包括公司成立后股东对新发行股份的认购。但在公司实践中,前者认缴的比例系设立公司时,原始股东事先一致协商确定的,而后者则是公司成立后通过公司股东(大)会决议的确定的。虽然两

[1] 参见《德国商事公司法》,胡晓静、杨代雄译,法律出版社2014年版,第18~145页。
[2] 参见《德国商事公司法》,胡晓静、杨代雄译,法律出版社2014年版,第37~145页。

者均体现了公司自治,但是在股东之间未就优先认购权作出事先约定时,后者更多地体现了控制股东的意志,因此有必要对后者的相关问题展开理论分析。

我国《公司法》第 34 条、《公司法解释(三)》第 16 条对新股优先认购权作出了相应的规定,但是仍存在诸多不足之处:《公司法》第 34 条的“实缴出资比例”与“出资比例”表述前后不一,易造成理解上的困扰;未能对公司基于特殊目的而增发新股时,不享有认购权的例外作出相应的规定;未能对部分股东放弃优先权,其他股东能否对其放弃部分的份额继续行使优先认购权作出规定。针对这些问题,笔者的改进意见为:改变《公司法》第 34 条中的“实缴的出资比例”与“出资比例”两种不同的立法措辞,避免理解及适用上的困扰。对于股东按照实缴的出资比例认缴增资不难理解,问题是如何理解股东约定不按照出资比例优先认缴出资中的“出资比例”的含义。《公司法解释(三)》第 16 条规定,股东未履行、未全面履行出资或抽逃出资的,公司可根据公司章程或股东会决议对其利润分配请求权、新股优先认购权、剩余财产分配请求权等股东权利作出合理限制。依照该解释,对出资未实际到位的股东,公司可以自治的方式对其优先认购权作出限制。因此,《公司法》第 34 条中的“全体股东约定不按照出资比例优先认缴出资”仅仅是指公司未对股东的优先认购权作出自治性限制时的一般表述。为了消减此种理解上的分歧,建议第 34 条在行文上均采用“出资比例”的表述,这样再按照《公司法解释(三)》对股东的新股优先认股权进行限制后,对“出资比例”的理解和适用自然就不会出现太大的分歧。

回顾公司实践的多元化要求,对股东不享有新股优先认股权的例外情形作出规定。公司基于未来良好发展的目的而实施的行为,如获取公司经营所必须的高新技术、扩大经营规模所需的资金,以及为激励管理层、员工等向其配售股份而增发新股时,无法与《公司法》第 34 条之间进行协调。从比较法的视角来看,美国公司制度与英国公司制度为满足公司经营与未来发展之需,均对股东享有的新股优先认购权作出例外的规定。笔者认为,在对我国《公司法》进行修订时,应对货币、非货币的实物或知识产权出资,对高管或员工实施股权激励，发行无表决权的类别股（如优先股）等情形作为股份认购请求权的例外，以便增强优先认购权在适用上的灵活性，促进公司（全体股东）利益最大化目标的实现。但为了防止控制股东利用其控股优势，剥夺少数股东的新股优先认购权，则应对其进行限制，即股东的新股优先认购权的排除只能是以公司的整体利益为目的，如果仅是为了满足个别股东的私利，则排除便失去其正当性。[1]

当缺少对有限公司股东放弃或转让新股优先认购权时，如何处理明确的规定。我国《公司法》及相应的司法解释未对股东放弃或转让新股优先认购权作出规定，存在明显的法律漏洞。根据私法法理，股东的优先认购权属于私权，其在不损害股东的比例性利益——股东对公司的资产（盈利或者剩余财产）分配的利益以及通过投票控制公司的利益受到稀释的前提下可以转让或放弃该权利。因此，本书认为，当部分股东转让或放弃其享有的股份认购请求权时，公司其他股东对该部分股份享有优先认购权。在具体操作上，股东转让或放弃其股份认购权，需将其拟转让或放弃的优先认购权提交给公司，再由公司按照其他股东所拥有的持股比例，进行二次分配，以防止其他股东对公司的比例性利益受到损害。这样一来，当股东签订的书面契约未对新股优先认购权作出约定时，公司制度标准条款便能够发挥其应有的作用。

3. 股份转让优先购买权条款的完善

与公司新股优先认购权不同，现有公司股东欲转让其股份，不但会涉及公司立法、公司章程对其转让股份的限制程度，还会涉及第三人受让股份以及加入公司后，公司其他股东相应比例的剩余财产权与剩余控制权会不会遭到不当稀释的问题。

我国《公司法》第 71 条对优先购买权作出一般性的规定。但是，由于“同等条件”内涵不明，且缺乏可操作的程序规定，造成其适用性不强，因此受到了学界、业界的批评。《公司法解释（四）》在总结裁判实践经验的基础上，对优先购买权的行使程序进行了完善，明确了优先购买权的“同等条

---

〔1〕 参见王东光：《论新股优先认购权及其排除》，载《甘肃政法学院学报》2008 年第 9 期。

件”,同时还对未征求其他股东意见,以及通过欺诈、恶意串通等手段损害其他股东优先购买权行为的效力作出进一步规定。应当说,这些规定克服了股东优先购买权规定的不足,增强了公司制度条款的可操作性,对(少数)股东利益的保护具有积极意义,但仍存在一些不足:股东优先购买权的适用范围过于宽泛,未能对例外情形作出相应的规定;缺乏明确的优先购买权行使的程序规则,容易造成信息不透明,为股东与第三人之间的恶意操作、侵害其他股东利益的行为提供了操作空间等。

毋庸置疑的是,股东的股份转让优先购买权有利于维护其在公司的比例性利益。同时,封闭式公司具有强烈的人合性特征,股东之间的信赖关系对于公司的存续与发展起到至关重要的作用。[1] 但是当股东转让其股份时,如果其他股东不丧失其比例性利益(如转让的股份为无表决权的优先股),或者转让给同样具有人合性的第三人时(如为其他股东熟知的转让股东的配偶或近亲属),其他股东则丧失了享有优先购买权的合理性。正是基于这些原因,各国公司制度在结合本国国情、公司实践的基础上对股东的优先购买权作出不同的规定。[2] 显然,我国《公司法》及最高人民法院的司法解释并未关注到这一点。笔者认为,未来在《公司法》进行修订时,应结合我国公司制度的实践,对股份转让不会引起股东比例性利益受损的例外情形作出列举规定——当转让股东向下述人员转让股份时,公司其他股东不应享有优先购买权:向公司拥有不同性质或类别股份的股东转让股份;向股东的近亲属(如配偶、父母、子女等)转让股份;向受益人为股东近亲属的信托组织转让股份;等等。

最高人民法院在《公司法解释(四)》第 17 条的规定中,对优先购买权行使的程序规则进行了完善,但仍存在不足之处。相关案例的研究数据表明,公司股东在转让其股份时,惯常的做法是先与第三人进行磋商,并就股份转

---

〔1〕 参见赵旭东:《股东优先购买权的性质和效力》,载《当代法学》2013 年第 5 期。

〔2〕 正如本书在第三章所述的那样,这些方式包括:美国的“选入式”、英国的“选出式”、德国股份公司的“选出式”以及有限公司的“法定式”。

让的条件达成一致约定。而公司其他股东被排除在股份转让的谈判程序之外。[1] 这样至少在理论上,转让股东与第三人就存在恶意串通、欺诈的可能。显然,股份转让程序的公开、透明有助于减少转让股东不端行为的发生。但是《公司法解释(四)》仅仅规定了转让股东与公司其他股东之间应以书面或其他能够确认的方式征求意见,而忽略了转让股东与第三人之间协商程序的透明化。在这一点上,《美国封闭公司附加规定》第 12 条的相关规定具有参考价值:转让股东需在得到第三人购买股份的书面要约后,再向公司发出转让股份的要约。在第三人的书面要约中需载明要约人的姓名、地址、拟购买股份的数量与种类以及要约的价格,同时第三人应承诺在未获得公司其他股东同意购买股份前,要约一直有效。同时,公司可以向转让股东发出反要约。[2] 这样转让股东与第三人就股份转让的协商结果的公开,有助于减少他们之间的恶意串通以及对公司其他股东实施欺诈行为的发生。同时,若公司其他股东认为该股东所持有的股份对其意义重大,则可以通过提高价格等条件进行反要约。此种方式的确定,程序较为烦琐,需要耗费股东本人、第三人与公司其他股东的时间,但不得不说,按照此种方式行使优先购买权,能够实现程序公正、兼顾各方利益、减少欺诈的发生。因此,它对我国公司制度的完善具有借鉴意义。

4. 异议股东股份回购请求权条款的完善

异议股东股份回购请求权的制度功能就在于,当处于控制股东操控下的公司发生重大变化时,少数股东可以通过行使该权利,及时退出公司以实现权益的自我保护。就其适用范围而言,除了涉及上市公司重大兼并、收购等少数情形外,异议股东股份回购请求权在一般情形下仅适用于封闭式的有限公司,即遵循市场例外规则。

我国《公司法》在 2005 年修订时引入了该项制度,这主要体现在《公司法》第 74 条、第 142 条第 1 款第 4 项中。在整体上,这些规定有利于(少数)

---

〔1〕 参见蒋大兴:《股东优先购买权行使中被忽略的价格形成机制》,载《法学》2012 年第 6 期。

〔2〕 参见虞政平编译:《美国公司法规精选》,商务印书馆 2004 年版,第 151～152 页。

股东在出现法定事由时,及时退出公司,以实现对自我利益的合理保护。但是立法技术、经验积累等方面的原因,该制度尚存在适用情形不尽合理、适用主体范围过于狭窄、缺乏具体的退出程序等问题,直接影响少数股东权益保护的广度与深度。下文将围绕异议股东股份回购请求权的以上三个问题的条款完善展开探讨。

关于适用情形的问题,可以先赋予公司自治,再由股东通过公司契约特别是以公司章程规定的方式,明确股东退出公司的具体情形。在公司契约没有约定或者约定不明时,作为公司契约标准条款的异议股东股份回购请求权制度对其进行补充规定。这些情形包括但不限于:公司重大并购、全部或重大资产出售、章程的重大修改等严重影响公司少数股东期待权实现的诸种情形。

具体而言,公司重大并购以及全部或重大资产出售,对于少数股东权益的影响巨大,故而作为股东退出的法定情形并无争议。我国《公司法》第 74 条第 1 款第 2 项对此亦作出规定,即公司合并、分立、转让主要财产时,异议股东可以请求公司以合理的价格回购其股份。但是,我国《公司法》的规定将本应属于两种具体适用情形的规定合并在一项中,难免会引起理解与适用上的困扰(如在公司合并或者分立时,是否需要同时满足转让主要财产的条件)。合理的做法是,将转让公司主要财产作为一项单独的适用情形。在公司实践中,并不是所有的公司合并、分立都会侵害或将会侵害到少数股东的利益,如果没有一定程度上的限制,仅仅是合并或者分立……很少会影响公司的股价或者整体价值。[1] 为了防止过低的退出门槛可能给公司本身稳定经营带来不利影响,保护债权人的利益,立法可以对公司合并、分立的规模与程度作出必要的限制,将其适用情形表述为"公司的重大合并、收购"。

同时,《公司法》第 74 条第 1 款未将公司章程的重大修改作为异议股东申请股份回购的适用情形,属于明显的立法漏洞。我国修订《公司法》的一个重要特征是,多处通过"公司章程另有规定的除外"的方式赋予公司股东

[1] 参见邓峰:《代议制的公司》,北京大学出版社 2015 年版,第 382 页。

较为广泛的自治权。但不可否认的是,被视为公司契约的章程,在内容上不可避免地会受到资本多数决的影响。在设立公司时,原始股东通过一致的意思表达缔结公司初始章程。但在此后的公司经营活动中,公司章程难免会随着公司的经营状况变化而进行相应的修改。而章程修订适用的正是资本多数决原则。因此,在立法授予公司股东的自治空间内,多数股东可以通过滥用该原则,侵害少数股东的权益。立法通过公司章程赋予公司股东自治的同时,也为多数股东滥用资本多数决提供了操作空间。正是基于此种原因,西方主要资本主义国家,如《美国商业公司法》将章程的重大修改作为异议股东股份回购请求权的适用情形之一。鉴于我国公司制度的主要特征是以授权公司章程的方式实现股东自治的,故而通过修改章程对少数股东实施压迫的案件必然会经常发生。为便捷地实现少数股东权益的保护,我国《公司法》在未来的修订中,可以把公司章程重大修改作为异议股东股份回购请求权的适用情形。

前文已述及,根据“市场例外”原则,异议股东股份回购请求权主要适用于非公开上市的公司。其中,股份公司虽然不像有限公司那样对股东自由转让股份作出限制,但是当该类公司的多数股东滥用权利、损害中小股东特别是少数股东利益时,其同样无法及时、便利地转让其所持有的股份,并因此而遭受压迫。因此,公司制度亦有必要赋予非公开上市的股份公司股东在法定情形下,请求向公司或者其他股东转让股份、退出公司的权利。

此外,根据我国《公司法》第 74 条第 1 款、第 142 条第 1 款第 4 项的规定,适用异议股东股份回购请求权的主体是对股东会决议“投反对票”的股东,或者对股东大会决议“持异议”的股东。根据这些规定,继受股份的股东如有权参加股东(大)会,并对相关决议投反对票或者对决议提出异议,则自然拥有股份回购请求权。那么因故未出席股东(大)会会议的股东、无表决权的股东是否拥有股份回购请求权呢?笔者认为,应当赋予未出席股东(大)会股东以及无表决权股东该项权利。因为异议股东股份回购请求权的立法宗旨就在于,当公司发生根本变化、可能会损害(少数)股东权益时,赋予其自我救助、退出公司的权利。至少在理论上,未出席股东(大)会股东以及无表决权股东不应被排除适用。此外,从公司法法理来看,只有赋予那些因为特殊原因未能及时(或无法)表示异议的股东与参加股东(大)会、对会议决议投反对票或持异议的股东一样的权利,才能真正符合"股东平等"原则。

那么无法或者无权在股东(大)会表达其异议的股东,如何行使该权利呢?笔者认为,因故未能参加股东会、行使表决权的股东,或者表决权受到限制无法行使的类别股股东,可按照《公司法》第74条第2款规定的程序行使相关权利。具体而言,上述两类股东可以在股东会决议通过之日起的法定期间60日内,向公司说明相关情况,并请求和其他异议股东一起与公司协商股份收购事宜。无法达成收购协议的,同样可按照规定,向人民法院提起诉讼。

除了增加适用情形、扩大适用主体范围外,转让股份价格标准的确定对充分发挥异议股东股份回购请求权的制度功能亦十分重要。我国《公司法》第74条虽然遵循了股份收购的优先协商程序,但并未强调股份收购的"公平"价格,亦未对股份价格的评估方法作出明确规定。显然,立法缺乏股份价格的界定,股东之间在股份收购的磋商过程中,往往会形成价格上的分歧,达成一致协议的概率会大大降低,影响了协商回购股份的效率。

通过诉讼行使该权利亦会面临此问题:由于立法未对股份价格的评估方法作出规定,在司法实践中,法院委托的专门的资产评估机构往往以股份的净资产为标准对拟转让的股份价格进行司法评估。净资产标准虽然简便易行,但它不能体现公司的营利能力,亦未考量公司未来发展的潜力。所以评估价格往往较真实价值偏低,对拟退出公司的(少数)股东而言难谓公平。为了使我国的异议股东股份回购请求权制度真正落在实处,在未来《公司法》修订时有必要合理借鉴国外先进评估方法来弥合缺乏法定的股份价值评估方法的缺憾。例如,前文述及的美国特拉华州最高法院的现金流折算法,能够较为客观地估算出股份的真实价值。我国公司制度可在结合本国司法实践的基础上,合理借鉴该估值方法。

(二)完善剩余控制权的"标准条款"

剩余控制权的主要目的在于减少以董事、经理为代表的公司管理层的自利行为，降低其对全体股东的怠惰成本。为此，各国公司制度均赋予股东对公司重大事项（如选举、更换董事）的决定权与知悉公司信息的权利，即投票表决权与信息知情权。相应地，该类权利“标准条款”的完善也围绕这两种具体权利展开。

1. 投票表决权条款的完善

由于沿袭了大陆法系国家公司制度的“股东会中心”主义模式，我国《公司法》第37条第1款、第99条赋予了有限公司股东会、股份公司股东大会诸多重大事项决策权。具体而言，作为最高决策机构的股东（大）会的典型特征是：股东（大）会拥有公司重大事项的决定权，且股东（大）会可以通过章程对股东会的职权作出扩张；对有限公司、股份公司股东（大）会的职权作出整齐划一的规定。未能根据两种不同种类的公司的特性对投票权的内容作出合理区分。这种立法模式，对于股东人数较少、股权较为集中、股东一般均参与经营的有限公司而言可能较为合适，但对于股东人数众多、股份公开发行、所有权与经营权适度分离的上市公司而言，可能会降低公司决策的效率。

在发达资本主义国家的上市公司中，董事会可谓举足轻重，其既可以作为公司的战略管理者（以英国为代表），也可以成为战略联盟、关系投资者权利联盟（以德国为代表），还可以成为监督者与公司体系的维护者（以美国为代表）。[1] 由于在上市公司中，股东并不直接参与公司的具体管理，而仅仅是以召开会议的方式，对重大事项进行表决，因此董事会在公司战略制定、对高管的监督以及公司程式的维护等事务中扮演重要的角色。基于此种原因，包括德国、日本等在内的大陆法系代表国家，均赋予上市公司董事会广泛的公司事务管理权。我国《公司法》对有限公司、股份公司（特别是上市公司）的股东（大）会权力作出整齐划一的规定，显然未能考虑两种类型的公司在权力配置、专业优势等方面的巨大差别，董事会的职权被限制在较小的空间范围内，董事无法发挥其应有的专业优势和管理技能，公司决策效率也大打折扣。

---

〔1〕 参见邓峰：《代议制的公司》，北京大学出版社2015年版，第37～42页。

我国公司制度中的股东投票表决权内容应根据不同类型的公司进行分别立法：对于上市公司而言，尽管其股份较为集中（如大量存在国资控股或家族控股的上市公司），但其所有权与经营权均有不同程度的分离——股东大会不可能像封闭式有限公司那样频繁地召开，公司经营管理与日常决策也越来越依靠具有丰富知识与专业技能的董事会成员。故而在上市公司治理中，应当赋予董事会更多的决策权，如新股发行、盈余分配等。

在投票表决权的行使方式上，按照我国《公司法》的相关规定，除股东出席股东（大）会行使表决权以及有限公司以书面形式一致同意不用召开股东会外，还有第106条规定的代理投票的行使方式，即接受股东的书面授权后，代理人可出席股东大会并在授权范围内行使表决权。但是该条款对代理投票规定显然过于粗疏。由于该条款属于《公司法》第四章——股份有限公司的设立和组织结构，因此就其立法本意来看，代理投票仅适用于股份公司，特别是上市公司。

但是在商业实践中，有限公司的股东出于种种原因，如疾病、出差、临时事务等，常会出现难以亲自出席股东会的情形，也会存在代理投票的需求。因此，有限公司的股东也有代理投票的现实需求。按照民法代理行为的一般原理，在授权委托书中，应明确代理的委托范围、代理的期限以及代理行为能否撤销。结合国外立法例及我国现阶段的客观实际，笔者认为，在我国，代理投票的范围应仅限于按照会议通知所载明的待表决事项，而不应涉及其他内容；其期限可以仅参加此次股东会议为限，也可以确定一个较长的期间。

同时，作为代理投票权的一个变种——投票权征集亦不应受到忽视。[1]在我国，由于上市公司收购受到严格的监管，收购方在二级市场每完成一定比例的股份收购，就需要停止交易并向证监会提交书面报告。而协议收购又难形成对上市公司控制股东及管理层的压力，促使其为了全体股东的利益而努力经营、规范经营。因此，投票权征集的作用——争夺公司控制权的董事

---

〔1〕 有学者认为，我国《公司法》第106条（2013年修改前为第107条）为投票权征集提供了法律上的依据。这样投票权征集实际上就成为代理投票的一个变种。参见朱锦清：《证券法学》（第4版），北京大学出版社2019年版，第305页。

选聘,对公司重大决策的影响的作用便得以凸显。[1] 我国《公司法》第106条对股东的投票权征集作出原则性规定,即股东可以委托代理人出席股东大会,但应提供授权委托书,并在授权范围内行使表决权。该条款解决了我国投票权征集制度从无到有的问题,但未能对投票权征集的主体范围、委托书可否撤销、投票过程中的费用等问题作出明确的规定。这些规定的缺失,影响了投票表决权应有的广大中、小股东为保障自身权益向大股东或管理层发起挑战的制度功能。因此,在未来《公司法》修订时,立法机关可在结合公司实践的基础上,对投票权征集过程中的相关问题作出进一步的规定。

2. 信息知情权标准条款的完善

股东对公司重大事项拥有决策权,但是股东进行决策的前提是,知悉公司经营管理的相关信息。如股东对公司的信息不知情,即信息的不对称往往会造成股东决策的失误或其权益损害。信息的偏在是如何形成的呢?在有限公司中,虽然股东多以董事、经理的身份参与公司管理,但由于股东在公司内的职务分工不同,少数股东往往并不参与公司的实际经营(如仅担任公司监事或监事会成员)。简言之,公司实际上处于控制股东的操控下。所以公司其他股东,特别是少数股东,往往处在信息不对称的状态。在上市公司中,由于公司所有权与经营权存在不同程度的分离,大部分公司的经营管理信息与财务信息掌控在以董事为主的管理者手中,股东对公司信息的掌握程度有所减弱(但在我国,上市公司的股份同样较为集中,所以公司的相关信息往往由控制股东实际掌控)。

为应对股东信息不对称的问题,我国《公司法》第33、97条分别对有限公司、股份公司中股东的查阅权作出一般规定。但这些立法规定存在股东查阅的内容偏窄、股东行使知情权的"正当目的"概念界定不够清晰、其保护程序仍然存在缺漏等方面的问题。为了更好地保护股东的信息知情权,《公司法解释(四)》的规定在某种程度上对这些问题作出回应。[2] 如该解释第7条

---

[1] 参见朱锦清:《证券法学》(第4版),北京大学出版社2019年版,第305页。

[2] 最高人民法院《公司法解释(四)》对股东知情权规则进行的完善,参见李建伟:《构建各方责权利平衡的股东知情权诉讼规则》,载《人民法院报》2017年9月1日,第1版。

对查阅、复制公司特定资料的诉权予以保障,第8条对股东行使知情权的“不正当目的”的内涵进行解释,第9条对实质性剥夺股东信息知情权的章程或者协议的效力作出规定,第10条对股东行使信息知情权的司法程序进行了明确。根据司法解释的规定,虽然在一定程度上缓解了立法的不足,促进了(少数)股东信息知情权的实现,但是《公司法》及其司法解释对股东信息知情权的规定,仍存在诸多不足之处,这主要表现在:查阅权的范围仍然偏窄,对“正当目的”界定仍不够清晰,股东行使信息知情权的程序性规定仍缺乏可操作性等。

《公司法解释(四)》将查阅、复制的范围限于第33、97条以及章程规定的范围内,在实质上并未扩大股东查阅权的范围。财务报告一般仅包括财务预算报告、财务决算报告,在特定情形下亦包括财务专项审计报告、资产评估报告。同样,会计账簿不仅包括公司三大财务报表,即资产负债表、现金流量表、利润表,还包含原始凭证、记账凭证。在司法解释未对此予以明确的情形下,股东向法院申请查阅或复制公司“特定文件资料”时,是否能请求对未明确列举的专项审计报告、资产评估报告或者原始凭证、记账凭证进行查阅,各地法院的态度可能并不一致。因此,股东的知情权仍然受到较大的限制。

为了促进股东信息知情权的实现,公司制度应当尽量扩大股东的财务信息知情权的范围。因为公司的财务信息不仅涉及股东能否作出符合公司整体利益的决策,同时作为监督者的股东,也应当获得对公司信息的获取、检查、核实、咨询等方面的权利。[1] 以盈利分配请求权为例,股东会能否作出盈利分配决议的前提是知悉公司财务是否存有盈余。如果公司并无盈余或者在控制股东的操控下,公司向其他股东提供了虚假的公司财务亏损信息,股东会自然不会作出盈利分配的决议,此时股东遭受侵害的不仅仅是信息知情权,同时还包含盈余分配权。因此,我们就不难理解为什么北京市、浙江省、山东省等部分省、市高级人民法院在审理公司纠纷的司法解释中将会计账簿的范围拓展至公司原始凭证、记账凭证,也不难理解江西省高级人民法

---

[1] 参见邓峰:《普通公司法》,中国人民大学出版社2009年版,第389页。

院将会计账簿的范围又扩展至财务审计报告与资产评估报告了。所以在未来的《公司法》修订过程中，应将“财务会计报告”“会计账簿”等文件资料的内涵作扩大解释，使其真正覆盖公司财务信息的全部。

当然，股东是否应当拥有除公司财务信息以外的其他信息的知情权，则应视具体情况而定。股东的目的会影响获得信息的正当性。[1] 在此情形下，股东的“正当目的”性决定了其知情权的范围。此处的正当目的应该理解为：只要不损害全体股东的整体利益，股东为了自身的利益亦可行使知情权。在公司实践中，控制股东往往未经公司股东会决议授权，就利用其控制地位私下违规对外担保。在此情形下，公司其他股东要求查阅公司的相关担保合同文本以及股东印章使用记录时，其目的即为正当。同时，在现实经济活动中，公司股东可能会投资于多家公司或者在其他公司担任董事职务等。在此情形下，其可能利用股东身份或职务便利，刺探公司的相关信息，如公司机密、商业秘密、非专利技术等，来达到满足私利的目的。在此情形下，由于其目的不具有正当性，公司自然有权拒绝其获取相关信息的请求。《公司法解释（四）》以列举的方式对“不正当目的”的类型化进行解释，也无法反映其内涵的全貌。对此，笔者认为，应通过参考最高人民法院在总结各地审判经验的基础上发布的公司指导性案例，逐步探索、积累司法实践经验后再对其进行类型化。

我国《公司法》及《公司法解释（四）》均未对股东行使信息知情权的程序作出相应的规定。鉴于股东信息知情权的行使程序对于股东合理期待的实现以及权益的保障具有重要意义，故而在《公司法》再次修订时，应对该行使程序的以下方面作出明确、具有可操作性的规定：首先，应进一步扩大行使信息知情权的主体范围。从《公司法解释（四）》规定的相关条款可以推断出，行使信息知情权的主体包括公司现任股东、持股期间权益可能受到侵害的前任股东，以及辅助这些股东行使该权利的会计师、律师等中介机构人员。这种解释是合理、符合客观实际的。但在公司实践中，常常会出现作为自然人

〔1〕 参见邓峰：《普通公司法》，中国人民大学出版社 2009 年版，第 390 页。

的股东失踪、死亡或者宣告死亡,以及丧失行为能力、部分丧失行为能力等特殊情形。这就需要股东的继承人继受相应股份成为新的股东,或者需要股东的监护人行使其在公司中的权利。显而易见的是,在股东的继承人继受股份的过程中,以及监护人行股东权利的过程中,公司制度亦应当赋予其相应的信息知情权。其次,应对股东行使信息知情权的方式、时间、地点作出具有可操作性的规定。我国《公司法》及公司法解释均未对股东行使信息知情权的方式及时间作出规定。而明确信息知情权行使的方式、时间、地点,有利于减少股东与公司之间的对抗情绪、促进股东该项权利的实现。在未来《公司法》修订时可以规定,股东查阅、复制相关文件资料时,应提前 5 个工作日以书面方式通知公司,并在公司正常的工作时间内,前往公司主要营业场所行使相应权利。提前 5 个工作日书面通知公司的意义在于:既可以给公司机关一定的时间准备相应的文件资料,亦可使公司有时间对股东行使知情权的目的是否具有正当性作出判断。

总之,以剩余索取权和剩余控制权为分类的、作为股东固有权“标准条款”的诸项股东法定权利,其自身是否合理、完备,决定了公司股东合理期待的实现程度与保护力度。因此,在未来的《公司法》修订过程中,立法机关可以通过制定能够满足公司实践需求的股东权利“标准条款”,以供公司股东选择适用或提供补充性标准化条款。

第二节　提升股东固有权的司法救济功效

股东之间缔结的股东协议等个性化约定,以及国家为公司股东提供的标准化公司契约条款对于股东固有权的保护十分重要,但也存在其自身的局限性:股东协议虽然合意充分,但其签署存在一定的缔约成本;同时,在缔约时股东常常过分乐观,无法预见公司未来可能发生的所有情形,自然也无法对其作出详尽的约定。而国家以立法方式设定公司契约的“标准条款”虽然有利于降低缔约成本,有效平衡公司各方利益,但立法机关理性的有限性仍使其无法对繁纷复杂的公司实践中的各种问题作出详尽的制度安排。因此,对多数股东滥用资本多数决,违反信义义务的行为进行事后的惩罚,以达到对其震慑的目的,就显得尤为必要。[1]

一、厘定股东固有权的权利救济路径

按照学界的一般理解,我国股东权益的法定救济路径表现为多数股东滥用权利时,利益受损的少数股东可以依照《公司法》第20、22条以及《公司法解释(四)》第1条的规定,请求法院宣布股东(大)会决议无效、可撤销、不成立。因此,也就不存在所谓的救济路径厘定的问题。事实上,在美国的司法实践中,判例法中的信义义务的救济路径并非少数股东司法救济的唯一路径;在英国法上,不公平损害制度与股东派生诉讼相得益彰;[2]在德国公司制度上,股东权益受损后,其既可以依照成文法向法院申请股东(大)会决议无效与可撤销,也可以通过联邦最高法院所确立的股东违反诚信义务的判例规则申请司法救济。同样,法国公司制度既存在股东(大)会决议的无效、可撤销,也存在禁止股东滥用权利的司法判决。

由此可见,从立法例上来看,西方发达资本主义国家的公司制度,往往为股东提供复合的救济路径以实现其利益的充分保护。在我国,尽管已经存在法定的股东利益救济路径,但这并不妨碍我们在不与法定救济路径发生冲突的前提下,讨论并引入其他司法救济路径的可能性。

(一)股东固有权各种救济路径的特点

德国公司制度的司法实践表明,可以通过两种并行不悖、互为补充的救济路径对公司少数股东实施司法救济。故而,我国也能够在保持现有法定救济路径的前提下,引入股东权益救济的补充救济路径。而合理引入补充救济路径的前提是,对各种现存的救济路径的特征及其优势进行分析。在本书第

---

〔1〕 参见罗培新:《公司法的合同解释》,北京大学出版社2004年版,第55页。

〔2〕 在英国,受Foss v. Harbottle一案所确立的规则的影响,股东只有在穷尽公司内部救济手段后,方可申请权利司法救济,因此股东利益常常无法得到保障。为此,英国法上逐步发展出股东派诉讼的制度,目的是方便追究对损害公司或个体股东利益的董事的责任。因此,在功能上其与不公平损害制度存在某种程度上的重合。

四章中,已经就美国判例法中的信义义务路径、英国成文法中的不公平损害救济路径、德国法上的诚信义务救济路径、法国判例中的权利滥用原则进行了充分的探讨与分析。故而本节仅就这些基于不同司法传统、文化背景而形成的救济路径进行简要回顾,对其特征和优势进行揭示,以便于结合我国的公司实践的客观现状,对补充性司法救济路径作出较为合理的选择。

前文已述及,美国判例法上的信义义务是各种商事实践长期演化的交易规则在司法中的应用。在这些商事实践中,商业主体在不断发展变化的交易中逐步产生合理关切他人利益的信义关系,这种信义关系最初表现为契约上的关系,但随着商事组织的形成,其自然内化到商业组织(合伙、公司)成员间。因此,美国判例法中的信义义务的特点是:在起源上,其具有契约义务的属性;在内涵上,其从商业道德义务经由司法判例,逐步发展为普通法上的义务;在适用范围上,理论上可以适用在各种商业关系中,特别是具有人合性的封闭式公司中。

而英国成文法中的不公平损害救济路径则与此不同。在英国,由于学界与业界的主流观点均认为,信义义务仅适用于公司(全体股东)与董事之间,而公司股东彼此之间并不负有信义义务。因此,英国立法在股东利益关系的平衡上,经历了基于"公平正义"解散公司、股东压迫的艰难探索之后,最终在1985年《英国公司法》中确立了不公平损害制度。经过近30年的判例发展,英国各级法院对该制度的理解与适用日趋成熟。英国不公平损害救济制度的特点是:股东因其他股东、董事等人员的已经、正在或将要发生的行为而受到利益损害时,均可适用该制度获得救济。因此不公平损害救济具有适用上的广泛性与灵活性,但不公平损害的司法审判主要适用于"准合伙型"公司。[1] 亦即,该制度主要适用于由合伙转化而来的小型封闭式公司。

德国联邦最高法院所确认的判例中的诚信义务,是在成文公司法对股东利益救济存在严重不足的情形下产生的。《德国有限责任公司法》并未对股

---

〔1〕 参见[英]保罗·戴维斯、[英]莎拉·沃辛顿:《现代公司法原理》(第9版),罗培新等译,法律出版社2016年版,第717页。

东权利救济路径作出明确规定。《德国股份法》第241、243条规定，违反《德国股份法》相关条款的规定，股东有权向法院申请股东大会决议无效或可撤销。[1] 但在法定情形下，少数股东的权益仍难以得到周全的保护。日本学者高桥英治教授的研究表明，为应对此种局面，德国法院的做法是，通过一般条款和类推的法律技术，在判例中援引《德国民法典》第157条规定的诚实信用原则，通过股东除名与退出的方式，来解决股东之间的利益纠纷。[2] 可见，德国股东权利救济路径的特点是：成文法的救济路径与判例救济路径并存，相互补充、同时使用，且并行不悖。需要说明的是，德国判例中的诚信义务虽援引《德国民法典》，但从其判例的判词内容上可知，其与美国判例法中的信义义务在实质上是相同的，即均是指不对等的当事方之间的一种特定的法律关系。[3] 只是，在德国有关诚信义务的判例中，如在本书第四章论及德国的莱诺字体公司案与吉梅斯案，德国联邦最高法院并未发展出明确的、有关股东违反诚信义务的判断标准。

法国成文公司制度中的少数股东权益救济路径沿袭了大陆法系的传统。根据《法国商事公司法》第360条的规定，法国公司制度亦通过股东会决议无效的方式，来实现对股东利益的救济。但由于章程修正案或决议无效的法律依据仅限于《法国商事公司法》和调整契约的强制性效力规定，而《法国商事公司法》以外以及契约未加以明确约定的股东权益则无法获得救济。[4] 在实践层面，法国各级虽在成文法的基础上又发展出以禁止权利滥用制衡多数决的裁判案例（如Langlois诉彼得一案），但是，这些案例仍沿用了成文法的多数决权利滥用的思维模式，且同样没有权利滥用的判断标准，故而，其对股东利益保护的功能依然受到较大的限制。

---

[1] 参见《德国商事公司法》，胡晓静、杨代雄译，法律出版社2014年版，第177～178页。

[2] 参见[日]高桥英治：《企业集团与少数股东的保护》，崔文玉译，法律出版社2014年版，第156～162页。

[3] 参见蔡立东：《公司自治论》，北京大学出版社2006年版，第176页。

[4] 法国公司法学界、业界均不承认公司契约理论。故而法国公司制度语境下的契约，仅限于以书面形式签署的契约，并不包括以默示、共识等方式体现出来的非正式契约。所以，当这些书面契约未作出约定或者约定不明时，就可能会出现权利无法受到保护的情形。

通过对上述国家股东利益司法救济路径的特点分析后可知，作为英美法系代表国家的美国、英国的公司制度，不但明确了各自司法救济路径，而且在实践中发展出了较为明确的侵害（少数）股东司法裁判标准。而作为大陆法系代表国家的德国、法国，虽然分别确立了法定与判例补充救济路径，但并未发展出较为确定的裁判标准。前者的优势在于，可以通过判例逐步使其裁判标准趋于合理，并富有可操作性；后者的优势在于，可以为股东提供复合式的司法救济路径。

（二）我国股东固有权救济路径的应然选择

我国现有公司制度确定救济路径——以股东会决议无效、可撤销、不成立为主，以股东不得滥用权利损害其他股东利益为兜底条款。那么，是坚持现有的司法救济路径，还是像目前不少公司法学者主张的那样，在现有司法救济路径的基础上，引进信义义务的司法救济路径呢？

英国成文公司法中的不公平损害制度具有灵活简便、适用范围广泛的特点，且法院已发展出较为清晰的“不公平”损害标准，因此有研究者认为，我国应引入该制度。[1] 但如将该救济制度引入我国，其与我国《公司法》中的第20条之间如何协调，就显得十分棘手。而美国判例法中的信义义务救济路径，经由各州法院判例对其内涵的不断厘定以及判断标准的逐步改进，能够为少数股东权益保护提供较为周全的救济，因而为美国多数州法院所采用。但因为该路径是在判例法的基础上发展而来的，所以具有一定的流变性。

在德国成文公司法上，股东利益的救济是以多数决的无效、可撤销来实现的，在裁判实践中，德国联邦最高法院又将《德国民法典》第157条的诚信义务援引到公司股东之间，以判例的方式拓宽了股东权益的救济范围。两种路径之间互不冲突，又相得益彰。法国通过判例法的方式确认了禁止权利滥用的司法救济路径，形成了对股东（大）会决议无效、可撤销的有益补充。但

〔1〕 参见段国庆：《英国不公平损害救济在中国的引入》，复旦大学2013年硕士学位论文，第13～14页。

是权利滥用禁止路径，在滥用权利的性质、构成要件等问题上尚处于理论探讨过程。[1] 这就意味着，法国法院尚未对滥用权利定性以及判断标准形成较为清晰的认知，这难免使法院在司法裁判中带有较强的主观性。故而，我国不宜借鉴这种路径。

基于此，笔者认为，我国可在立足本国国情的基础上，合理借鉴美国判例法中的信义义务路径或者德国法中的诚信义务救济路径。[2] 具体理由如下。

在理论上，我国学界已经广泛接受课以多数股东信义义务来实现对少数股东受损的权益进行救济的路径。自20世纪90年代末及21世纪初，我国公司法研究开始进入蓬勃发展时期，其中关于股东信义义务的研究逐步增多，并引起学界的广泛响应，一大批关于股东之间信义义务的论著涌现出来。而这些论著的内容，涉及信义义务的内涵、类型化以及违反信义义务的表现形式、判断标准等。通过这些论著不难判断，我国学界就引入信义义务规范公司股东之间的关系已经形成较为一致的共识。

在实然公司制度层面，证监会于2018年9月修订的《上市公司治理准则》第63条，亦对上市公司中控制股东的信义义务作出明确的规定。按照该规定，控股股东、实际控制人对上市公司及其他股东负有诚信义务。在股东众多、股份公开上市的股份公司最为典型的资合公司中，多数股东尚需对其他股东承担信义义务，那么对于股东较少、人合性较强的封闭式公司，多数股东对少数股东承担信义义务自然不会存在理论上的障碍。同时，在公司法层面引入股东信义义务的补充救济路径，还可以与上市公司中的控制股东承担信义义务规则形成良好的制度衔接。

当然，信义义务救济路径自身亦存在理论优势。例如，它存在较强的涵摄性。作为在长期商事实践中逐步演化而来的，对彼此利益合理关切的信义

---

〔1〕 参见丁巍：《控制股东滥用控制权之民事责任研究》，吉林大学2017年博士学位论文，第61～86页。

〔2〕 实际上，美国判例法中的信义义务与德国联邦最高法院判例中的诚信义务，在内涵上基本上是一致的——善意地实施自己的行为。有所不同的是，前者以民法典总则编中对合同的解释遵守诚实信用原则为基础、经由联邦最高法院适用在公司案件中发展而来。同时，德国法院在适用该原则时，并未像美国多数州法院那样，发展出了明确的违反信义义务判断标准。

义务,具有较强的涵摄力:不但可以适用于公司组织内部股东之间,而且还可以适用于合伙组织成员之间;[1]同时,信义义务可以适用于处于支配地位的控股股东,也可以适用于对公司决策拥有否决权的少数股东。又如,可以通过类推的法律技术,明确信义义务的法律依据,即我们可以借鉴德国联邦最高法院的做法,在公司案件的裁判实践中,援引《德国民法典》第7条诚实信用原则这一“帝王条款”,将其类推适用于股东与股东之间的关系,从而在根本上解决裁判的依据问题。[2]

由此可见,无论是基于我国的理论共识、公司实践,还是信义义务自身的特点,将信义义务引入我国公司司法实践都不会存在太大的障碍。但需要说明的是,部分学者认为,我国《公司法》第20条的规定实际上就是对股东信义义务的规定。[3] 对此,亦有学者认为,《公司法》第20条规定的内容,与其说是规定股东的信义义务,倒不如说是规定了股东行使权利的边界,其与信义义务仍存在差别。[4] 虽然存在是否已经引入该规则的争议,但这至少可以表明,学界与业界对信义义务救济路径本身并无太大争议。

二、引入“股东合理期待落空”的裁判标准

在确定以股东信义义务为我国股东固有权救济路径后,尚需进一步讨论的是,股东承担信义义务的司法裁判标准问题。实际上,是否课以股东信义义务,不但反映出司法干预公司股东自治的深度与广度,而且反映出司法能否有效平衡股东之间利益的问题,因此有必要对其进行分析。

(一)“股东合理期待落空”标准的独立性

在本书第二章,详尽地对美国判例法对信义义务的违反——实施股东压

[1] 参见邓峰:《普通公司法》,中国人民大学出版社2009年版,第439页。

[2] 我国《民法典》第7条规定,民事主体在从事活动时,应遵循诚信原则,秉持诚实,恪守承诺。德国属于典型的民商分立的国家,但是,这并不妨碍该国法院援引民法典的规定。所以,无论是认为我国应采用民商合一还是民商分立的商法立法模式,法院在公司裁判纠纷中援引《民法典》的规定,均不应产生实践上的障碍。

[3] 认为《公司法》第20条就是对股东信义义务的规定的具体观点与相关内容,参见蔡立东:《公司自治论》,北京大学出版社2006年版,第179页。

[4] 参见张学文:《有限责任公司股东压制问题研究》,法律出版社2014年版,第70页。

迫的裁判标准,以及英国不公平损害救济中的不公平的判断标准分别进行了阐释。分析的结果表明,尽管两国公司制度的具体救济路径不同,但两国法院经过坚持不懈的探索,均以股东合理期待受到实质性挫败或以股东合理期待落空,作为违反信义义务、实施不公平行为的判断标准。这就说明,股东合理期待受挫标准相对于救济路径而言,具有独立性。之所以会出现相同的司法判断标准,是因为美国、英国的法院在裁判实践中,均受到了公司契约理论不同程度的影响。

前文已述及,公司契约论一直是美国公司法学界的主流思想。受其深刻影响,各州法院在具体判断控制股东所实施的行为,如股东会决议以及与其有关的修改章程、免除少数股东董事职务等是否违反信义义务,是将争讼的股东之间的关系置于公司契约关系中进行具体分析的。这些契约既可以是股东协议、公司章程等书面文件,也可以是非书面地以商业惯例甚至是默契、共识等为表现形式形成的契约。如果股东违反这些契约,且这些行为对股东而言足以对股东基于该契约所形成的期待产生实质性落空时,法院往往会认为,该股东的行为构成了信义义务的违反。

在英国,自 1985 年《英国公司法》正式确立不公平损害救济制度以来,"不公平性"的确定就成为各级法院亟待解决的问题。而其判例法实践表明,法院亦是在契约框架内考量公平性的。具体而言,不公平性的具体标准为:违反关于安排公司事务处理协议的内容;规则或协议的内容违反衡平原则。[1] 而衡平原则在股东利益纠纷中的具体运用常常是在公司经营过程中,很可能也会通过言语或行为产生新的承诺或默契,如果忽视这些后来的承诺或默契,将会对公司成员产生不公平。这些承诺无须依据合同法具有的可执行性。[2] 同时,衡平原则还表现在,当协议或章程的内容违反成文法或普通法的一般原则时,法院亦有权进行介入。

美国、英国在判例实践中通过各种形式的公司契约(正式契约与非正式

---

〔1〕 参见林少伟:《英国现代公司法》,中国法制出版社 2015 年版,第 267 页。

〔2〕 Re Guidezone Limited [2002] 2 BCLC 321.

契约),考量并确定是否实施压迫行为或不公平行为的具体标准,较为合理地平衡公司整体利益的增进与少数股东权利的维护,从而有利于促进法律制度的最高价值——正义与效率的价值观在公司运作过程中的动态实现。同时,两国法院的判例实践还告诉我们,救济路径的选择并不影响具体裁判标准的选择,是否以"股东合理期待落空"为标准,主要取决于能否将股东之间的关系置于公司契约的框架内,并按照公司契约论的方法,考量各种契约中股东彼此间的权利、义务关系。

(二)我国适用"股东合理期待落空"标准的进路

从历史的视角看,由于受到大陆法系传统的深刻影响,我国公司制度缺乏英美法系公司制度中公司契约理论的滋养与浸润。只是到了近年,随着公司自治理念在我国学界、业界逐步深入人心,适度放松管制、赋予公司广泛的自治权渐渐成为公司制度变革与完善的方向,公司契约理论逐步受到一定程度的重视。尽管如此,目前学界并未形成对公司契约理论较为一致的观点。在此种情形下,如直接借鉴并引进"股东合理期待落空"的司法裁判标准,难以获得相应的实践效果。尚需学界、业界在广泛讨论、充分争鸣的基础上,分步实施才有可能做到。故而,笔者仅就其可能的进路,提出自己的意见。

其一,在立法理念上,可以扩大公司制度中任意性条款的比例,缩减强制性规范条款的比例。按照一般的理解,在公司制度中存在两种基本的规范,即任意性规范与强制规范。前者主要涉及公司的组织形式、治理方式、股东权利及其行使等;而后者则涉及公司内部利益关系,如管理层与全体股东、控制股东与少数股东之间的利益关系的平衡。现代公司的价值取向就是赋予公司当事方各种权利,使其通过自由协商,达成彼此均能接受的公司契约条款,以促进自身利益的最大化的同时,提高社会整体福祉的实现。但是,由于信息偏差、有限理性、欺诈胁迫等情形的影响,特别是管理层、控制股东的机会主义等行为的存在,公司法还需提供相关的强制性规范以纠正利益冲突,威慑并减少欺诈及机会主义行为的发生。[1] 换句话说,强制性规范只有在

〔1〕 参见汤欣:《论公司法的性格——强行法抑或任意法?》,载《中国法学》2001年第1期。

契约机制无法实现的空间内发挥其特定的作用，才具有存在的正当性。除此之外，由授权性规范、补充性规范所组成的任意性规范，才是公司法规范的主要内容。因此，作为公司契约标准条款的公司制度，应进一步限缩其强制性规范的比例，释放股东自治的应有空间。

其二，鼓励公司股东之间在法律授权的范围内缔结书面契约（如发起人协议、股东协议等），对股东之间的权利、义务作出自治性的安排。我国在2005年修订《公司法》时，采纳了学界、业界关于扩大公司自治的意见。在涉及股东权利的具体法律条款安排上，《公司法》多以公司宪章——公司章程有权作出另行约定的方式，授权公司股东灵活设定彼此之间的权利、义务关系。应当说，相对于1993年《公司法》，2005年修订的《公司法》，对公司自治空间的确扩大不少。但是，我们也应当意识到，除了设立时的初始章程需股东一致同意外，其后的章程修正案是按照资本多数决规则进行修改的。这就为控制股东利用控制权修改公司章程、侵害其他股东利益提供了制度上的便利。故而，公司制度应当更多地鼓励股东之间以缔结书面契约的方式，对他们之间的权利、义务关系进行明确的约定。当然，缔结契约会增加股东的时间成本与机会成本，但是，股东缔结契约的好处也是显而易见的：股东可以基于该契约而形成较为稳定的合理预期，在其权益受到侵害时，亦可便利地实现自身的利益救济。

其三，合理借鉴英、美国家判例法中的方法，逐步扩大股东契约的种类。在第一章中，本书已对公司契约理论的观点——公司契约中正式契约与非正式契约的形式进行了梳理：规范公司的各种法律、法规（公司法、证券法、企业破产法）以及股东之间的各种契约（公司章程、股东书面契约、发起人协议）均属正式契约；而由长期历史演化而成的社会文化、商事习惯（口头承诺、默契、共识）等行为规范，尽管未在契约中写明，却可以规范人们的行为，因而成为非正式契约。[1] 美、英两国法院判例法正是自觉或不自觉地运用股东之间所形成的默契、共识等作为非正式契约中的条款，从而扩大对股东权益的

〔1〕 参见张维迎：《理解公司——产权、激励与治理》，上海人民出版社2014年版，第288～289页。

保护范围。因此,我国法院欲承认股东之间的非正式契约,其法律渊源,可援引我国《民法典》中第10条的规定。[1] 通过承认商业习惯的方式,确认股东之间的非正式契约。原因在于,根据民、商法之间一般法与特别法的关系,在商法没有作出明确规定的情形下,可以适用《民法典》中的一般条款:《民法典》中的"习惯"既可以理解为一般的民事风俗习惯,也可以理解为商业上的惯例。这样,法院在处理股东之间的利益纠纷时,就可以依照《民法典》第10条的规定,通过确认以默契、共识为表现形式的商事习惯,来扩大对股东利益的保护范围。

同时,鉴于美国、英国法院均系通过判例的方式,逐步演化出股东压迫行为、不公平损害行为的司法裁判标准。这就启发我们,在引入股东合理期待落空标准时,亦可通过指导性案例的方式,及时引导各级法院从承认书面正式契约的效力,逐步拓展至承认股东之间以默契和共识形式存在的非正式契约的效力。当然,这将是一个持续不断的探索过程。

第三节 改进股东固有权的权利救济机制

除了需要确立股东固有权设定的自治导向、提升股东固有权的司法救济功效外,我国股东固有权的理论完善,还涉及股东权益救济措施改进。因为,在股东合理期待遭到损害时,能否制止多数股东的滥权行为、维护其合理期待的顺利实现,或者能否提供适当的救济措施,使少数股东免受持续性股东压制,均与股东权利的司法救济措施是否适当紧密相关。这就需要在完善我国法定股东救济措施功能的同时,合理借鉴英、美公司制度中的司法救济措施。

一、完善我国法定股东司法救济措施的功能

前文已述及,尽管我国公司制度也规定了四种法定救济措施:为或不为

[1] 我国《民法典》第10条规定,处理民事纠纷,法律没有相关规定的,可以适用习惯,但不得违背公序良俗。

一定行为,股东会决议无效、可撤销、不存在,赔偿损失以及解散公司。但整体而言,法定救济措施或存在自身的局限性,或存在救济功能定位上的偏离,致使股东权益受损后难以获得相应的保护,特别是在人合性基础丧失、少数股东遭受持续性压迫时的合理诉求。这就需要通过《公司法》修订或司法解释,改善现有救济措施的功效,为(少数)股东提供适当的救济措施。在现有的立法体系下,能够改进的司法救济措施主要包括:扩大异议股东股份回购请求权的司法适用范围,赋予司法解散公司以股东权益救济功能。

(一)改进异议股东股份回购请求权的司法适用

前文已述及,根据我国《公司法》第 74 条、第 142 条第 1 款分别对有限公司、股份公司的异议股东股份回购请求权作出了相应的规定。这些规定虽然解决了异议股东股份回购请求权从无到有的问题,但仍存在不少缺憾——适用情形回避了公司的基础性交易或重大交易,在适用情形的设置上存在诸多不合理之处,致使适用范围过于狭窄;程序上缺乏可操作性,特别是缺乏股份收购合理价格的确定方法。正如学者考证的那样,异议股东股份回购请求权的立法初衷是,当公司涉及根本变化时,权益(将)会受到影响的少数股东,可以请求公司以公平价格收购其股份的方式退出公司。[1] 故而,该权利的适用范围亦应围绕制度设立的初衷,并结合我国公司立法的规定进行改进。

1. 合理设定适用情形以拓宽其司法适用范围

第一种适用情形为公司的重大收购与兼并。这里的收购与兼并涉及公司股份变动的重大交易或换股计划。之所以作出如此限定,是因为只有在公司股份结构发生根本性变化时(如因公司并购而导致的公司控制权转移),才可能对股东在公司中的比例性权益产生深刻影响,少数股东提出异议、申请退出公司才具有正当性。显然,我国《公司法》将合并、分立作为适用该请求权的情形之一,显得过于宽泛。此种泛化的规定虽然有利于少数股东及时退出公司,但是将异议股东股份回购请求权的诉求对象扩大至不同意公司合

〔1〕 参见邓峰:《普通公司法》,中国人民大学出版社 2009 年版,第 330 页。

并、分立的股东,势必会增加股东的“同意成本”,阻碍公司合并、分立的进行。[1] 同时,过于宽泛的适用条件还会使公司的股份结构经常处于变动不居的状态。这些情形均会损及公司的经营效率。所以,未来的公司立法需对合并、分立的范围进行合理限缩,即当公司出现重大收购与兼并时,异议股东才能提出股份回购请求权。

第二种适用情形为公司的重大资产出售。公司重大资产是指公司拥有或控制的、能够为其带来经济利益的主要资源。显然,它对于公司的持续经营与营利预期具有决定性意义。故而,当公司基于某种理由,如拓展新的经营领域、实现战略转型而出售其全部或重大资产时,往往意味着公司的未来经营与营利预期充满了巨大的不确定性。股东的权益可能会因此而受到严重的影响。因此,为使股东权益不会因此而受损或可能受损,公司制度需要将公司重大资产出售作为股份回购的适用情形加以规定。我国《公司法》第74条第1款第2项中亦有相关的制度安排。但是,转让主要财产的规定与公司合并、分立并列,容易在适用过程中产生歧义——是符合三者中任何一项条件即可申请股份回购,还是需要同时满足合并与转让主要财产,或者同时满足分立与转让主要财产,才可申请股份回购。此种理解上的分歧,显然无法通过文义解释、体系解释就能轻易得出结论。故而,笔者认为在《公司法》修订时,宜将转让主要财产作为单独的适用情形加以规定。

第三种适用情形为对股东权利产生实质性影响的章程修改。在公司契约论的视角下,公司章程亦被视为公司契约。为了扩大公司自治,我国《公司法》在多处以“公司章程另有约定的除外”的方式,授权公司结合实际情况对自身组织结构,股东权利、义务等事项作出个性化的安排。但是,此种自治性安排亦存在缺陷,即除公司初始章程外,后续的章程修订均受到资本多数决的支配。这也就为多数股东滥用权利、损害少数股东利益打开了方便之门。在国内的公司实践中,多数股东往往通过章程的修订,对少数股东实施股东压迫。这也正是以美国为代表的西方发达资本主义国家,将公司章程修订作

---

〔1〕 参见邓峰:《普通公司法》,中国人民大学出版社2009年版,第381页。

为异议股东股份回购请求权适用情形的原因所在。为减少资本多数决对少数股东的侵害、强化对其合理期待的保护,我国在未来的公司制度修订过程中,有必要将影响股东权利的公司章程重大修改作为该项权利的适用情形。

同时,为了充分发挥异议股东股份回购请求权制度的功能,防止或减少公司少数股东可能会遭受的压迫,未来修订公司制度时可授权公司章程或者允许股东之间以书面契约的方式对股东有权行使股份回购请求权的其他情形作出个性化安排,从而使股东契约这种股东之间的“自治性”条款,能够对公司立法的“标准条款”起到良好的补充作用。

2. 明确股份回购的“公平价格”确定方法

在异议股东股份回购请求权的适用过程中,价格的确定方法对异议股东而言意义十分重大。因为,以不公平的价格回购股东的股份,在本质上仍是对其利益的损害。同时,在封闭式公司中,异议股东之股份价格的确定不像上市公司的股票那样,可以按照市场竞价的方式确定回购价格。故而,有必要专门对其进行讨论。

价格确定模式是影响“公平价格”的首要因素。根据学者的总结,目前股份价格的确定主要有三种立法模式:其一,协商确定价格模式。在该模式下,股东之间、股东与公司之间可以本着契约自治的原则,对异议股东股份之价格进行协商。[1] 其二,会计专家确定价格模式。当股东与公司未能就回购价格达成一致时,则由会计专家评估的价格为回购价格。韩国采用此种立法模式。[2] 其三,法院确定价格模式。该种模式系确定股份回购价格的最后通道,故而,多数国家公司制度规定,当无法通过协商等方式确定回购价格的,则由法院最终确定异议股东之股份价格。[3]

三种回购价格的确定模式各有优缺点:协商确定价格的模式有利于公司与股东之间或者股东之间的契约自治,节约司法资源。但是,在非公开上市

---

〔1〕 参见蒋大兴:《公司法的展开与评判:方法·判例·制度》,法律出版社2001年版,第781页。

〔2〕 准确地说,韩国关于异议股东股权收购价格的确定程序亦是一种复合式的立法模式,因为《韩国商法典》对协商模式、会计专家评估模式、法院决定模式均作出规定。参见[韩]李哲松:《韩国公司法》,吴日焕译,中国政法大学出版社2000年版,第409~410页。

〔3〕 参见蒋大兴:《公司法的展开与评判:方法·判例·制度》,法律出版社2001年版,第784页。

的公司中,由于缺乏较为客观的股份价格参考标准,各当事方之间往往难以就该价格达成一致意见。在会计专家确定价格的模式下,由于其具有会计方面的专业知识与技能,由其确定回购股份的价格具有一定的专业性。但是,如果会计专家的选择程序不够公开透明,在价格确定上往往会有失公平。而由法院确定价格的模式虽然具有权威性,但是法官往往不具有财务方面的专业知识与技能。因此,在现实的公司实践中,法院在审理此类纠纷时,会委托专门的资产评估机构对股份价格作出鉴定。这样一来,所谓的法院确定模式实际上又变成了会计专家确定价格模式。

正是基于此种原因,美国、日本、韩国、加拿大均采用混合模式确定回购股份的价格。2005 年修订的《日本公司法》第 117 条规定,股东与公司之间自决议生效后 30 日内未能达成股份价格协议的,则在期限届满后 30 日内,股东或公司可向法院申请决定价格。[1] 《韩国商法典》亦采用了混合模式,即在价格协商不成时,可聘请会计专家评估,对其评估价格有异议的,则可依照程序请求法院决定。我国《公司法》第 74 条第 2 款亦对有限公司股份回购作出程序性规定:公司与股东无法达成回购协议的,自决议通过法定期限内向法院提出诉请。而回购协议的达成,就意味着双方在股份价格上达成了一致意见。从文义解释的角度来看,我国采用的是协商确定价格与司法确定价格的混合模式。整体而言,混合模式在一定程度上能够克服单项模式的不足,在为异议股东之股份的公平价格的确定奠定良好的程序基础。

具体评估标准是影响"公平价格"的另一个重要因素。无论采用协商模式、会计专家评估模式、法院决定模式,抑或这些模式组合后的混合,它们均面临同一个问题,即采用何种标准确定回购股份价格。事实上,当各当事方对评估价格或者价格确定标准产生争议时,法院的司法评估就成为股份回购价格的最终确定者。所以对司法评估的具体标准进行考察显得尤为必要。[2] 故而,有必要对司法评估的具体标准展开分析。

---

〔1〕 参见王保树主编:《最新日本公司法》,于敏、杨东译,法律出版社 2006 年版,第 103 页。

〔2〕 参见蒋大兴:《公司法的展开与评判:方法 · 判例 · 制度》,法律出版社 2001 年版,第 783 ~ 788 页。

关于收购股份价格司法评估的具体标准,美国、英国公司制度中均有相关规定。例如,《美国商业公司法(修订版)》对何为公平价值作出了原则性的说明。根据该法第13.01条的规定,公平价值是指在异议股东反对公司决议实施之前的、依照类似交易习惯及通行的估值理念与方法所确定的价值。[1] 显然,该定义仅仅对如何进行公平的价值评估标准作出了方向性的指引,它与其说是一种确定股份价格的标准,倒不如说是一种如何确定股份价格的方法。事实上,在20世纪80年代前,美国法院在实践中常常适用"特拉华板块法"作为司法评估的具体标准。该方法常为公司制度较发达的特拉华州所采用,故而得名。按照该方法,法院通常按照市场价值法、资产价值法以及收益价值法等估价方法估算出各自价格的不同加权的平均值作为收购股份的公平价值。[2] 由于此方法是以不同价格确定不同加权的平均值来确定被评估股份的价值,所以在某种程度上具有合理性。这也是"特拉华板块法"受到青睐的原因所在。

但是,该方法也并非完美。因为在实际操作过程中,作为"特拉华板块法"组成部分的市场价值法、资产价值法以及收益价值法均存有不足:市场价值法只在存有稳定的股票市场时才具有参考意义,但收购股份发生在封闭式公司中时,该方法难以发挥作用;资产价值法是公司全部财产扣除全部债务后的余数经股份换算后得出收购股份的价值,但是,公司财产的范围如何确定存在很大争议;收益价值法是将公司未来若干年的收益经股份换算后得出收购股份的价值,若干年以多少年为宜,仍无定论。显然,这些价值评估方法自身的不足,以及法院较为主观地赋予不同评估方法的不同加权,使"特拉华板块法"估算的结论存在不确定性,因此该方法在实践中受到越来越多的质疑。

在此背景下,特拉华州最高法院通过 Weinberger v. UOP 一案适时对此种方法进行了修正。在该案中法官认为,"特拉华板块法"不再是唯一的估

---

[1] 参见虞政平编译:《美国公司法规精选》,商务印书馆2004年版,第111页。

[2] 参见蒋大兴:《公司法的展开与评判:方法·判例·制度》,法律出版社2001年版,第789~792页。

算方法，法院在对收购股份进行估算时，应更多地考量公司的未来价值。[1] 此案以后，现金流折算法，即在预测公司未来所能产生的自由现金流的基础上以适当的折现率加以折现，然后将折现值相加得出公司的合理价值，由此便得出收购股份的价值，因其合理地考量了公司的预期收益且富有可操作性，逐步获得美国法院的青睐。[2]

英国法院在司法实践中确定股份价格的方法亦有借鉴意义。英国普通法的原则是，公司对股东所发出的公平价格应先由独立评估者所作出的评估报告而形成，然后按照股份比例确定。霍夫曼法官则在此原则的基础上，对何为公平价格购买股东股份的要旨作出阐述：该出价是以公平价格购买股东的股份；股份价格如非由双方协商确定，则需由具有胜任能力的专家确定；由专家对出价进行确认并不意味着耗费巨大成本来聘请专家，而应本着节约的原则来确定；在价格作出的过程中，股东的知情权应得到保障以使其拥有同等的议价能力。[3] 通过对美国、英国公司制度中对公平价格/价值的确定过程可知，在确定程序上，两国公司制度均强调股东与公司之间的协商，只有在协商未果的情形下，方可申请司法介入；在确定方法上，美国法院更注重具体估值方法的探索，而英国法院则倚重独立的专家的评估意见。

在我国，《公司法》及相关司法解释均未对异议股东股份回购请求权中的股份价格评估的确定方法作出明确规定。《公司法》第 74 条仅规定，双方可事先对股份转让的价格进行协商确定。股东与公司无法就股份收购达成协议的，股东可在法定的期限内提起诉讼。但是在公司实践中出现的情况是，少数股东提出的价格与公司愿意支付的价格差别较大。[4] 所以，转让股份价格的评估就成为法院需完成的工作。在实际操作中，法院往往委托中介

[1] 参见唐玉梅：《论异议股东股份回购请求权》，西南政法大学 2010 年硕士学位论文，第 18 ~ 20 页。

[2] 参见吴敏：《异议股东回购请求权若干问题探讨》，载《知识经济》2010 年第 7 期。

[3] 参见林少伟：《英国现代公司法》，中国法制出版社 2015 年版，第 276 ~ 277 页。

[4] 参见邓峰：《普通公司法》，中国人民大学出版社 2009 年版，第 381 页。

机构对价格进行评估，中介机构所适用的股份收购定价规则就是“净资产标准”。[1] 的确，净资产标准具有简单明了、便于操作的优点，但同样不可否认的是，该标准仅仅将股东所持股份对应的净资产额的价值作为股份的价格，而未能考虑公司未来的发展前景、竞争优势等因素，可能会造成股份评估价格偏低，对于准备退出公司的（少数）股东而言，并不公平。

所以，我国《公司法》在未来的修订过程中，不妨本着扬弃的立场借鉴美国实践中较为通行的“现金流折算法”合理的成分，通过立法明确具体的评估标准，并在司法实践的基础上不断对其进行调整，最终形成符合我国国情的股份价格评估方法。

（二）将股份购买确立为法定的司法救济措施

改进异议股东股份回购请求权的司法适用，有利于少数股东通过自主的方式，及时转让股份、退出公司，避免其权益发生损害。但不可否认的是，该制度的适用需具备法定的条件——只有在特定情形下股东才能提出异议、请求转让股份。这也就意味着，存在大量的、其他情形的因控制股东滥权行为而遭受损害的少数股东无法通过该制度及时退出公司。

少数股东之所以会遭受持续性股东压迫，就在于：封闭式公司的股份不存在一个可以公开交易的二级市场；公司立法或者公司章程往往会对公司股份的外部转让作出不同程度的限制。在此情形下，面临控制股东的各种滥权行为时，遭受欺压的少数股东维权不能、欲退不能，只能被动“挨打”。[2] 因此，欲有效解决封闭式公司中多数股东实施的持续性股东压制，需要通过特别的司法救济措施才可能实现。

事实上，面对控制股东的滥权行为，美国的公司制度提供了特别救济措施，其中运用最为广泛的便是股份购买。《美国封闭公司附加规定》第 42 条对股份购买作出了明确规定：当发现该附加规定第 41 条中规定的普通救济措施（将可能）不充分或不适当，法院可下达购买股份的命令，要求公司或者

---

〔1〕 参见蒋大兴：《私法自治与国家强制——闭锁性股权收购中的定价困境》，载《法制与社会发展》2005 年第 2 期。

〔2〕 参见李建伟：《公司法学》（第 4 版），中国人民大学出版社 2018 年版，第 250 页。

一个或多个公司股东以公平价格以及本条第2款确定的条件购买申请司法救济股东的全部股份。[1] 从中不难发现,该法条的本旨,就是通过公司立法,授权法院在出现普通的救济措施无法对权益受到侵害的(少数)股东提供有效的司法救济时,直接颁布购买股份的法令,少数股东则退出公司,不再遭受控制股东的持续性压迫,同时也可以及时收回相应投资。这样,通过股份购买这种特别救济措施,可以应对股东之间人合性破裂,少数股东遭受持续性压迫无法从公司全身而退的问题。

在英国,股份购买同样是一项法定的股东救济措施。《英国2006年公司法》第996条第2款规定了5种救济措施。其中第(e)项规定:法院可以颁布法令要求公司其他成员或公司自己购买任何成员的股份,并且如果是公司自己购买,据此减少公司资本。[2] 有学者对此评价道,由实施不公平损害行为的公司成员或公司本身购买该股东股份,一方面,可以让提出诉求的股东全身而退,不再陷于公司各种矛盾中难以脱身;另一方面,也可以使公司将精力集中于自身的投资经营,不再与异议股东纠缠不清。特别是在双方关系破裂、难以继续信任和合作时,一方退出,可谓是解决问题的最佳途径。[3]

无独有偶,大陆法系代表国家的德国,其公司制度没有授权法院在特定情形下颁布购买令的权力。但是,据德国著名公司法学者莱塞尔教授考证,在学界与业界的普遍观点是,股东可以参照《德国商法典》第140条(开除合伙人)的规定,基于重大事由退出公司,且此种退出可以股东声明的方式实现,而没有必要以诉讼的方式进行,公司在获得股东声明时,有权获得补偿权。[4]

通过英美法系、大陆法系代表国家的公司制度中的股份购买规定的俯瞰可知,美国、英国各自的公司制度均为股东提供多样化的司法救济措施,特别是将"股份购买"作为独立的法定的救济措施,以便于法院为公司(少数)股

---

[1] 参见虞政平编译:《美国公司法规精选》,商务印书馆2004年版,第165页。

[2] 参见《英国2006年公司法》,葛伟军译,法律出版社2008年版,第505~506页。

[3] 参见林少伟:《英国现代公司法》,中国法制出版社2015年版,第280页。

[4] 参见[德]托马斯·莱塞尔、[德]吕迪格·法伊尔:《德国资合公司法》(第6版)(下册),高旭军等译,法律出版社2019年版,第643~645页。

东遭受持续性压迫时提供合理的司法救济。德国则主要由法院参照援引《德国商法典》第133、140条,合伙人违反合伙协议实质性义务解散合伙时,法院可以不解散合伙组织而宣布将该合伙人开除的方式,让股东退出公司。

我国公司制度既不像美国、英国那样通过立法授权法院遇到特定情形时颁布购买令,也不像德国那样,以援引商法典的方式让股东退出公司。根据我国《公司法》的相关规定,把股东救济措施共分为四种,即为或不为一定行为,股东会决议的无效、可撤销与不成立,(仅赋予解决"公司僵局"功能的)解散公司,以及滥用股东权利所致的赔偿损失。这些救济措施虽各有其自身特点,但它们均无法彻底解决封闭式公司股东之间的人合性基础彻底丧失、少数股东遭受持续性压迫时的合理诉求。

正是意识到了现行司法救济措施的不足,最高人民法院及时总结审判经验,在《公司法解释(五)》第5条中明确规定,在涉及有限公司股东重大分歧案件时,应当注重法院调解,可通过股东回购、其他股东或第三人受让、公司分立或减资以及其他能够恢复公司正常营业的方式,解决分歧。应当说,《公司法解释(五)》规定的股东利益冲突解决方案,确实是在现有立法框架内的一种针对性的制度安排。它有利于解决股东之间的利益冲突,使少数股东权益能够得到相应的保护。但是,该条款也存在局限性,即其在适用过程中,法院可以主持调解,以促进当事方之间对股份购买达成一致,但无法像美国、英国法院那样,只要法官认为其他救济措施不足以保护少数股东的权益,则可依法直接下达购买令,强制公司或其他股东购买提起诉请股东的股份。换句话说,该条款能否应用将取决于当事人之间能否达成股份购买的一致协议。

不难想象,在现实的公司实践中,股东之间正是因为存在利益冲突、人合性破裂才诉至法院的,彼此之间积怨颇深。在此情形下,法院主持调解、促成各方达成股份购买的一致协议的概率不会太高。这也就意味着该条款的适用不具有普遍性意义。作为一种趋势,司法不干预公司事务原则在现代社会已被摒弃,司法在介入公司事务、改善公司治理中扮演着更为积极的角色。[1]

总之,欲摆脱现行司法救济措施不敷适用的窘境,解决人合性基础丧失、少数股东遭受持续性股东压制的最直接、有效的应对方法是,在未来的《公司法》修订中,直接将股份购买作为一项独立的司法救济措施。

二、合理引入美、英公司制度中的司法救济措施

改进股东固有权的权利救济措施,除了改进我国现行法定股东救济措施的功效外,尚需合理引入英、美公司制度中的司法救济措施。此种引入,既包括赋予司法解散公司以股东权益救济功能,还包括合理引入概括性授权的救济措施,以应对特殊情形下法定救济措施不敷适用的尴尬处境。

(一)赋予司法解散公司以股东权益救济功能

司法解散公司系我国《公司法》第182条明确规定的一项独立的司法救济措施。由于该救济措施的效果是从法律上彻底消灭公司的法人格,对公司各当事方利益影响巨大,故而立法规定了较为严格的适用要件——经营管理发生严重困难,继续存续会使个人利益受到重大损失;通过其他途径不能解决该困难。根据《公司法解释(二)》第1条的规定,最高人民法院将该救济措施适用于解决三种情形下的"公司僵局":持续两年无法召开股东(大)会、持续两年无法形成股东(大)会决议、公司董事长期冲突无法通过股东(大)会解决,致使公司经营管理发生严重困难。

应当说,"公司僵局"在公司实践中确实不乏实例。例如,公司各股东持股比例十分均衡(如公司仅有两名股东,各自持股50%),股东之间分歧很大,无法形成有效的股东会决议。又如,一部分股东利用持股优势而实际掌控股东会,另一部分股东因担任执行董事或法定代表人实际掌控公司的实际运行,后者拒不执行股东会的决议。[2] 在此种情形下,股东各方势均力敌、互

---

〔1〕 参见杨靖、张敏:《股东之间利益冲突与退出公司机制的反思》,载《法律适用》2012年第2期。

〔2〕 参见杨靖、张敏:《股东之间利益冲突与退出公司机制的反思》,载《法律适用》2012年第2期。

不退让,彼此间激烈的利益冲突与权力争斗当然会造成公司经营管理无法正常开展。故而,法院通过司法解散公司的方式来解决这些公司僵局无疑是妥当的。但是,仅仅将司法解散公司的功能定位于破解公司僵局,却未免有失偏颇。正如本书引论部分所述及的那样,我国大多数公司股权结构均较为集中。因此,持有较多股份的多数股东与持有较少股份的少数股东所组成的公司,才是我国大多数公司的常态。这也就意味着,控制股东与少数股东之间的冲突——控制股东滥用权利损害少数股东权益,特别是人合性基础丧失后,对少数股东形成的持续性股东压制才是司法救济措施需要着力应对的核心问题。

显然,《公司法解释(二)》在该项救济措施的功能定位上,与其制度初衷发生了偏离,因此受到了学者的批判:"经营管理困难"重在"管理困难",其实质指向公司治理的严重障碍。从逻辑分类看,公司治理严重障碍不仅包括股东之间的"对峙"即公司僵局,还包括多数股东的"暴政"即股东压制。《公司法解释(二)》第1条第1款的具体列举,则从解释论上断然排除了对《公司法》第182条进行更大想象力的扩张解释的可能性,也就彻底排除了(少数)股东以股东权受侵害为由而提起解散之诉的路径。[1] 本书赞同该学者的观点,亦认为就司法解散公司的本旨而言,其应具有解决股东压迫的司法救济功能。这一点,可以从美、英两国司法解散公司制度的立法例中得到证实。

在美国,根据《美国封闭公司附加规定》第42条第1款规定,如果出现下列两种情形,法院有权解散公司:其一,依据《美国商业公司法(修订版)》第14.30条的规定,存在一个或多个将公司解散的根据;其二,根据本附加规定第41、42条规定的所有法院可提供的其他救济措施均无法解决争议。[2] 易言之,在美国成文公司法中,司法解散公司的适用情形,不仅包括公司僵局,

---

〔1〕 参见李建伟:《司法解散公司事由的实证研究》,载《法学研究》2017年第4期。

〔2〕 《美国商业公司法(修订版)》第14.30条第2款的相关规定为:公司陷入股东无法打破的僵局,公司可能遭受或正在遭受无法弥补的损害,或公司商业与事务亦无法再为股东的整体利益而进行;董事或公司的控制者已经或者将会以非法的、压制或欺诈的方式行事;公司股东在行使投票权方面已陷入僵局,且至少两次连续的股东年会期限内,未能为任期届满的董事选出继任者。《美国封闭公司附加规定》第41条规定了从公司、股东、董事、经理的行为无效,到赔偿受损方损失等共8项救济方式。第42条规定了两种特别救济措施,即股份购买、解散公司。参见虞政平编译:《美国公司法规精选》,商务印书馆2004年版,第132~166页。

而且包括公司股东、董事所实施的非法的、压迫与欺诈的行为；同时，当其他救济措施无法解决股东之间的争议时，法院亦可判令解散公司。显然，美国公司制度不仅赋予司法解散公司以破解公司僵局的功能，还赋予其（少数）股东免遭压迫或可能遭受压迫之司法救济功能。

正如本书第四章所述，英国公司制度亦赋予司法解散以股东压制救济功能。美、英两国之所以作出相似的规定，其根本原因就在于，赋予其股东压制的司法救济功能，以便于（少数）股东通过公司解散的方式退出公司或者以退出公司的权利为法律武器，促使（多数）其他股东购买少数股东的股份。

我国公司在股权结构上均较为集中，因此，在股东之间的人合性基础丧失后，具有持股优势的控制股东所实施的股东压制行为比在持股较为均衡条件下所形成的公司僵局更为常见。因此，应通过重新解读第 182 条中“经营管理困难”内涵的方式，赋予司法解散公司以压迫行为救济功能，这不但有益于该项制度回归其应有的本旨，且有益于贴近我国公司实践的现实，使（少数）股东免于遭受正在发生的或者潜在的股东压制。

（二）借鉴美、英公司制度之概括性救济措施

随着公司经营管理日益复杂多变，资本多数决规则引致的控制股东与少数股东之间的利益冲突亦呈现复杂性、隐蔽性特征。基于此，美、英两国公司制度授权法院以概括性救济措施的方式，灵活地为利益受到损害的少数股东提供富有个性化的救济。此种立法趋势亦值得我国在《公司法》修订过程中进行关注。

为了进一步提高（少数）股东获得司法救济的可能性，美国各州的公司制度采用了不同的方法来丰富股东压制行为救济措施。其中部分州采用了修订制定法的方式来容纳更多的救济方式，而部分州的法院则借助“衡平法”的力量来解决法定救济措施的不足。[1] 例如，新泽西州的制定法就明确规定，除解散公司之外，法院还可以给予（少数）股东包括指定公司看守人

---

〔1〕 参见楼秋然：《〈公司法〉第 20 条中“滥用股东权利”规定的理论与实践》，载《西部法学评论》2016 年第 3 期。

(costodian)、临时董事、出售公司股份在内的救济方式。[1] 明尼苏达州的制定法则更进一步规定,其允许法院提供任何正当且合适的救济方式。[2] 此外,为解决成文法救济措施不敷适用的问题,部分州最高法院通过衡平法,授权法院提供成文法以外的司法救济措施。如西弗吉尼亚州最高上诉法院即认为,法院具有衡平法上的权力去提供制定法没有规定的救济方式。[3] 在英国,2006 年修订《英国公司法》第 946 条第 1 款以成文法的方式,同样为(少数)股东救济提供具有概括性的救济措施:如果法院认为本部分之下的诉状有合理理由,其可以颁布其认为合适的法令,对于被诉称事项予以救济。[4] 这就意味着,至少在理论上为了实现对利益受损的少数股东的合理保护,英国公司法授权法院颁布任何其认为合适的救济措施。

美国各州以及英国公司制度之所以赋予法院此等概括性权利,是因为方便法院结合案情事实,为(少数)股东提供更加灵活、便捷的司法救济。例如,当公司少数股东遭受压制、向法院提起诉讼时,为避免其与控制股东发生更多的利益冲突,法院可在受理案件时先向公司派驻临时董事的方式,接管公司的经营管理。通过案件审理,法院可根据具体案情,向公司控制股东下达股份购买令,以最终解决股东之间的纷争。显然,这种法定救济措施与概括性救济措施的灵活性搭配适用,更能够满足差别化的股东的权益保护需求。

我国《公司法》第 20 条第 1 款"公司股东不得滥用权利损害其他股东利益"作为(少数)股东保护的兜底性条款。因此,该条第 2 款规定的滥用权利应依法承担"赔偿责任",可视为法定的兜底性救济措施。应当说,在各类股东利益纠纷中,(少数)股东受到侵害后,部分能通过赔偿损失的方式得到解决。但是,也有一些股东纠纷案件难以通过此种方式获得解决。例如,公司

---

〔1〕 See Barry F. Gartenberg, *The New Jersey Revised Uniform Limited Liability Company Act's Oppression and Deadlock Remedy*, Oct New Jersey Lawyer 290(2014).

〔2〕 Minn. Stat. A § 302A. 751, subdiv 1 (2004).

〔3〕 Masinter v. Webco Co., 262 S. E. 2d 433, 439 (W. Va. 1980).

〔4〕 参见《英国 2006 年公司法》,葛伟军译,法律出版社 2008 年版,第 623 页。

章程约定,股东以薪资的方式分配盈利。控制股东利用资本多数决原则,通过股东会决议免除了少数股东的董事职务,同时停止支付相应的职务报酬。此时,即便控制股东的行为被法院认定为滥用权利,对少数股东损失的确定十分棘手——在其被迫离任后,由于已经不存在与薪资相对应的劳务(职务管理)付出,其损失数额或者赔偿标准如何确定,将变得困难重重。由此可见,"赔偿损失"难以承担起兜底性救济措施应有的功能。也正因如此,《美国封闭公司附加规定》才在普通救济措施的基础上,额外增加了股份购买与解散公司两项特别司法救济措施。

除了前文述及的增加及改进相应司法救济措施外,还有研究者认为,为满足资本多数决滥用引致股东权益纠纷案件的个性化需求,我国《公司法》应当增设"兜底"的救济措施,即允许法院采用任何正当且合比例的救济方式。[1] 笔者认为,该研究者的观点富有建设性。但是,鉴于我国长期以来奉行大陆法系的成文法传统,过于宽泛的立法授权可能会造成法院由当前对公司内部自治的干预过度克制,转变为对公司内部事务肆意干涉。相较而言,以下思路可能更为可行。

首先,以集中立法方式明确列举法定的司法救济措施。除了股东(大)会决议无效、可撤销、不存在,要求公司或股东为或不为一定行为,赔偿损失,解散公司四类救济措施外,增加"股份购买"为一项独立的救济措施。其次,以概括性授权的方式赋予法院采用合适、必要的其他救济措施,对诉称的事项进行救济。鉴于我国已经拥有通过最高人民法院相关司法解释以及颁布指导性案例的方式,指导地方各级法院正确理解、适用相关法律条款的良好惯例,故而,为了规范法院正确适用这些概括性条款,可先通过最高人民法院颁布的指导性案例对概括性司法救济措施的类型进行总结,然后以最高人民法院公司法司法解释的方式,对救济措施的具体类型不断进行明确。这样,我国的司法救济措施体系会逐步完备起来。

---

〔1〕 参见楼秋然:《〈公司法〉第20条中"滥用股东权利"规定的理论与实践》,载《西部法学评论》2016年第3期。

总之,股东固有权理论的完善,需要在理念上秉承公司股东的自治导向,鼓励股东之间对其权利、义务作出自治安排;在股东未能缔约或者虽然缔结契约但相关条款不够完备时,立法可以为他们提供制定合理契约的“标准条款”,以便于其选择适用。同时,通过改进股东权利救济机制,为权益受到损害的(少数)提供便捷、有效的司法保护。这样股东基于公司契约而形成的合理期待——股东固有权,在很大程度上就能够得到实现。

余　论

自 1843 年英国 Foss v. Harbottle 一案确立多数决规则以来,其在提高公司重大事项决策效率、增进公司整体利益的同时,也为控制股东滥用多数决的支配地位,压制、排挤少数股东大开方便之门。[1] 从此以后,加强对公司少数股东的保护与救济,降低控制股东对少数股东的代理成本,维持公司股东之间的整体利益平衡,就成为各国公司法学界与实务界孜孜以求的共同目标。

在我国,2005 年修订后的《公司法》以及最高人民法院关于公司法司法解释在大体上确立了现行的少数股东保护的整体框架,即以股东(大)会决议无效、可撤销、不成立为主,以为或不为一定行为、异议股东股份回购请求权、司法解散公司等为辅,以不得滥用权利损害公司或其他股东利益的赔偿责任为兜底条款的救济体系。但是由于法院以是否违反现行相关法律制度、公司章程的规定作为是否滥用权利的具体判断标准,致使股东利益救济的范围过于狭窄。同时,我国《公司法》规定的异议股东股份回购请求权、司法解散公司亦存在不足,难以发挥其股东利益救济功能。

在这种立法及司法解释不敷适用、难以为股东利益提供周全救济与保护的情形下,不少法院在具体的裁判中,开始出现以股东固有权受到侵害、否定

[1] 参见朱慈蕴:《资本多数决原则与控制股东的诚信义务》,载《法学研究》2004 年第 4 期。

股东(大)会决议效力的方式,实现对少数股东救济的诸多案例。同时,浙江省高级人民法院亦出台公司法地方性司法解释,认为股东的股权为股东的固有权利。但与业界相比,学界对股东固有权的相关理论问题却缺乏应有的关注。基于此种情形,本书追根溯源地考察了美国股东固有权判例规则的形成,以公司契约论为方法论对股东固有权进行理论阐释,并在此基础上就股东固有权的权利性质、股东固有权的权利"标准类型"、股东固有权的权利救济机制以及我国股东固有权的完善建议展开了分析。通过对股东固有权这些问题的研究,笔者希望能就下述问题引发学界的更多争鸣与思考。

对股东固有权的性质——股东合理期待的正确理解,有助于拓宽股东利益的救济范围。按照公司契约论的观点,公司契约不但包括正式契约,也包括非正式契约。前者如作为契约"标准条款"的公司制度、股东协议、公司章程等;后者如股东之间基于商事惯例、股东之间的共识或默契等非书面的、但具有约束力的契约条款。而股东固有权正是基于这些正式契约或非正式契约产生的合理期待。因此,股东固有权的理论阐述在无形中就突破了我国现行公司制度将股东利益仅限于"法定"的狭隘空间(作为契约"标准条款"的公司制度),而是通过各种形式的契约,将股东利益扩大至股东的"意定"空间,为(少数)股东权益的司法救济提供了良好的理论支撑。

同时,公司制度本身作为公司契约的"标准条款",对股东合理期待的实现意义重大。因为公司制度条款,能够在股东之间未缔结契约或者缔结的契约不完备时,为股东提供"选入"条款或默示接受条款。所以,按照剩余索取权与剩余控制权两种类型,对股东权利进行比较法的考察与分析,可以引起学界的进一步思考与争鸣,为公司法制度条款的完善奠定良好的理论基础。此外,在公司契约的框架下,考察股东之间的权利、义务关系,有利于合理引入西方发达国家公司法的救济路径与裁判标准(股东固有权的本质——不受剥夺的股东合理期待,正是从英美判例法中的股东合理期待受到实质性挫败的裁判标准中归纳而来的)。具体而言,我国可以沿袭美国各州法院或者德国联邦最高法院的做法,将《民法典》第7条中的诚信原则援引至公司股东之间,确立我国公司制度中股东信义义务的股东利益救济的补充路径。那么,如何确定(控制)股东违反信义义务,或者说以何种标准来判断股东违反信义义务。笔者认为,在公司契约的方法论框架内,借鉴英、美判例法中以股东基于公司契约而产生的合理期待受到实质性挫败或落空为标准,可以较好地解决公司股东是否违反信义义务的问题。

需要说明的是,股东利益范围的确定以及信义义务的判断标准均需在公司契约的框架范围内进行分析。因此,对公司契约理论方法论理解的深度与广度决定了借鉴、运用这些制度与标准的程度。虽然我国公司法学界已在很大程度上接受信义义务规则,但由于公司契约理论所具备的理论缺乏积累,这些判例规则与裁判标准的引入、适用并发挥作用将会需要一定的时间。[1]

---

〔1〕 参见郭振杰、刘洪波:《经济分析法学方法论的贡献及局限》,载《现代法学》2005 年第 3 期。

参考文献

一、著作类

(一) 中文著作

1. 卞耀武主编:《法国公司法规范》,李萍译,法律出版社 1999 年版。

2. 蔡立东:《公司自治论》,北京大学出版社 2006 年版。

3.《德国商事公司法》,胡晓静、杨代雄译,法律出版社 2014 年版。

4. 邓峰:《代议制的公司》,北京大学出版社 2015 年版。

5. 邓峰:《普通公司法》,中国人民大学出版社 2009 年版

6.《法国公司法典》,罗结珍译,中国法制出版社 2007 年版。

7. 葛伟军:《英国公司法要义》,法律出版社 2014 年版。

8. 黄辉:《现代公司法比较研究——国际经验及对中国的启示》(第 2 版),清华大学出版社 2020 年版。

9. 蒋大兴:《公司法的展开与评判:方法 · 判例 · 制度》,法律出版社 2001 年版。

10. 李建伟:《公司法学》(第 4 版),中国人民大学出版社 2018 年版。

11. 李维安:《公司治理学》(第 3 版),高等教育出版社 2016 年版。

12. 梁慧星:《民法总论》(第 5 版),法律出版社 2017 年版。

13. 林少伟:《英国现代公司法》,中国法制出版社 2015 年版。

14. 刘俊海:《股份有限公司股东权的保护》(修订本),法律出版社 2004

年版。

15. 罗培新:《公司法的合同解释》,北京大学出版社 2004 年版。

16. 申卫星:《期待权基本理论研究》,中国人民大学出版社 2006 年版。

17. 施天涛:《公司法论》(第 4 版),法律出版社 2018 年版。

18. 唐清林、李舒主编:《公司法解释四裁判综述及诉讼指南》,中国法制出版社 2017 年版。

19. 王保树主编:《最新日本公司法》,于敏、杨东译,法律出版社 2006 年版。

20. 王军:《中国公司法》(第 2 版),高等教育出版社 2017 年版。

21. 徐化耿:《信义义务研究》,清华大学出版社 2021 年版。

22. 徐明、郁忠民主编:《证券市场若干法律问题研究》,上海社会科学院出版社 1997 年版。

23. 徐燕:《公司法原理》,法律出版社 1997 年版。

24.《英国 2006 年公司法》,葛伟军译,法律出版社 2008 年版。

25. 杨帧:《英美契约法论》,北京大学出版社 2007 年版。

26. 叶林:《公司法研究》,中国人民大学出版社 2008 年版。

27. 虞政平编译:《美国公司法规精选》,商务印书馆 2004 年版。

28. 袁庆明:《新制度经济学》,复旦大学出版社 2012 年版。

29. 张维迎:《博弈与社会》,北京大学出版社 2013 年版。

30. 张维迎:《经济学原理》,西北大学出版社 2015 年版。

31. 张维迎:《理解公司——产权、激励与治理》,上海人民出版社 2014 年版。

32. 张维迎:《企业的企业家——契约理论》,上海人民出版社 2015 年版。

33. 张学文:《有限责任公司股东压制问题研究》,法律出版社 2014 年版。

34. 赵旭东主编:《公司法学》(第 2 版),法律出版社 2006 年版。

35. 郑也夫:《信任论》,中国广播电视出版社 2006 年版。

36. 周雅荣:《美国法律辞典》,文汇出版社 2014 年版。

37. 朱锦清:《证券法学》(第 3 版),北京大学出版社 2011 年版。

38. 朱庆育:《民法总论》,北京大学出版社 2013 年版。

(二)中文译著

1. [奥]凯尔森:《法与国家的一般理论》,沈宗灵译,商务印书馆 2013 年版。

2. [德]迪特尔·梅迪库斯:《德国债法分论》,杜景林、卢谌译,法律出版社 2007 年版。

3. [德]尼克拉斯·卢曼:《信任》,翟铁鹏等译,上海人民出版社 2005 年版。

4. [德]托马斯·莱塞尔、[德]吕迪格·法伊尔:《德国资合公司法》(第 6 版),高旭军等译,上海人民出版社 2019 年版。

5. [法]伊夫·居荣:《法国商法》,罗结珍、赵海峰译,法律出版社 2004 年版。

6. [韩]李哲松:《韩国公司法》,吴日焕译,中国政法大学出版社 2000 年版。

7. [加]布莱恩 R·柴芬斯:《公司法:理论、结构和运作》,林华伟、魏旻译,法律出版社 2001 年版。

8. [马来]罗修章、王鸣峰:《公司法:权力与责任》,杨飞等译,法律出版社 2005 年版。

9. [美] A. L. 科宾:《科宾论合同》(上册),王卫国等译,中国大百科全书出版社 1997 年版。

10. [美]E. 博登海默:《法理学:法律哲学与法律方法》,邓正来译,中国政法大学出版社 2004 年版。

11. [美]Lan R. 麦克尼尔:《新社会契约论》,雷喜宁、潘勤译,中国政法大学出版社 2004 年版。

12. [美]阿道夫·A. 伯利、[美]加德纳·C. 米恩斯:《现代公司与私有财产》,甘华鸣、罗锐韧、蔡如海译,商务印书馆 2005 年版。

13. [美]本杰明·卡多左:《司法过程的性质》,苏力译,商务印书馆 1998 年版。

14. [美]弗兰克·伊斯特布鲁克、[美]丹尼尔·费希尔:《公司法的经济结构》,罗培新、张建伟译,北京大学出版社 2005 年版。

15. [美]亨利·汉斯曼:《企业所有权论》,于静译,中国政法大学出版社 2001 年版。

16. [美]莱纳·克拉克曼、[美]亨利·汉斯曼:《公司法剖析:比较与功能的视角》,罗培新译,法律出版社 2012 年版。

17. [美]罗伯特·C. 克拉克:《公司法则》,胡平等译,工商出版社 1999 年版。

18. [美]罗伯特·W. 汉密尔顿:《公司法概要》,李存捧译,中国社会科学出版社 1999 年版。

19. [美]罗纳德·H. 科斯:《企业、市场与法律》,盛洪、陈郁译校,格致出版社 2014 年版。

20. [美]乔迪·S. 克劳斯、[美]史蒂文·D. 沃特:《公司法和商法的法理基础》,金海军译,北京大学出版社 2005 年版。

21. [美]乔万尼·萨托利:《民主新论》,冯克利、阎克文等译,东方出版社 1993 年版。

22. [美]斯蒂芬·M. 贝恩布里奇:《理论与实践中的新公司治理模式》,赵渊译,法律出版社 2012 年版。

23. [美]亚当·斯密:《国民财富的性质与原因的研究》,郭大力、王亚南译,商务印书馆 1972 年版。

24. [葡]路易斯·科雷拉·达·席尔瓦等:《股利政策与公司治理》,罗培新译,北京大学出版社 2008 年版。

25. [日]高桥英治:《企业集团与少数股东的保护》,崔文玉译,法律出版社 2014 年版。

26. [日]近藤光男:《最新日本公司法》(第 7 版),梁爽译,法律出版社 2016 年版。

27. [日]铃木竹雄、[日]竹内昭夫:《会社法》,有斐阁 1981 年版。

28. [英]艾丽斯·费伦、[马来]何禄赞:《公司金融法律原理》,罗培新、沈志韬译,北京大学出版社2021年版。

29.[英]保罗·戴维斯、[英]莎拉·沃辛顿:《现代公司法原理》(第9版),罗培新等译,法律出版社2016年版。

30.[英]保罗·戴维斯:《英国公司法精要》,樊云慧译,法律出版社2007年版。

31.[英]丹尼斯·吉南:《公司法》,朱羿锟等译,法律出版社2005年版。

32.[英]弗里德里希·奥古斯特·冯·哈耶克:《自由宪章》,杨玉生、冯兴元、陈茅等译,中国社会科学出版社2012年版。

33.[英]弗里德利希·冯·哈耶克:《法律、立法与自由》,邓正来、张守东、李静冰译,中国大百科全书出版社2000年版。

34.[英]罗纳德·拉尔夫·费尔摩里:《现代公司法之历史渊源》,虞政平译,法律出版社2004年版。

(三)外文著作

1. Bryan A. Garner, *Black's Law Dictionary* (*Editor in Chief*), West Publing Co., 1999.

2. Hodge O'Neal, *Squeeze-outs of Minority Shareholders: Expulsion or Oppression of Business Associates*, Callaghan & Co., 1975.

3. Julian Maitland-Walker, *European Company Law*, Sweet Maxwell Limited, 1997.

4. L. S. Sealy, *Cases and Material in Company Law*, 7th ed., Butterworths, 2001.

5. Mayson Stephen W., *French Derek and Ryan Christopher Mayson, French & Ryan on Company Law*, 26th ed., Oxford University Press, 2009.

6. Paul Davies, *Gower and Davies' Principles of Modern Company Law*, Sweet & Maxwell, 2008.

7. Paul Redmond, *Companies and Securities Law: Commentary and Materials*, 4th ed., Law Book Co. 2005.

8. Sealy Len & Worthington Sarah, *Sealy's Cases Materials in Company*

Law, 9th ed. , Oxford University Press, 2010.

二、论文类

(一)中文论文

1. 常州市中级人民法院民二庭课题组:《股权转让若干审判实务问题研究》,载《人民司法·应用》2008 年第 23 期。

2. 邓峰:《业务判断规则的进化和理性》,载《法学》2008 年第 2 期。

3. 邓正来:《社会秩序规则的二元观——哈耶克法律理论的研究》,载《北大法律评论》1999 年第 2 期。

4. 傅穹:《公司利润分配规则的比较分析》,载《法学论坛》2004 年第 3 期。

5. 盖晓萍:《如何理解〈公司法解释(四)〉的“无法执行(利润分配)决议”与“强制利润分配”》,载《中国律师》2017 年第 10 期。

6. 郭振杰、刘洪波:《经济分析法学方法论的贡献及局限》,载《现代法学》2005 年第 3 期。

7. 侯东德:《股东投票权行使原则的经济逻辑——一个法经济学的分析框架》,载《兰州学刊》2006 年第 5 期。

8. 贾林清:《论法国公司法关于防止股东滥用权利制度的借鉴价值》,载《法学家》2007 年第 2 期。

9. 江苏省高级人民法院民二庭:《审理有限责任公司治理结构案件中的三个基本问题》,载《人民司法·应用》2007 年第 7 期。

10. 蒋大兴:《“好公司”为什么要判决解散——最高人民法院指导案例 8 号评析》,载《北大法律评论》2014 年第 15 期。

11. 蒋大兴:《股东优先购买权行使中被忽略的价格形成机制》,载《法学》2012 年第 6 期。

12. 李冬:《股东知情权及其司法救济制度的构建》,载《山东社会科学》2012 年第 12 期。

13. 李建伟:《股东知情权诉讼研究》,载《中国法学》2013 年第 2 期。

14. 刘凯湘:《论股东权的性质与内容》,载《北京商学院学报》1998年第4期。

15. 楼秋然:《〈公司法〉第20条中“滥用股东权利”规定的理论与实践》,载《西部法学评论》2016年第3期。

16. 楼秋然:《浅析有限责任公司新股发行优先认购权》,载《经营者管理》2014年第25期。

17. 罗培新:《公司法学研究的法律经济学含义——以公司表决权规则为中心》,载《法学研究》2006年第5期。

18. 钱玉林:《公司章程“另有规定”检讨》,载《法学研究》2009年第2期。

19. 钱玉林:《累积投票制的引入与实践——以上市公司为例的经验性观察》,载《法学研究》2013年第6期。

20. 汤欣:《论公司法的性格——强行法抑或任意法?》,载《中国法学》2001年第1期。

21. 王东光:《论新股有限认购权及其排除》,载《甘肃政法学院学报》2008年第9期。

22. 王飞:《论公司司法解散的事由》,载《人民司法·应用》2008年第13期。

23. 王艺洁:《论美国封闭公司中控股股东的信义义务》,载《经济研究导刊》2011年第20期。

24. 闻丽英:《我国股东投票权征集制度探析——以美国与台湾地区立法为借鉴》,载《西安财经学院学报》2014年第1期。

25. 吴高臣:《人合性视角下有限责任公司权力配置研究》,载《烟台大学学报(哲学社会科学版)》2020年第6期。

26. 吴敏:《异议股东回购请求权若干问题探讨》,载《知识经济》2010年第7期。

27. 谢永珍:《“双刃”累积投票制》,载《董事会》2015年第8期。

28. 杨靖、张敏:《股东之间利益冲突与退出公司机制的反思》,载《法律适用》2012年第2期。

29. 杨署东:《合理期待原则下的美国股东权益救济制度及其启示》,载《法律科学(西北政法大学学报)》2012 年第 2 期。

30. 叶林:《股东权利及其实现机制》,载《扬州大学学报(人文社会科学版)》2013 年第 5 期。

31. 尤甜:《在司法干预与公司自治之间——有限责任公司股东盈余分配权分析》,载《法制与经济》2017 年第 1 期。

32. 于午丁、王宏:《有限责任公司股东优先购买权法律性质刍议》,载《吉林省经济管理干部学院学报》2010 年第 1 期。

33. 张捷:《英美公司董事信义义务的起源与启示》,载《世界经济情况》2007 年第 12 期。

34. 赵旭东:《股东优先购买权的性质和效力》,载《当代法学》2013 年第 5 期。

35. 朱慈蕴:《资本多数决原则与控制股东的诚信义务》,载《法学研究》2004 年第 4 期。

(二)学位论文

1. 艾晓燕:《有限责任公司股东强制分配股利之诉研究》,复旦大学 2014 年硕士学位论文。

2. 曹颖芳:《公司股东利润分配请求权问题研究》,海南大学 2017 年硕士学位论文。

3. 陈星宇:《通往固有权利之路——论康德的原始契约概念》,西南政法大学 2015 年硕士学位论文。

4. 丁巍:《控制股东滥用控制权之民事责任研究》,吉林大学 2017 年博士学位论文。

5. 段国庆:《英国不公平损害救济在中国的引入》,复旦大学 2013 年硕士学位论文。

6. 贾同乐:《金融机构信义义务研究》,吉林大学 2016 年博士学位论文。

7. 楼秋然:《股权本质研究——范式的提出与运用》,中国政法大学 2015 年硕士学位论文。

8. 唐玉梅:《论异议股东股份回购请求权》,西南政法大学 2010 年硕士学位论文。

(三)外文论文

1. Allen Afterman, *Statutory Protection Oppression Minority Shareholder: A Model for Reform*, Virginia Law Review 55(1969).

2. Barry F. Gartenberg, *The New Jersey Revised Nniform Limited Liability Company Act's Oppression and Dead-lock Remedy*, Oct New Jersey Lawyer 290 (2014).

3. Barry M. Wertheimer, *The Purpose of the Shareholders' Appraisal Remedy*, Tennessee Law Review (1998).

4. Cynthia Grandfield, *The Reasonable Expectations of Minority Shareholders in Closely Held Corporations: The Morality of Small Businesses*, Depaul Busi-ness Law Journal(2002).

5. Emlin McClain, *Vested Rights and Retroactive Legislation*, Constitutional Law in the United States, 1905.

6. F. Hodge O'Neal, *Close Corporation: Existing Lelgislation and Recommended Reform*, The Business Lawer 33(1978).

7. Frank H. Easterbrook & Daniel R. Fischel, *The Corporate Contract*, Columbia Law Review 89(1989).

8. Harry J. Haynsworth, *The Effectiveness of Involuntary Dissolution Suits as Remedy for Close Corporation*, Review 35(1987).

9. Hovenkamp, *The Classical Corporation in Amercian Legal Thought*, 76 Georgetown Law Journal 1593(1988).

10. Hui Huang, *Shareholder Derivate Litigation in China: Empirical Findings and Comparative Analysis*, Banking and Finance Law Review 27 (2012).

11. Ian M. Ramsay, *An Empirical Study of the Use Oppression Remedy*, Australian Business Law Review 1(1999).

12. Jensen & Meckling, *Theory of the Firm: Managerial Behavior, Agency Costs and Ownership Struture*, Journal of Financial Economics (1976).

13. John C. Coates Ⅳ, *Fair Value as an Avoidable Rule of Corporate Law: Minority Discounts in Conflict Transaction*, University of Pennsylvania Law Review 147 (1999).

14. John H. Matheson R. Kevin Maler, *A Simple Statutory Solution to Minority Oppression in the Close Held Business*, 91 Minnesotes Law Review (2007).

15. La Porta et al., *Corporate Ownership around the World*, Journal of Finance, Vol. 54, (1999).

16. Marry Siegel, *The Erosion of the Law of Controlling Shareholders*, Delaware Journal of Corporate Law 24 (1998).

17. Steven Bahls, *Resolving Shareholder Dissen-sion: Selection of the Appropriate Equitable Remedy*, Journal of Corporation Law 15 (1990).

18. W. A. F., *The Stockholder and Vested Rights in Virginia*, Virginia Law Review 42 (1956).

三、判决书

(一)国内判决书

浙江省嘉兴市平湖区人民法院民事判决书,(2010)嘉平商初字第1114号。

(二)国外判例

1. 34 Del. 81, 87, 143A. 257, 259 (1926).

2. Balvik v. Sylvester, 411 N. W. 2d 383, 387 (N. D. 1987).

3. Bechtold v. Coleman Realty Co., 367 Pa. 208, 214, 79 A. 2d 661, 664 (1951).

4. Davis v. Sheerin, 754 S. W. 2d 375, 381 (Tex. App. 1988).

5. Donahue v. Rodd Electrotype Co. 328 N. E. 2d 505 (Mass. 1975).

6. Ebrahimi v. Wesbourne Galleries Ltd., [1972] 492, 2W. L. R. 1289.

7. Grace v. Biagioli[2006]2 BCLC 70,93,para. 61.

8. In re Kemp v. Beatley, Inc., 473 N. E. 2d 1173 (N. Y. 1984).

9. Kemp, 473 N. E. 2d 1171 – 1173 (N. Y. 1984).

10. Leader v. Hycor,479 N. E. 2d 173(Mass. 1985).

11. Masinter v. Webco Co., 262 S. E. 2d 433, 439 (W. Va. 1980).

12. Meiselman v. Meiselman,309 N. C. 279,307 S. E. 2d 551 (N. C. 1983).

13. O'neill v. Phillips[1999]2 BCLC 1.

14. Re a Company (No. 00477 of 1986) [1986]BCLC 376, 378h.

15. Re a Company (No. 00477 of 1986)[1986]BCLC 376.

16. Re Astec (BSR) plc[1998]2 BCLC 556, 575h – i.

17. Re Guidezone Limited [2002] 2 BCLC 321.

18. Re Sam Weller & Son Ltd. (1990) 1 Ch. 682, BCLC 80.

19. Re Unisoft Group Ltd. (No. 3)[1994]BCLC 609, 623c – f.

20. Singer v. Magnavox Co., 367 A. 2d 1349, 1358 (Del. Ch. 1976).

21. Stokes v. Continental Trust Co. of City of New York,186 N. Y. 285,78 N. E. 1090(1906).

22. Topper v. Park Sheraton Pharmacy, Inc.,107 Misc. 2d 25,433 N. Y. S. 2d 359 (1980).

23. Tower Hill-Connellsville Coke Co. v. Piedmont Coal Co.,64F. 2d 817 (4th Cir. 1933).

24. Trustees of Dartmouth College v. Woodward, 17 U. S. (4 Wheat.) 518 (1819).

25. Wilkes v. Springside Nursing Home Inc. 353 N. E. 2d 675 (Mass. 1976).

后　记

康德曾经不无感慨地说:“有两事充盈性灵,思之愈频、念之愈密,则欲觉惊叹日新、敬畏月益:头顶之天上繁星、心中之道德律令。”而法学,作为道德律令的理性建构与经验总结,自然在无形中吸引着我,使我从一个懵懵懂懂的法律职业者逐步迈向其庄严而神圣的殿堂。

本书稿是在我博士毕业论文基础上经重大修改、扩充而形成的。客观而言,书稿的增删与修订过程是一种既快乐又痛苦的体验。快乐的是,我能够自由地博览群书,用心去“聆听”法学名家高屋建瓴、醍醐灌顶式的教导,或抽丝剥茧、丝丝入扣地分析。痛苦的是,在书稿的修改与撰写过程中,由于国内学界对股东固有权领域的研究整体偏少,几乎毫无“先例”可循,而笔者又缺乏宏大的逻辑操控能力,虽然每每伏案、沉思良久,却总是难以下笔。

然而,无论是快乐还是痛苦,这一切随着悄然流逝的时光,均已渐渐成为我人生中弥足珍贵的回忆。感谢博士阶段导师复旦大学法学院季立刚教授在繁重的工作之余,抽出时间对书稿进行了悉心的指导,使本书结构与内容增色不少。然本人才疏学浅,加之股东固有权的论述涉及法经济学、新制度经济学等新领域的内容,所以在其相关章节中无法将其精要一一展开,并进行充分的论述。感谢硕士阶段导师王建文教授多年前的教诲,使我选择了商法学(公司法、证券法)这一颇具时代价值、同时也饶有兴趣的研究领域。特别地,我要感谢我的妻子李兰女士,正是她对家庭默默无闻的付出,才使我静下心来专注于写作。在枯燥的书稿完善过程中，女儿檬檬亦使我体会到了世俗生活的快乐。

"旦复旦兮，志四方；天涯远兮，行无疆。"这种既快乐又痛苦的经历带给我的，绝不仅仅是商法学理论的积淀与对往事满怀深情的回忆。它还极大地丰富了我的人生阅历、开阔了我的人生视野，并使我获得了某种精神力量，这种力量将支撑我在通往正义与自由的征途中，奋勇直前。